公司经营管理

主　编　葛红光
副主编　石　磊　刘明君
　　　　张国斌　王井龙

哈尔滨工程大学出版社

内容简介

本书共十一章，主要介绍了公司经营管理导论、现代公司的设立、现代公司产权制度、现代公司治理结构、公司经营管理者、公司决策管理、公司战略管理、公司营销管理、企业电子商务管理、公司人力资源管理及公司的监督管理。

本书可作为管理专业教材，也可作为从事公司经营管理工作的各类人员的参考读物。

图书在版编目(CIP)数据

公司经营管理/葛红光主编.—哈尔滨:哈尔滨工程大学出版社,2011.7(2012.3 重印)

ISBN 978-7-5661-0179-2

Ⅰ.①公… Ⅱ.①葛… Ⅲ.①公司-企业经营管理 Ⅳ.①F276.6

中国版本图书馆 CIP 数据核字(2011)第 126260 号

出版发行 哈尔滨工程大学出版社
社　　址 哈尔滨市南岗区东大直街 124 号
邮政编码 150001
发行电话 0451-82519328
传　　真 0451-82519699
经　　销 新华书店
印　　刷 哈尔滨市石桥印务有限公司
开　　本 787mm×960mm 1/16
印　　张 15.25
字　　数 326 千字
版　　次 2011 年 7 月第 1 版
印　　次 2012 年 3 月第 2 次印刷
定　　价 35.00 元
http://press.hrbeu.edu.cn
E-mail:heupress@hrbeu.edu.cn

前　言

在现代社会，公司已成为社会经济最基本、最活跃的细胞和活动主体，它创造了人类赖以生存的物质基础，也创造出灿烂辉煌的产业文明和组织文化。改革开放以来，特别是随着我国市场经济体制逐步建立，公司经济得到了飞速的发展，公司数量迅速增加。

公司制度是社会化大生产和科学技术进步的产物，是市场经济社会最重要、最先进的现代企业组织形式。按公司制改造现有国有企业是建立现代企业制度的基本途径。

本书从我国企业改革与发展的实际出发，注意吸收国外现代企业制度的精髓，希望能够对我国公司制企业经营与管理提供有益的理论与经验。本书主要读者对象是公司管理专业的学生，也可作为从事公司经营管理工作的各类人员的参考读物。

本书第一章、第四章、第八章由葛红光（哈尔滨理工大学）编写；第三章、第五章、第六章、第九章由石磊（哈尔滨理工大学）编写；第二章、第七章由刘明君（内蒙古一机集团培训中心）编写；第十章由张国斌（银联商务有限公司大连分公司培训中心）编写；第十一章由王井龙（黑龙江技师学院）编写。全书由主编葛红光统稿。

在整个编写过程中，笔者参考了大量的中外管理类著作，直接引用了不少案例和阅读材料（参考文献附后），在此向原作者表示真诚的谢意。最后，我们对为本书的策划工作，以及编审等工作做出贡献的各位编辑表示诚挚的谢意。限于笔者水平，书中难免有错误之处，敬请广大读者批评指正。

编　者

2011 年 5 月

目　录

第一章　公司经营管理导论

【内容提要】

公司作为市场经济条件下一种有效的组织形式，是商品经济发展的产物，反映了社会化大生产的客观要求，是社会经济活动最主要的主体，是当今世界最普遍、最重要的企业形式。本章介绍了三个方面的内容。首先介绍了公司的概念、特点、类型及功能；其次介绍了公司的产生与发展过程；最后研究了公司与企业集团、工厂、独资企业、合伙企业等组织的区别与联系。

第一节　公司理论的基本问题

一、公司的概念

公司是依法成立的以盈利为目的的经济组织。公司在不同国家其称谓有所不同，在日本称之为“会社”，在英国称之为 Company，在美国称之为 Corporation。公司是企业形式的一种，它与一般的企业概念有所不同。从某种意义上说，公司是企业中最完善、最优越、最重要的组织形式，是企业组织形式发展到一定阶段的产物。公司作为一个经济组织，必须具备三个基本条件：①公司必须有自己独立的财产；②公司必须是一个组织体或组织机构；③公司必须独立承担责任。这三个条件是每一个公司都必须具备的条件，否则，其不可能作为一个公司而存在。

二、公司的特征

1. 公司具有盈利性

获取盈利是公司经营活动的出发点和归宿点。盈利性是所有企业的基本特性，公司作为企业的一种具体组织形式，同样具有盈利性的基本特征。正是盈利性这一特点，使公司和机关、事业单位区分开来。

2. 公司具有法人性

法人是与自然人相对应的民事主体，是具有民事权利能力和民事行为能力，依法独立享有民事权利和独立承担民事义务的组织。公司是具有法人资格的经济组织,是最典型的法人。公司的法人性,主要表现在以下方面:①公司具有自己独立的财产;②公司是一个组织体;③公司独立承担民事责任;④公司是独立的民事主体。

3. 公司具有社团性

西方国家的民商法把法人分为社团法人和财团法人。社团法人是指由两人以上的社员集合而成的法人组织。社团法人组织成立的目的是为了谋取成员的利益,包括经济利益(如公司)和非经济利益(如各种学会)。财团法人是指为一定目的而成立,按一定方式管理使用财产集合而形成的权利义务主体。财团法人成立的目的不是为了成员个人的利益,而是为了社会公益事业(如各种慈善基金会)。随着经济的发展和公司管理实践经验的积累,许多国家逐步承认一人公司的存在。

4. 公司具有依法认可性

公司的设立必须符合公司法规定的条件,履行设立程序,登记注册,才能取得公司的法律地位和资格。

三、公司的类型

公司的形式是指公司存在的方式。公司按其存在方式的不同以及考察角度的不同,可以分为不同的种类。对这些不同种类公司加以考察和研究,有利于我们认识公司在经济活动中的活动规律、经营特点、法律地位等,从而对公司这一企业组织形式形成一个比较完整的认识,也有利于公司所有者选择合适的公司组织形式。

(一) 按法律形式分类

按公司的法律形式,公司可分为以下几类。

1. 无限(责任)公司

无限(责任)公司是指由两人以上的股东所组成,公司股东对公司债务负连带无限清偿责任的公司。无限公司具有下述几个特点:

(1) 无限公司必须由两个以上自然人组成,任何组织都不能充当无限公司的股东。并且"两个以上的股东"不仅是公司成立时的必要条件,而且也是公司存续中必需的条件。一旦股东人数由于变动而低于法定最低人数两人时,无限公司必须立即解散。

(2) 无限公司的股东必须对公司债务负连带无限清偿责任,这一点使无限公司有别于其他公司法律形式。一旦无限公司发生资产不足以清偿债务时,公司的债权人可直接对股东行使其债权,可以对公司的全体股东行使,也可以对其中某一个或某几个股东行使。对某一个股东行使债权时,该股东不能以出资比例的大小来推卸债务,从而使股东在公司债务清偿方面负有连带关系,既不能以出资额为限,也不能以个人的财产额为限。

(3) 无限公司不对外发行股票,公司与外部关系简单,且股东之间关系密切,相互信任度高,因此组建非常容易。

(4) 公司信用度高。无限公司对自身债务负无限清偿责任,因此公司信用度高,有利于对外交易,对公司债权人的经济权益也有保障。

(5) 股东之间有良好的合作关系。组成无限公司的股东大多都是个人之间关系密切的亲朋好友,甚至就是家族公司,所有权与经营权结合在一起,权责利分明,股东经营的积极性高,责任感强,努力寻求公司的发展壮大,有压力也有动力。

(6) 股东的责任重。因无限公司的股东对公司债务负连带无限清偿责任,一旦公司破产,公司的全部风险都要由股东承担,有时甚至要由某个股东来承担,这样股东就有可能倾家荡产。

(7) 股本转让困难。无限公司的股东之间有连带关系,某个股东若想转让自己的股本必须经过全体股东的同意,这就增加了股本转让的困难程度。

(8) 公司资本筹集困难。无限公司的信用基础是股东的个人信誉,无限公司的股东不但要有财力,而且还要有社会声望,这种双重条件决定了公司资本筹措困难比较大。

2. 有限(责任)公司

有限(责任)公司是指股东以其出资额为限,对公司债务负有限清偿责任,公司以其全部财产对公司债务承担责任的公司。有限公司的主要特点如下:

(1) 有限公司由有限的股东组成,股东数不能高于一定数量,有法定的高限限制,这是区别于其他公司法律形式的独有特点。我国《公司法》规定,有限责任公司的股东人数最高为50人。

(2) 有限公司的股东以其出资额为限对公司债务负有限清偿责任,公司的债权人不能直接向股东行使债权,而只能对作为法人的有限公司行使债权,并且公司的资本不分为股份,股东无论出资多少,都有一个表决权。

(3) 有限公司不发行股票,股东人数有限,公司的内部关系和外部关系比较简单,比较容易组建。

(4) 有限公司一般采用董事单轨制,即董事和经理均由同一个人担任,集公司决策权、指挥权为一体,对下属实行直线领导,内部组织机构简单明确。

(5) 有限公司股东人数有上限限制,股东人数不多,有利于股东间沟通情报,协调意见。

(6) 有限公司的股东因为只负有限责任,而且股东一般掌握经营权,这就容易助长股东的投机心理,股东往往以较小的资本去冒较大的风险,破产了则以有限责任为由损害公司债权人的利益。

(7) 有限公司由于只负有限责任,其信用程度不高。

(8) 有限公司的股东转让股本较困难。股东转让股本必须征得其他股东的同意。

3. 两合公司

两合公司由一个以上的无限责任股东和一个以上的有限责任股东所组成,其中无限责任股东对公司债务负连带无限清偿责任,有限责任股东以其出资额为限对公司债务负有限清偿责任的公司。两合公司具有如下几个特点：

(1) 它是公司法律形式的一种,具有法律的规定性,是以盈利为目的而组建的企业法人。

(2) 它由无限责任股东和有限责任股东组成。这是它区别于其他公司法律形式的独有特点,因此两合公司也称为二元公司。两合公司的无限责任股东和有限责任股东各不得少于一人,这是两合公司成立的必要条件。

(3) 两合公司的无限责任股东对公司债务负连带无限清偿责任,而有限责任股东一般仅以其出资额为限对公司债务负连带有限清偿责任。

(4) 两合公司的无限责任股东代表公司主持业务,而有限责任股东则仅仅提供资本,分享红利,对公司的业务没有执行权和代表权,只有一定的监督权。这是两合公司的一个主要特点。

(5) 两合公司的有限责任股东必须实际缴纳其认购的股本,而无限责任股东只需同意而不必实际缴纳。

(6) 两合公司的重点事项必须经全体两种股东的同意,但有限责任股东出让其股权要经全体无限责任股东的同意而不必征得其他有限责任股东的同意。

(7) 两合公司筹资比无限公司容易,信用程度比有限公司高,经营积极性和责任感也比有限公司高。

4. 股份有限公司

股份有限公司是指由一定数量的股东发起设立,全部股本划分为股份,股东以其所认购的股份数额为限,对公司债务负有限清偿责任的公司。它是现代公司最为典型的一种公司法律形式。股份有限公司有如下主要特点：

(1) 股份有限公司的股东不得少于法定最低人数。股东的最低人数通常是由法律直接加以规定的,一般相当于股份有限公司最低的发起人数。法定最低人数在法国为 7 人,在德国为 5 人,在日本为 7 人,在香港上市公司为 7 人、非上市公司为 3 人,在我国大陆则为 2 人,并且股东既可以是自然人,也可以是法人。股份有限公司的股东最低法定人数不仅是股份有限公司设立的必备条件之一,也是股份有限公司存续的必要条件,如在公司的存续过程中,股东的实际人数低于法定最低人时,则股份有限公司应当解散。

(2) 股份有限公司的全部资本划分为股份,每个股份价值相等,并以股票形式加以表现。这是股份有限公司的重要特征之一。这里“资本”是指由股东以出资购买股票所构成的基金数额,不同于公司的资产。公司的资产是公司资本的物质表现,并随公司的估价标准和营业绩效的变动而变动。而公司的资本则除非依照一定的程序,否则是不能变动的,因此公司的资产不一定与公司的资本相等。股份有限公司的股东一般只能以货币为自己的出资方式。股份是股份有限公司的重要条件之一,不仅股东的出资以此计算,而且股利的分配、表决权的行使也以股份为基础。

(3) 股份有限公司的股东仅以其所认购的股份对公司债务负有限清偿责任。不论公司负债多少，股东仅以其认购的股票金额为限（不论股东是否实际出资或缴资）对公司负有限责任，公司债权人只能向股份有限公司行使债权，而不能直接对它的股东行使债权。因此，一旦公司破产股东只损失他认购的股票价值，而不损失他的其他私人财产。

(4) 股份有限公司的股票依法可以自由转让。股份有限公司的股东之间仅是投资者之间的共同投资关系，无须股东之间的相互信任、相互了解，甚至无须知道其他股东是什么人，这就使得股票自由转让成为可能。同时股份有限公司资本以股票形式表现出来，又为股票自由转让提供了诸多便利条件，虽然股票可自由转让使公司股东处于变动之中，但不影响公司的存在，能够保持股份有限公司的长期稳定。

(5) 股份有限公司集资容易。由于股份有限公司通过出售股票来筹集资本，且每股股票的金额一般较小，这就有利于集中社会的闲散资金发挥各方面的力量，提高社会资金的利用率。

(6) 股份有限公司有较高的存续性。股份有限公司贯彻的是公司经营权与所有权相分离的原则，股东一旦投资于股份有限公司，其个人存在对公司的经营活动不产生任何影响，而使公司完全脱离个人色彩成为一独立的资本团体，公司的发展不会因股东个人而受影响。

(7) 股份有限公司实行每股一票行使表决权的原则。这样就能增加公司经营活动决策的民主程度，但同时也带来了一些弊病，公司大权容易落入少数大股东的控制中，排挤小股东对公司事务的干涉，从而使小股东的利益受到损害。股份有限公司股东为数众多，其社会关系和内部机构复杂，使得公司运行缓慢，既不容易组建，也不容易管理。

(8) 股份有限公司有助于调动公司职工的积极性和主动性。股份有限公司的股票一般分为三部分，一部分由公司发起人掌握，以便控制公司经营权；一部分向社会出售，以便吸收社会闲散资金，得到社会支持；一部分向本公司职工出售，使本公司职工入股，从而使公司的经营成败与职工的切身利益联系起来，有助于公司的内部管理，调动职工的积极性。

(9) 由于股票可以自由买卖，而且股票价格随公司的经营情况、社会经济政治背景、国际经济动态而起伏不定，因此股份有限公司容易助长人们的投机心理，给经济生活带来某些混乱。

5. 股份两合公司

股份两合公司是两合公司的一种，是由无限责任股东和有限责任股东共同出资设立（但有限责任股东的出资是以股票形式出现，且这种股票可以在社会上自由买卖）的公司。

在股份两合公司中，无限责任股东对公司债务负连带无限清偿责任，有限责任部分则划分为股票，可以发行股票，其股东仅以其认购的股份对公司债务负责。由于股票的自由流动性，股份两合公司的股东变动较之无限公司、有限公司大，而较之股份有限公司小。这种公司形式在公司实践中比较少，在许多国家已因数量少而在法律上不予规定。

（二）按信用基础分类

按公司的信用基础划分，公司可分为人合公司、资合公司、人资两合公司。这种公司划分标准是公司的设立和经营是依据股东之间的信任关系还是纯粹依据公司资本。

1. 人合公司

人合公司是指公司的设立和经营以股东个人有限的财产和其良好的社会信誉为信用基础而组建的公司。这种公司开展生产经营活动,获得社会信任的基础不是公司本身的财产及其他状况,而是股东个人的信誉。同时股东相互之间也往往存在特殊的信任关系,公司事务由股东共同协商、共同执行、共担风险、共享利益,在公司对外对内关系上,公司成员的个性占有突出地位。在国外,某些社会名流甚至完全以个人在社会上的声望为出资内容,充当无限责任股东,他们完全以个人在社会上的信誉作为公司信用基础。一些公营的无限公司则以政府的信用为公司信用基础,这也是人合公司。

2. 资合公司

资合公司是指以公司自身的条件,即以公司资本是否雄厚、经营是否成功等为公司信用基础而建立起来的公司。这种公司的信用基础与股东个人的信誉无直接关系,因此法律对资合公司的设立有较严格的限制。为防止由于资本缺乏损害债权人利益,法律一般都对资合公司的最低注册资本加以明文规定;同时还要求设立资合公司必须符合公示原则,即应将法律规定的财务报告或表册以法定方式公之于众,使公司债权人及其他利害关系人能及时准确了解公司财产及经营情况。一般的股份有限公司都属于资合公司,因它的股东多而分散,股票又可以自由转让,股东处于经常变动之中,因此股份有限公司不能以股东的个人信用为信用基础,而只能以所发行股票的资产额为信用基础。

3. 人资两合公司

人资两合公司是指以股东的个人信用和公司的资产为共同信用基础而组建的公司。这种公司兼有人合公司和资合公司的性质。有限公司因其股份人数较少(一般有法定的最高人数限制),而且固定(有限公司的股东不能随意转让股份),公司信用除了以公司资本为基础之外,与股东的个人信用也有关,因此有限公司带有人合公司的色彩。

(三) 按资本的经济性质分类

以构成公司资本的经济性质划分,公司可分为全民所有制公司、集体所有制公司、私营公司和混合所有制公司。这种公司分类法在我国现行立法和实践中被广泛采用。

(1) 全民所有制公司是由国家或全民所有制企事业单位投资设立的公司。这种公司有的是由国家财政拨款或由某一个全民所有制企事业单位投资设立的,有的是由国家和其他全民所有制企事业单位共同投资设立的,也有的是由若干全民所有制企事业单位共同投资设立的,但无论何种情况,公司资金属全民所有制性质。

(2) 集体所有制公司包括由原集体所有制企业转化而来的,或由集体所有制企事业单位单独或共同投资设立的,或由一定数量的公民个人投资入股而设立的公司,由全民所有制企事业单位扶植设立的劳动服务公司也属集体所有制公司。

(3) 私营公司是由公民个人投资设立的公司。在我国,公有制经济占主导地位,私营企业特别是私营公司不多,并且按照我国颁布的《私营企业暂行条例》的规定,只允许公民个人投资设立私营有限公司。

(4) 混合所有制公司是由若干不同经济性质的单位和公民个人依法投资共同设立的公司。它包括全民与集体联营公司、全民与私营联营公司、全民与个人联营公司、集体与私营联营公司,这是随着我国经济体制改革的深入和横向联合的加强而发展起来的公司,具有联合投资或资金联合的特点。

(四) 按国家在资本构成中所占份额分类

以国家在公司资本构成中所占份额来划分,公司可分为国营公司、公营公司、民营公司。这种公司分类法一般为西方国家法律所采用。

(1) 国营公司是公司资本完全来源于国家财政预算,并由国家承担亏损的公司,是国家独资公司。在西方,这类公司不受公司法调整,而由国家依照特定法令予以规定。

(2) 公营公司是由国家和其他组织或个人共同出资,国家出资占资本总额 50% 以上的公司。公营公司受公司法调整,其设立条件和程序要符合公司法的规定。

(3) 民营公司是由国家和其他组织或个人共同出资,国家出资占资本总额 50% 以下的公司。在这类公司中,虽然国家控股低于 50%,但不等于说国家没有实际控制权。

(五) 按控制关系、依附关系来划分

依据公司间的控制关系、依附关系来划分,公司可分为母公司、子公司。

母公司是指拥有另一公司一定比例以上的股份并直接掌握其经营的公司。被控制公司则称为子公司。母公司和子公司之间的控制关系是以股权的占有为基础的,母公司通过行使其股权而不是直接依靠行政命令控制子公司。母公司和子公司在法律上互相独立、各为独立的法人,但在经济上实际为一体。子公司不得收买母公司的股份。母公司的监事不得兼任子公司的董事或经理,但对子公司的财产状况有调查权。

(六) 按国籍分类

公司按国籍分类,可分为本国公司和外国公司。对于公司国籍的认定有多种学说和理论。有的以公司的设立许可地的国籍为公司国籍,有的以公司多数股东或出资占多数的股东的国籍为公司国籍,有的以公司住所所在地的国籍为公司国籍。但大多数的国家采用以公司注册或登记所在地的国籍为公司国籍,在我国也是如此。

本国公司是指依照本国法律、在本国批准设立的公司。因此,在我国凡依我国的法律、法规设立的公司即为我国的本国公司,它包括中外合资公司、中外合作经营公司和外商独资公司。

外国的公司是指依外国法律设立、登记的公司。各国一般都允许外国公司在本国开展业务活动,享有与本国公司相同的权利能力和行为能力,但对其业务范围往往有所限制,如某些关系国计民生的重大或特殊行业,一般禁止或限制外国公司经营。

（七）按所属行业性质分类

以公司所属行业性质为标准划分，公司可分为工业公司、商业公司、咨询服务公司、运输公司、建筑公司、房地产开发公司、金融和信托投资公司、保险公司，以及跨行业综合经营公司等。这种公司分类方法是我国现在的行业管理制度的反应，也是我国公司实务中较为重要的一种分类。通过这种分类研究能较好地反映出我国的产业结构，为产业结构的调整、控制提供数据参考。

（八）按内部生产技术联系的区域分类

按公司内部生产技术联系的区域划分，公司可分为地区性公司、全国性公司和跨国公司。

地区性公司，是在一定区域内把生产技术和经营上有联系的经济单位联合起来的公司。这种公司一般都带有地方特色，主要是为了发挥区域的优势而组建的。

全国性公司，是在全国范围内把生产技术和经营上相同、相关和近似的经济单位联合起来而组建的公司。

跨国公司又称多国公司，是指以本国为基础，通过对外直接投资，在其他国家和地区设立分支机构或子公司，从事国际化生产和经营活动的国际垄断组织。跨国公司绝大多数是由一国的垄断资本建立的，也有极少数公司是由两个或更多国家的垄断资本联合建立的，它一般由母公司和分布在各国的一定数量的子公司组成。母公司是在本国政府登记的法人团体。子公司受母公司领导，子公司的所有权由母公司掌握，并服从母公司的全球策略。跨国公司的活动相当大一部分在母公司与子公司之间进行。

四、公司的功能

（一）公司的经济功能

公司在经济发展中的作用集中表现在对社会生产力发展的推动作用。公司是商品经济发展和社会化大生产的必然产物，又反过来促进商品经济发展，促进社会分工协作和社会化大生产的发展。公司的经济功能主要表现为以下几点。

1. 有助于推动商品经济的发展

在公司未出现之前或公司这种企业组织形式不普遍之前，社会生产以各自分散、独立而又是全能式的企业为主，产品从原材料的投入到半成品的制成，全部过程由单个企业完成，产品生产的社会分工协作程度很低。单个企业的生产专业化程度很低，必然造成产品的批量小、消耗高、产品品种多而杂。特别是这种企业适应市场的能力比较差，往往为转产而付出很高的代价，造成社会经济资源的浪费。因而，分散的、全能式的企业不可能适应商品经济高度发展的需要，反而成了商品经济发展的阻碍。解决全能式企业的出路在于借助社会的力量，走分工协作的道路。

公司是商品经济发展到一定阶段的产物，当分散的、单个企业生产不能满足社会需要时，公司便出现了。单个企业（一般为家族式的）通过吸收其他社会资本（股本），使企业的资本迅速增加，为产品生产的分工与协作创造了物质条件。分工的细化成为现实，生产的专业化程度得到大幅度提高，一个工厂往往仅承担某个产品的零部件生产，成为某个简单而专业的工艺的生产过程，从而使生产工艺简单化、专业化，为利用高效的专用设备创造了条件，进而是生产批量增大、成本降低、产品质量提高。分工越细，协作越紧密，产品的社会化、商品化程度也就越高，商品流通也越频繁，从而推动了市场的繁荣、商品经济的发展。

2. 有利于生产专业化协作的实现

生产专业化协作是现代工业发展的客观规律和必然趋势，是工业化生产组织形式合理化的必然结果。当今世界上所有实现了工业现代化的国家，都曾先后经历了专业化协作的发展阶段，它们的实践证明了工业生产专业化协作是高速发展工业、实现工业化现代化的必由之路。

世界上的工业发达国家，其工业发展都经历了简单协作、工厂手工业和机器大工业三个阶段。在前两个阶段，由于生产规模小、生产技术水平低，每个生产单位独自完成产品全过程的生产，因而各生产单位之间联系少。而进入机器大工业时代后，以及大型、高效率的机器设备的出现，随着市场需求的扩大和竞争的激烈，客观上要求生产相对集中，加大生产批量。这就促使生产的组织形式发生改革，不能再是单个企业分散地从事小批量的、完成产品全过程的生产，而是要求集中批量、合理分工，提高专业化生产的速度。公司的产生为专业化协作的发展提供了组织保证。

工业生产专业化是工业内部各企业和各部门逐渐分离、日益形成更多的独立企业和独立部门的过程，也是同类产品的分散生产趋于集中生产，变小批量生产为大批量生产的过程。工业生产协作则为工业内部各专业化企业、部门之间为了共同生产同一产品而建立了联系。公司的成立，可以把分散的企业组织起来，按照专业化协作原则，对企业的生产进行调整，实行统一安排、合理分工，使每个企业都由原来的完成生产全过程的生产变成只固定地从事产品制造过程中某个零部件或某一工艺过程的生产，从而减少了企业的产品品种，增大了生产批量，使生产效率和经济效益都得到极大的提高。

同时，通过公司这种企业组织形式，把大中小型企业有机地结合在一起，使中小企业改造为专业化协作工厂，企业规模虽然不大，但生产批量很大，便于采用先进的专业设备，显著提高经济效益。通过组建公司，实现专业化协作，可以把各部门、各行业内的中小企业有效地组织起来，使之纳入现代化大生产的轨道，提高整个工业的综合生产能力。而大工厂往往是资金、技术、人力资源雄厚，管理水平较高，在公司中可发挥自己的优势，从技术上、管理上、资金上帮助、扶持中小工厂。

通过专业化协作，公司所具有的生产能力，绝不是每个工厂生产能力的简单相加，而是通过协作，产生了新的生产力，使生产发生了质的飞跃，使整个工业的发展进入了现代化生产的新阶段。

3. 有利于实现规模经济，提高经济效益

在工业生产以单个企业为生产单位时，单个企业由于其自身资金、技术、设备和场地的限制，生产规模难以得到有效的扩展，产品品种多、批量小，成本不能降低。根据盈亏平衡分析法，我们知道在一定生产技术水平条件下，由于固定费用不变，单位产品的成本会随着生产规模的扩大而降低。在产品市场销售价格一定的情况下，生产只有达到一定规模，才能给生产者带来经济效益，亦即产品生产存在一个经济规模（这是以完全竞争为假设条件的），而这样的规模，凭单个企业的力量难以达到，因为这样的经济规模是以专业化的分工协作和比较多的资金投入为前提的。通过公司的组建，吸收众多的企业或投资者入股，能比较容易聚集较多的资金。通过专业化分工协作，使生产规模得到迅速提高，从而能比较快地达到经济规模，取得比较好的经济效益。

4. 有利于资源综合利用

以单个企业为基本生产单位时，由于企业的规模、资金、技术、设备等方面因素的限制，企业在利用资源时，往往不能实现综合利用。企业追求“小而全”“大而全”，会造成重复建设、生产能力浪费。而公司的建立，特别是通过专业化分工建立专业化公司，经营服务范围扩大，商品生产和服务社会化程度提高，因而有能力对资源实行综合利用。公司可以对能源、资源和“三废”进行充分利用，把生产经营密切联系的企业组织起来，实行统一规划、统一管理，开展多种经营，使这些能源、资源和“三废”得到充分利用。

5. 有利于开发新产品

新产品的开发、生产和使用，是社会生产力发展和工业现代化的重要标志。随着科学技术的进步，产品的更新速度越来越快，产品及其生产技术也越来越现代化。现代化的产品往往是多个行业、多门科学技术的综合成果。产品越现代化，其产品就越带有科研性质，使科学研究与生产活动的关系越来越密切，这就要求企业建立科研机构。分散的企业，由于条件的限制，在很大程度上影响了新产品的开发。而公司这种组织形式，由于其规模较大，科研人员、资金较多，试验及测试手段比较完善，因而为开发新产品创造了有利条件，同时，在竞争日益激烈的市场经济中，公司之间的竞争主要表现为科技的竞争、人才的竞争，如果公司没有开发新产品的优势，就很难生存。

同时，公司这种企业组织形式也能比较好地做到科研与生产相结合，使科研成果迅速转化为产品，促进生产力的发展，实现基础研究与应用研究的有机结合。公司内各成员单位从事的专业化生产，分工细、工作范围小，所以在更新产品时，每个单位的工艺设计，产品的试制、试验，设备的改装及其他生产技术准备的工作量都不太大，因而能较快地更新产品。并且由于公司对成员单位实行统一领导，因此公司可以把一般的生产工艺问题交给各专业厂自己解决，集中全公司的技术、人才、资金研究开发新产品，从事较长远的技术开发和新产品的研究工作，使公司在竞争中保持优势。这些都是在“大而全”“小而全”的企业中难以做到的。

(二)公司的管理功能

公司因专业化分工协作所带来的生产技术联系密切的特点,决定了公司在经济管理职能中有着不可低估的作用。

1. 公司有利于实现各种经济活动在组织上的结合,实现多种经营

单厂企业由于其人力、物力、财力等方面的限制,往往只能从事以生产活动为主的经营活动。而公司的出现,由于其规模的扩大,财力、物力的增强,以及市场竞争的加剧,公司不再如单厂企业那样受财力、物力限制,而是有能力在搞好生产活动的同时,为扩大产品在市场上的占有率、竞争力而建立一些与生产活动相关联的组织,加强与其他经济组织的联系与交往。这不仅是公司自身发展的需要,也是商品经济发展和市场竞争的要求。

公司可以建立专门的销售机构,销售本公司生产的产品。由于直接与客户建立联系,可以使公司迅速了解市场要求,生产出满足用户需求的产品。同时,公司的销售机构通过广告宣传、售后服务、技术咨询与培训等,可以更好地向用户介绍和推销本公司产品,加快资金的周转,提高公司的经济效益。

公司可以利用其生产规模、资金和技术力量的优势,在公司内建立起科研机构,从事与公司生产活动有关的应用技术研究、新产品开发等,为公司不断地创造出新产品、新技术、新工艺,使公司具有越来越强大的生命力。因而,公司这种企业组织形式能较好地实现科研与生产相结合。

公司能比较好地展开多种经营,以减少单一经营的市场风险,使公司的发展能动态地适应市场需求的变化和减少市场竞争压力。当今世界,从事多种经营活动已成为公司的发展趋势,多头并进,能使公司获得充分的发展。

由此可见,公司这种企业组织形式能比较好地实现多种经营活动的有机结合。

2. 公司有利于加强经营管理

在市场竞争日益激烈的情况下,企业的发展不仅取决于企业能否搞好生产的组织工作,迅速生产出大量的产品,更取决于企业能否根据市场的变化和竞争对手的状况及时制订出自己的经营战略,在竞争中求发展。

由于公司具有比单厂企业更为雄厚的资金、技术,不仅能比较合理地组织生产,而且有能力集中具有丰富经验和具备各种专门知识的人才,来研究公司经营管理的大政方针、制订公司发展的长远规划和经营战略,进行市场研究,分析竞争对手、国内外同行业的发展动向和趋势,这样能大大提高管理人员的素质和管理效率,提高公司的经营管理水平,使公司在市场变化和激烈的竞争中保持自己的优势,永远处于不败之地。

3. 公司有利于加强生产经营的组织管理,提高生产效率

公司按照企业间的技术经济联系把分散的企业组织在一起,统一核算、统一管理、统一经营,因而能比较好地协调工厂间供、产、销的平衡,较好地解决零部件、工艺协作配套、生产能力的衔接和薄弱环节的解决,保证公司内部各个工厂稳定、协调、高速地发展。同时,由于公司实

行独立核算、自负盈亏，从而可以促使公司关心其经营成果，按照经济规律的要求，采用经济的办法管理公司，提高经济效益。公司为全面提高经济效益，可集中组织物资供应、产品销售、新产品开发、设备维修等，这样就能减少管理机构和管理的层次，提高管理的效率。可见，公司这种企业组织形式，能灵活适应现代化科技的高速发展和市场的需求，能更好地组织生产力，是一种先进的社会组织形式。

（三）公司的技术功能

1. 公司为采用新技术创造了有利条件

由于公司专业化协作程度高，生产规模大，同类产品相对集中，批量大，因而能较好地采用高效专用设备和先进的工艺技术，推动新技术新工艺在生产中的应用和推广。工业发达国家之所以有较高的生产技术水平和生产效率，与它们拥有较普遍的先进的生产组织形式——公司分不开。

2. 公司有利于应用技术的研究，促进科学技术转化为生产力

公司由于有较雄厚的财力、物力，可以集中一定数量的具有专门技术知识的科学研究人员，并提供较先进的科学研究手段，组织专门的科学研究、设计结构，根据国内外科学技术发展情况和市场需求变化趋势，研究和解决生产中关键的技术问题，创造出新技术和新产品。同时公司能较好地把科学研究和生产紧密联系起来，通过组织强大的开发力量，从产品的研究、设计、试制，直到大批量生产的全过程都在本公司内部实现，这样就能使新的技术成果较快地应用于生产，改变了研究基础、技术研究、应用研究与新产品开发脱节的现象。所以，公司这种组织形式能极大地促进企业的技术进步，促进新技术的研究和开发，实现科研与生产的有机结合，促进科学技术迅速地转化为社会生产力。

3. 公司有利于促进企业的技术改造

技术改造必须是以现代化的先进的机器设备和工艺方法，代替陈旧的、落后的机器设备和工艺方法。它是扩大生产能力，实现现代化的重要措施。公司通过专业化分工协作对内部成员的生产进行调整和合理分工，使每个成员的品种减少和批量增大，这为用先进的工艺取代落后的工艺、用高效专用设备取代陈旧的通用设备创造了条件，而公司的筹资能力又使这种工艺和设备的更新换代成为可能，从而推动了企业的技术改造。公司技术改造主要有两条途径：一是通过组建公司，把分散的"小而全""大而全"的企业组织起来，按专业化分工协作原则，对企业的生产进行调整、分工，从而在充分利用现有设备的基础上，用较少的投入，实现公司的技术改造；二是在社会范围内对实现社会专业化协作的公司进行技术改造，亦即扩大再生产，能起到投资小、见效快的效果，推动社会化大生产的发展。

4. 公司有利于培养专门的技术人才，提高职工的科学技术素质

由于公司内部实行专业化的分工协作，产品生产的全过程被划分成许多的工序和环节，这样的分工协作在职工身上的体现就是公司的职工仅负责其中一道或几道工序，因而职工能比较快地成为熟练工人，并能从工作中总结出先进的操作规则和技术，从而培养出专门的技术人

才、技术骨干。此外,公司凭借其资金、技术实力,通过建立职工大学,聘请专家、学者讲授技术,开办培训班等方式大力培养技术人才,从而提高全体职工的技术素质。这也是其他企业组织形式难以办到的。

(四)公司的文化和政治功能

公司的文化功能和政治功能是指公司这一企业组织在其开展生产经营活动中,对它所处的社会环境产生的文化、政治作用。认识公司的文化、政治功能必须认识公司所处社会的历史、民族文化和风俗、社会经济基础、社会制度的性质和特点等。公司所处社会政治环境决定了公司的社会行为准则,也就是说公司这个商品经济发展的产物,从它诞生的那一刻起即刻上了文化和阶级的印迹。

公司在开展经营活动时,在生产产品、提供商品和服务的同时,也在宣传一种民族文化,在宣传团体及民族、国家的精神风尚。因此,公司的生产经营活动也要受到民族文化、社会历史、社会制度和经济基础的制约。既要宣传文化、社会制度,又要受制于文化和社会制度。民族文化制度和社会制度的结合及碰撞在企业这个小团体中得到了体现,所以从一个特定的社会来说,公司也是特定的社会的产物,公司是特定社会的公司。

我国是一个有着悠久文化历史的大国,民族众多,生产力发展水平不高,实行社会主义制度。这就决定我国的公司是具有中国特色的社会主义社会生产组织,是建立在以公有制为基础、以中国文化制度为历史背景的新型的社会主义公司,其宗旨是要以尽量少的投入,生产出尽量多的能满足人民日益增长的物质文化需要的产品,并且要努力在世界人民面前展示中国人民的聪明才智,宣传中华民族的优秀文化成果,发挥我国在国际交往和国际事务中应有的作用。同时还要通过公司这一经济组织培育和巩固社会主义新型关系,为完善社会主义制度而打下坚实的经济基石。

第二节　公司的产生与发展

一、公司的起源

公司的起源和发展经历了漫长的历史过程。对于最早的公司萌芽时间,史学上尚存在一些分歧。目前,通常认为公司起源于中世纪的欧洲,但也有一些观点认为,早在古罗马、古希腊时期,随着商品经济的发展。人们就开始合伙经营,建立类似于公司的组织。有人认为,在罗马,第一个类似于公司的组织是以股份公司的形式出现的,为的是向公众出售股票,以便履行为支持战争而签订的政府合同。不过,不可能存在大规模的公司组织,因为政府只允许股份公司履行政府合同而不得从事其他任何活动。当时还存在着类似于公司组织的船夫行会。这些组织主要从事粮食贸易,并由政府控制,所有的运粮船只都由那些与政府签订合同的公司来管理。此外,经济史专家认为,古罗马的包税商股份委托公司也是股份经济的先驱。

关于公司的起源,主要存在以下观点:

(1) 认为公司起源于中世纪欧洲大陆的地中海沿岸,是由家族经营团体发展而来的。这种观点被称为大陆起源说。这种观点认为,在中世纪的欧洲大陆和地中海沿岸,各城市海上贸易繁荣,都市兴旺,商业较为发达,个体商人在中世纪社会经济活动中占有十分重要的地位。商人们一般将自己的商号传给自己的亲属、子女,亲属、子女得到祖传产业后要分家产,但又不愿歇业,于是便共同经营先辈所经营的企业,共享盈利、共负亏损,从而形成所谓的家族营业团体或家族企业。家族企业盛行于法国,它是后来的无限公司、有限公司的前身。

(2) 认为公司起源于中世纪的海上贸易,是由船舶共有、康孟达等组织发展而来的。这种观点被称为海上起源说。持这种观点者认为,从当时的海上贸易来看,中世纪的海上贸易较兴旺,由于海洋浩瀚,交通不便,从事海洋贸易,既需要巨额的资本,又要冒很大的风险,于是船舶共有这种组织形式便应运而生。这种公司实际上是一种合伙公司或合营公司,入股者之间的关系是一种合伙关系。

(3) 认为公司既起源于中世纪的海上贸易,又起源于中世纪的欧洲大陆,由船舶共有、康孟达、索赛特思及家族营业团体发展而来。这种观点谓之综合说。

关于公司是起源于古罗马时期还是中世纪的分歧,随着人们对史料的考证将会得到更明确的答案。但从目前所得到的资料来看,中世纪的确是公司和类似于公司的组织广泛存在的时期,那些类似的组织在多种行业中得到发展。但那时的公司与现代公司有明显的不同,因此,我们只能把这些公司的早期形态称为原始公司。早期公司或原始公司存在的时间大约为古罗马时期至 15 世纪中期,这一时期我们称为公司的起源时期。

处于罗马帝国后的中世纪是以自给自足为主的封建经济时代,但在中世纪,由于生产力的发展,封建制度的改革,以手工艺和商业为中心的封建城市得以发展。这些城市在 12 世纪已形成了地区市场,与东方的贸易也得到发展。到了 13 ~ 14 世纪,欧洲已形成了以意大利的城市为中心的地中海贸易区和以弗兰德尔各城市为中心的北海和波罗的海沿海贸易区。贸易的发展使商品经济得到进一步发展,同时也为公司制度的产生创造了条件。

在中世纪的海上贸易中,盛行于意大利、法国南部诸城市的最早合伙方法是股份委托制和合作制。股份委托制与合作制均是由两方组成:一方为坐商,主要提供资本和意见,在家坐着等消息;另一方为行商,押运商品到目的地,进行具体交易。委托制是坐商提供全部资本,获得利润的 3/4,而行商获得 1/4 的利润。合作制则是坐商提供 2/3 资本,行商提供 1/3 资本,所得利润双方平分。如果经商失败,双方不向对方负任何责任。海上贸易的发展,促使了商业法院、海上法院、银行以及后来的商业行会在意大利的商业城市出现。各种形式的商业服务和信用也得到发展。在意大利的诸商业城市中,商人、银行家的公司也大量出现。其中最为著名的是 15 世纪佛罗伦萨的美利其家族公司。它出现于 1397 年,1420 年该公司拥有资本 2.4 万佛罗林,其中 1.6 万佛罗林属于美利其家族,0.8 万佛罗林属于合伙人巴尔迪加。1451 年该公司资本达到 7.2 万佛罗林,其中 5.4 万佛罗林属于美利其家族所有,而其余的 1.8 万佛罗林属于合伙者奔奇家族。从13世纪开始,商业组织逐步由合伙制转变为股份公司。

早期公司虽然主要存在于商贸领域,但在中世纪的其他领域也存在着早期的公司。中世纪的采矿业,由于生产难度较大,一些小的生产单位难以承担,因而采取了合股经营的办法,即小生产者集中购置一些设备,合伙经营,分取利润。如果经营失败,大家则分摊损失,而且股份还可以转让继承。在14世纪的德意志就存在过一些合资采矿公司。一些研究者曾认为1327年在库腾贝尔格矿区就存在矿业股票。在14世纪后,又出现了新的合股公司,股份持有者不再是过去的小生产者,而是贵族地主、商人和教会等。他们远离矿山,不直接从事生产经营,只分取生产出来的金属或者以矿石卖出后的钱作为红利,由经理雇佣工人经营矿山。14世纪,意大利巴底平原上米兰、比萨、佛罗伦萨等城市纺织业十分发达,在纺织业中也出现了合伙经营者。14世纪米兰的363家毛纺织公司中有96家是合伙经营的。

二、公司发展的五个阶段

公司从起源发展到今天,经历了许多不同的历史发展时期。因此,对我们来说,了解公司的发展过程,是非常必要的。

公司的演变发展一般可分为五个阶段。

1. 近代早期公司的发展

15世纪末,地理大发现开通了东西之间的航线,使世界商业贸易大为改观。西班牙、葡萄牙、荷兰、英国迅速崛起,并使早期的贸易大国意大利大为逊色。此时,13,14世纪曾盛极一时的意大利和德意志都市的商业、银行金融业逐渐衰落,西班牙、葡萄牙、荷兰、英国等作为商业和金融中心逐渐兴起。这些国家在重商主义思潮的影响下,大力发展对外贸易和进行海外殖民地掠夺。近代公司也在对外贸易的刺激下,得到迅速的发展。这一时期的公司大致沿着两个方向发展。其一是由一些中世纪存在的家族企业进一步发展和扩大成为比较长期性的组织。如奥格斯堡的安东·富格尔公司,该公司是由中世纪的富格尔家族企业演变而来的,公司在欧洲各地雇用代理人并建立分支机构,总部则保持行政权力;此外,如雷克莫纳的阿法伊蒂家族企业,该公司将大量的权力授予一些分公司,而母公司只充当与现代控股公司相似的角色。这类公司通过接受外界有息存款和鼓励合伙人投资来增加其资本。其二是沿着15世纪意大利和德国发行可转让股票的合股公司的方向发展。这类公司在英国和荷兰建立一种普遍的和长期的企业组织,如英国在16世纪50年代,首次以合股形式成立的海外特许的“莫斯科公司”,该公司成立于1553年,成立时有股份240股,每股25英镑。到1664年,该公司成员发展到160人,有15个董事,但没有采用股份集资制度,仅是采用了入股形式组成了一支远洋船队。1581年,英国又成立了利凡特公司,又称土耳其公司,该公司是以股份制建立起来的公司,由218个成员和24个委托人组成。1600年,英国又成立了由英王伊丽莎白一世特许的东印度贸易公司,简称“东印度公司”。东印度公司是以桑德兰伯爵为首的一批冒险商人合股集资建立的。该公司筹集的第一次航行资本由101个股东提供,约3万英镑。15年以后,公司贸易站有20多个,分布在印度、印度洋上的一些岛屿、印度尼西亚、日本,该公司成立的第二年,股东扩大到218名,股资近七万英镑,定期分配利润,但不退还股本。

近代早期的这些公司,虽具有现代公司的一些特征,但仍非真正意义的现代公司,而且同近代晚期的公司也有所不同。

2. 近代晚期公司的发展

近代晚期的公司是在早期公司的基础上发展而来的。此时的公司同现代公司具有极为相似的特性,但也存在不同。首家永久性股份公司是1602年由国家特许成立的荷兰东印度公司。1610年,该公司首次在其公司投资公告中使用“股份”“股东”等词。荷兰作为世界上第一个资本主义国家,东印度公司、阿姆斯特丹银行和商船队构成了荷兰经济的三大支柱。东印度公司由6个商会联合组建而成,其资本总额达650万基尔特,公司依照宪法制定公司的选举方法,由出资5 000基尔特以上的股东召集协议会。该公司有8家分公司,主要股东参加这些分公司,从中选出60名董事组成董事会,公司的最高权力掌握在荷兰人手中。作为首家永久性股份公司,荷兰东印度公司开始将其股东看作是长期性的。该公司规定,要兑现该公司的股票只有拿到交易所公开出售。英国于1623年仿效荷兰的做法,英国的东印度公司也较早开始发行具有固定票面价值的股票,发行量根据其对资本的需要而定。

由于股票的发行和转让,公司的发展进入了新的历史时期,至17世纪中叶,正式的股票交易市场出现,阿姆斯特丹交易所聚集了一批证券经纪人和代理人。同样,伦敦的证券与股票交易也在17世纪30年代发展起来。

1688年英国经历了资产阶级革命,随着对外贸易,尤其是东印度贸易的发展,财富的增加,股份公司纷纷成立。至1695年,已有100家新公司成立,资本总额达450万英镑。18世纪,由于南海公司的成立及其股票价格的激涨又引出一批新的公司。1719年9月至1720年8月,英国新成立的股份公司有195家。

股票、股票交易所的出现,对于现代公司的转变起了重要的推动作用。

此时的公司具有以下特征:

(1) 近代公司大都是由国家特许成立的。如英国东印度公司是在英王伊丽莎白一世特许下成立的,荷兰东印度公司是在荷兰国会特许下成立的,因此,此时的公司又称特许公司。

(2) 大都是无限责任公司。约瑟夫、库利舍尔在《欧洲近代经济史》中指出:荷兰东印度公司、瑞典、丹麦公司的特许中,均没有规定有限责任,有限责任原则首先在法国提出,但即使在法国,这个原则也未必经常明确地写在公司的规章上。

(3) 开始有初步的法律规定。如英王詹姆士一世统治时期首次确立了公司作为一个独立法人的地位。1673年,法国颁布商事条列,首次以法律形式确立家族营业团体为公司制度。

(4) 公司开始以股份集资经营为主,并从短期投资转向长期投资。在近代的特许公司中可以分为两类,一类是契约公司;另一类是股份公司。契约公司由一些独立经营、自担风险的商人组成,他们需要在共同经营条件所规定的范围内经商,服从集体的纪律。这类公司没有共同资本，凡具有相当资格的人，都可缴纳若干入伙金，加入组织，但各自的资本由各自经营，贸易风险亦各自负担，对公司的义务是遵守其规约。而股份公司则是拥有公共资本金的长期性贸易公司。任何人，无论其是否是商人，均可参与这一类公司。如荷兰东印度公司的总投资中，最初的股份比例是由共同协商决定的，根据这种规定，公司能否继续生存取决于股票的再次认购情况。但 1612 年后，公司不再实行此种办法，股东的股票可以到股票交易所转让，从而使公司的资本长期化。从公司的发展看，契约公司在 16～17 世纪早期占主要地位，但从 17 世纪开始，股份公司则迅速增加。

3. 18 世纪末至 19 世纪中期公司的发展

18 世纪末至 19 世纪中期，世界主要资本主义国家相继走上自由资本主义的发展道路。在这一时期，主要资本主义国家的工业得到迅速发展，机器大工业得到广泛的建立，生产的社会化程度得到极大的提高。与此同时，公司也得到迅速发展，公司发展由此进入一个新的历史发展时期。此时期是公司开始由近代公司向现代公司转化的过渡时期，此时的公司具备现代公司的一些基本特征。其发展具有以下特点：

（1）公司存在于更广泛的行业。18 世纪末，资本主义商品经济取得主导地位，工业部门中资本主义制度得以确立，经济发展要求扩大资金来源，这促进了金融和运输业的快速发展。这两个行业的发展又都需要大量的资本，从而使公司在这些行业得到迅速而广泛的发展。如 1800 年美国在制造业中只有 6 家公司，而在金融保险业中已经有 67 家股份银行和保险公司，在交通运输业已有 219 家桥梁和运河公司。可以说，18 世纪末至 19 世纪初，股份制度在银行业、保险业、交通运输业及一些主要公用事业部门得到广泛发展，并逐步成为主要的企业组织形式。

与此同时，在英国的采掘业、冶炼业、玻璃制造业以及煤气业中也出现了雇用几百人甚至上千人的股份公司，但此时，公司在工业部门尚未处于主导地位。

（2）公司立法为公司的健康发展创造了前提条件。公司的立法与公司的产生存在紧密的联系。随着公司的不断增加，公司在社会经济中的地位和作用不断加强，公司立法日益重要。在大陆法系国家，早期的公司法规主要存在于商法典中，法国 1808 年制定的商法典第一编《商事通则》中就规定了"公司"的三种类型：合股公司、两合公司、股份公司。美国纽约早在 1807 年就颁布了第一个关于公司的法律，允许私人组织公司。

1844 年英国国会通过一项法律，允许私人组织公司并采用完全公开原则以保护投资者利益。1856 年制定了第一个有限责任的公司法，即《有限责任公司法》。1862 年又通过了新的公司法。瑞典政府也在 1848 年颁布法律承认股份公司的法律地位。德国也在 1861 年的旧商法的第二编作出关于公司的规定。1896 年德国制定了新商法即《德国商法典》，其中第二编为《商事公司及隐名合伙》，共五章，前四章分别规定了无限责任公司、两合公司、股份公司、股份两合公司的组织和经营。

上述事实说明自 19 世纪初开始，欧美国家相继制定了有关公司的法律，从而使公司设立由特许公司发展到现代普通公司阶段。

（3）有限责任制的确立为近代公司向现代公司过渡创造了条件，从而使公司得到迅速发展。有限责任制的最终确立标志着公司进入现代发展阶段，也为公司的进一步发展创造了前提条件。有限责任制是先由法国提出的，但当时这种类型的公司的建立由于申请登记规则严格，建立极不容易。特别是其规则要求公司在注册前要收齐资本。这种严格的规则一直实施到 1863 年才被取消。

总之，19 世纪前半期或者说至 19 世纪中叶，公司已由原来的贸易领域发展到银行、保险领域及交通运输领域，并且在制造业领域也有所发展。与此同时，有关公司的立法或出现在商法典中，或以单行法规存在，这标志着公司已开始由过去的特许公司向现代的普通公司过渡。而且，由于有限责任制的最终确立，也使公司更具有现代意义，从而为后来公司的发展扫清了障碍。

4. 19 世纪中后期至第二次世界大战前公司的发展

19 世纪中期以后，发达国家先后都由自由竞争资本主义进入垄断资本主义阶段，尤其是 1873 年资本主义世界经济危机，更加速了资本主义走向垄断的进程。与此同时，由于科学技术进步，资本主义世界又开始了以电气化为中心的第二次产业革命。产业革命则从另一个侧面推动了资本主义企业组织机构的变化，企业规模愈来愈大，建立企业的投资规模也相应增加，因此早期在资本主义工业中的独资企业和合伙企业越来越不适应生产力发展的需要了，股份公司这种新型的企业组织形式在工业部门中占据愈来愈重要的地位。这一时期公司的发展主要有以下特征：

（1）有关公司的立法愈加完善，股份公司的设立愈加法制化，与股份公司相关的立法也开始制定和实施。纵观股份公司的立法史，其大致经历三个阶段，第一阶段，人们通常称之为特许主义阶段。在这一阶段，股份公司的设立必须由国王或政府特许，并颁发特许证才能设立，国家对公司拥有绝对的垄断和特权，公司的设立主要服从于国家的政治和经济冒险目的。公司设立手续繁琐，公司数量少，其典型代表是 17 世纪初设立的荷兰东印度公司和英国东印度公司。第二阶段，又称许可主义阶段。此时设立公司，除了必须符合法律规定外，还必须经行政官署许可。如法国 1808 年的《商法》和德国 1867 年旧《商法》中关于股份公司的规定。第三阶段，又称准则主义阶段。此时由于经济的发展，科学技术的进步，股份公司愈来愈多，因此，原有公司设立的规定，愈来愈难以适应新的发展需要，并妨碍资本的集中。因此，西方发达资本主义国家相继实行准则主义。开始时采取单纯的准则主义，如英国 1862 年的《公司法》。后来发展到严格的准则主义，其主要表现在两个方面，一是严格规定公司的组织与会计，强化监督与处罚。如法国 1867 年的《公司法》，1893 年修正的《股份公司法》，德国 1937 年的《股份法》；二是严格公示主义原则，以促进公司制度的健全，维护商品交换秩序。如美国 1928 年的《统一公司法》，1934 年的《证券交易法》。

（2）新的公司形式不断出现，有限责任制不断得到加强。公司的组织形式在公司的发展中不断地新陈代谢和不断地多样化。从公司形式的演变过程看,公司的组织形式大致经历了以下几个不同的发展时期,最早出现的公司形式是无限公司,它与合伙企业无本质的区别,在无限公司中,公司对其债务负连带的无限责任。继无限公司之后出现了两合公司,在两合公司中,存在无限责任股东和有限责任股东,无限责任股东负无限债务责任,有限责任股东负有限债务责任。至 17 世纪初,公司组织形式出现了质的飞跃,股份有限责任公司作为一种全新的组织形式出现在西欧资本主义国家,但由于该类公司的设立手续繁琐,于是 18 世纪末,出现了类似两合公司的股份两合公司。两合公司和股份两合公司由于不能适应经济发展需要,在发达国家后来的公司形式中很少存在。

进入 19 世纪,股份有限公司不断增加,而且在西欧国家中又出现了一种新的企业组织形式,即有限责任公司。德国于 1892 年通过世界上第一个《有限责任公司法》,之后许多国家均出现了"有限责任公司"的立法。如日本 1938 年颁布的《有限责任公司法》。股份有限公司和有限责任公司目前已成为世界各国的主要公司组织形式。

(3) 公司成为工业部门中主要的企业组织形式。19 世纪初期,公司主要存在于贸易、银行、保险、交通运输业,到 19 世纪中后期及 20 世纪前期,由于科学技术的进步,在发达国家进行了第二次产业革命后,钢铁工业、机械制造业、电力工业和化学工业等新兴工业部门得到了迅速发展,重工业在工业中占据了重要地位。由于这些行业的企业投资规模大,因此,它们广泛采用公司制度,大股份公司迅速增加。在美国由于在修筑铁路中,股份公司取得了很大成功,所以从 19 世纪后期开始,在以钢铁、煤炭、机械制造业为中心的重工业部门中广泛实行股份公司制度。美国工业股份公司产值在 1899 年约占全国工业生产总值的 67%,而到 1919 年,此比例已接近 88%。

(4) 公司开始向巨型化、大型化的垄断组织方向发展。19 世纪初,由于技术的进步,企业生产规模不断扩大,加上早期资本主义企业之间的竞争,资本集中的趋势不断加强,开始由自由竞争的早期资本主义走向垄断资本主义的发展道路。垄断组织,如卡特尔、辛迪加、托拉斯、康采恩等遍布各主要工业部门,垄断成了全部经济生活的基础。

股份公司通过企业间的参股和控股、兼并或合并,发展成为巨型的垄断公司,从而使公司的规模空前地扩大,股份公司不仅在数量上,而且在规模上进入了一个新的历史发展时期。1897 年,在美国出现了世界上第一个石油托拉斯,该托拉斯控制了 30 家公司的全部股票,并控有 26 家公司的多数股票,从而掌握了全国石油产量的 90%。1888 年,7 个采煤托拉斯控制了差不多美国全部无烟煤的产量。但由于 1900 年制定了《谢别尔曼反托拉斯法》,一些托拉斯被迫进行改组,成了控股公司。1900 年美国成立了著名的标准石油公司——美孚石油公司,该公司的资本达 1.5 亿美元,发行了 1 亿美元的普通股票和 1600 万美元的优先股票。到 20 世纪初,各大垄断组织控制了美国石油生产的 95%,钢铁生产的 66%,化学工业的 80%。

5. 第二次世界大战后公司的发展

第二次世界大战后,西方发达国家社会、经济和科技发生了深刻的变化,传统的经济自由主义被凯恩斯的国家干预主义所取代,国有企业迅速增加,国家对经济的宏观调控得到加强;与此同时,在科技领域中,发生了重大的技术进步,以电子技术、生物技术、空间技术为核心的技术革命促进了第三次产业革命。在这一大的经济社会背景下,公司的发展也出现了一些新的特征,其主要表现为以下几点:

(1) 公司已成为社会经济中的主导企业组织形式。在资本主义经济中,企业组织形式主要有三类:独资企业、合伙企业、公司制企业。在资本主义的早期阶段,公司主要存在于投资规模大的金融、交通运输、贸易领域,但自 19 世纪中期以来,公司在工业领域得到迅速发展,第二次世界大战后公司的发展更是迅速。目前已成为西方国家经济中的主要企业组织形式,公司经济控制着国民经济的命脉。

(2) 公司立法及相关立法日益完善。公司立法自 19 世纪初以来,得到迅速发展,19 世纪中期,西方主要发达国家都有公司立法。在公司的发展过程中,公司立法不断修改和完善。第二次世界大战后,公司立法进一步加强,许多与公司有关的法律被制定出来,并付诸实施。如美国 1970 年颁发的《证券投资者保护法》就是为了保护投资者的利益而专门制定的法规。

(3) 公司的垄断日益加剧。自 19 世纪中叶以后,随着生产力的发展,资本主义生产也越来越集中,垄断公司大量出现。第二次世界大战后,公司的垄断化趋势不断加强,垄断大公司在国民经济及各行业中处于绝对的控制地位。如 1970 年美国 500 家最大的工业公司占全国工业产品销售额的 65% ,1974 年美国 800 家大公司获取的利润占全国公司税后利润的 70%。汽车工业中,美国通用、福特、克莱斯勒三大汽车公司占全国汽车产量的 92%;日本的丰田、日产、东洋三大汽车公司占了日本汽车市场的 3/4;原联邦德国的大众、阿佩尔、戴姆勒——奔驰三大汽车公司占本国生产汽车数量的 75% 以上;法国的雷诺、普吉奥——雪铁龙两大汽车公司几乎垄断了全国汽车市场。

(4) 金融机构与工业公司日益相互渗透。在第二次世界大战后,有些国家银行和工业公司之间相互参股、控股的趋势日益加剧,从而使银行业与工业公司的联系日益密切,形成大的金融财团。第二次世界大战后,日本的三菱、住友、三和、富士等大金融集团以各自的银行为中心,通过参股、控股控制着大批公司。日本金融机构是最大的股票持有者,1979 年金融机构持有全国上市股票的 40% 。

(5) 新的垄断组织——混合联合公司出现。混合联合公司是第二次世界大战发展起来的以工业为主,经营多种业务的公司组织。混合联合公司形成主要有两个途径:一是一个较小的、主要生产某一单一产品的公司通过大量混合兼并,形成一个生产产品互无关联的多部门的混合体。如波士顿财团的一家大混合联合公司特克斯特隆公司,该公司原是一家小纺织公司,第二次世界大战后兼并了大量企业,目前已发展成为拥有 70 多家子公司,生产数十种工业产品的庞大垄断公司。另一途径是原来一个规模较大的、主要生产某一单项产品的公司,通过大量的混合兼并,形成一个互无关联的多部门的混合体。如国际电话电报公司,该公司原是一家专营电信设备制造和电信劳务的公司,1960 年资本额约 9.2 亿美元,在工业公司中名列第 35

位，在20世纪60年代，兼并了50多家公司，形成一家以经营电信事业为主的混合联合公司，其在工业公司的排名也上升到第9位。

（6）国有公司在战后得到发展。第二次世界大战后，西方国家政府对经济的干预程度更大，国有经济得到较大的发展。英国在战后就出现了两次国有化高潮。第二次是在1974年威尔逊工党政府期间。国有化对象是大型的制造公司和尖端工业公司。如英国的莱兰汽车公司、飞机和导弹公司、艾尔弗雷德公司、赫伯特公司，此外，还包括全部造船业。

法国战后也有两次国有化高潮。第一次是在1944—1946年戴高乐执政期间。国有化领域主要是银行、基础设施、交通、燃料、通信等领域。第二次则是20世纪80年代密特朗社会党政府期间的国有化浪潮。其重点是私人垄断资本的大银行、大公司。

三、现代公司的发展趋势

西方国家公司经过战后时期的发展，其影响日益增加，在公司发展中出现了一些新的趋势，这些趋势反映了20世纪70年代后公司发展的新方向，其主要表现在以下几点。

1. 跨国经营和生产国际化趋势

跨国公司早在战前就已经存在，但在第二次世界大战后，跨国公司的发展更是迅速。到1984年，各发达国家对外直接投资总额高达5 490亿美元，40年间增长了几十倍。其中美国的增长最为突出。到1986年，美国的对外直接投资从1950年的118亿美元增加到2 600亿美元，平均每年增长速度为10%以上。在对外直接投资中，跨国公司是主要承担者。从20世纪60年代到80年代这一期间来看，1960年的跨国公司对外直接投资额为1 040亿美元，1971年为1 580亿美元，1975年为2 590亿美元，1979年为5 290亿美元。20世纪80年代后，跨国公司对外直接投资已占世界跨国投资的95%以上。目前，世界上共有2万多家跨国企业在世界近200个国家和地区开办了十几万家子公司，对外直接投资额已突破10 000亿美元，国外销售总额达40 000亿美元左右。跨国公司的发展促进了生产国际化，加速了全球经济一体化的进程。

2. 股份公司的联合控制趋势

随着规模的扩大，公司股份越来越扩散化，一家大公司往往由若干个大股东所控制，形成所谓的垄断资本集体所有制。垄断资本集体所有制可以分为两种销售：其一是一家大股东具有控制优势的垄断资本集体所有制；其二是几家大股东具有联合控制优势的垄断资本集体所有制。在美国，前一种形式在20世纪50年代占主导地位，到60年代，前一种优势已大大削弱。在500家最大的公司中，独家控股5%以上的已占少数。到70年代末，第二种形式则占优势。从下面几家大公司的情况可以看出联合控股趋势。

（1）埃克森公司的表决权股份分布：大通曼哈顿占2.3%；摩根公司占1.9%；制造商汉诺威占1.23%；洛克菲勒集团占0.78%；花旗银行占0.78%。

（2）国际商用机器公司的表决权股份分布：摩根公司占2.53%；花旗银行占1.44%；制造

商汉诺威占1.23%;银行家信托占1.2%;纽约美国信托占1.07%。

(3)国际电报电话公司的表决权股份分布:摩根公司占2.13%;大通曼哈顿占1.49%;哈雷斯信托和储蓄银行占1.47%;底特律国民银行占1.49%;制造商汉诺威占0.91%。

从上述资料看,1976年美国3家大公司的前5位控股大股东所控制的股份比重非常小,最高也不到3%,从而形成了一个由多家金融机构联合控股的局面,这反映了现代工业公司的联合控股趋势。

3. 国有公司私有化趋势

第二次世界大战后,国有化浪潮席卷西欧国家,许多西欧国家,如英、法、意、奥等国,相继把一些部门国有化,国有化遍及银行、保险、铁路、电力、煤炭、钢铁、机械工业、汽车和飞机制造业等,国有经济在国民经济中的地位迅速上升。

然而,到20世纪80年代初,在西方国家出现了与国有化相反的浪潮,即私有化浪潮。这一浪潮同西方经济学领域中新自由主义经济流派经济理论的再次兴起有密切的关系。私有化首先是英国撒切尔政府于1981年开始的,随后私有化浪潮席卷资本主义世界。在私有化规模上,英国变化最大。据报道,1981—1985年底,英国政府出卖了14家大公司,其资产约50亿英镑,这些大公司包括英国宇航公司、电报和无线电公司、布里托尔石油公司、美洲虎汽车公司、英国天然气公司、罗尔斯-罗尔斯公司等。到1987年,英国政府已经出售一半以上国有公司。

意大利政府也在1983—1985年间出售了14家公司的全部股票,其后又在1987年1月将阿尔法-罗米欧汽车公司卖给菲亚特汽车公司。

此外,其他西欧国家也在20世纪80年代对其国有公司进行私有化。可以说,20世纪80年代是西方国家国有公司私有化的时代,目前私有化的趋势仍在继续。

4. 公司经营多样化趋势

公司经营多样化是西方现代公司发展的又一重要趋势。公司经营多样化的标志是大量的混合联合公司的出现。经营多样化是通过公司的混合兼并,使公司经营产品多样化来实现的。

美国公司经营多样化显得十分突出。在美国最大的200家制造公司中,经营跨5个部门以上的公司不断增加,进入20世纪70年代,200家大公司几乎每家都生产5种以上互无关联的产品。

在日本,公司统一存在着经营多样化的趋势。日本企划厅1971年11月所作的调查表明,在日本制造业有74.7%的公司,商业、服务业中有58.7%的公司实行了多样化经营。如新日铁公司除了生产钢铁外,还从事轧铝、机器制造、化肥生产、石油开采、土木建筑等经营。

5. 公司管理"民主化"趋势

自20世纪60年代以后,西方国家公司实行所谓的民主化管理,吸收职工参与公司的部分决策、监督、检查和管理,其主要表现有以下几点:

(1)公司董事会、监事会中的工会代表制度,如原联邦德国监事会工人代表规定:监事会要由工会代表和股东代表共同组成,是公司的最高权力机构,在1951年法令和1952年法令中对监事会工人代表数有明确规定。

(2) 工厂委员会中的工人代表制度。在西方许多国家,公司中建立了有工人代表参加的工厂委员会。这些国家包括荷兰、原联邦德国、瑞典等。荷兰的工厂委员会从1971年开始就对安全、养老金、利润分享、劳动时间和假时等问题有参与决策的权力。1979年的法令又规定将其决策权扩大到工资、福利、培训、车间协商等方面,并规定经理不再兼委员,委员由工人选举产生,主席也由工人担任,委员人数为7~25人,任期2年。

(3) 公司职工建议制度。如1979年美国职工达1 000名以上的公司有6%实行职工建议制度,最大的500家公司中有375家实行了这种制度。

6. 公司的小型化和专业化趋势

与传统产业中公司的大型化和多元化相反,新兴产业,如电子计算机、信息、生物化学、通信等部门的公司则向小型化和专业化方面发展。中小型企业由于在新技术领域中可以集中力量专攻某一课题,且选题集中、重点投资、目的性强、实用性高,因而成功率高于大型企业。据统计,日本企业科研成功率在5%以下的,大企业为44.5%,中小型企业只为15.5%;成功率在10%~20%之间的,大企业为9.4%,中小型企业为15.4%;成功率在30%~50%之间的,大企业为6.5%,中小型企业为15.3%;成功率在70%~100%的,大企业为2.6%,中小型企业为8.4%。

由于中小型企业对新兴产业部门技术开发的适应性,进入20世纪80年代以来,日本中小型企业引进电子设备数量有了明显增长,1980年拥有电子设备的中小型企业占18%,1983年上升到30%。

四、我国公司的发展过程

公司作为一种企业组织形式,对世界各国经济的发展都产生了重要的推动作用。公司的产生和发展同商品经济和社会化大生产的发展存在密切联系,世界各国公司产生和发展同该国的商品经济发展是密切相关的,它直接或间接地反映各国在一定历史时期的社会经济特征。公司作为一种企业组织制度和财产制度,其发展存在着历史的继承性,但具体各国公司的发展,又有其特殊性。在我国,公司的发展经历曲折的道路,从而使我国公司的发展具有自身的特点。从公司的发展史看,它并非我国社会经济条件的自然产物,虽然我国公司的产生和发展有其自身的渊源,但我国公司的发展具有明显的外来性和跳跃性。

(一) 我国公司的起源及新中国成立前的公司发展状况

1. 我国公司的起源

关于我国公司的起源问题,存在着一些不同的看法。其中一种观点认为:明朝后期,在我国的手工业组织中产生了商品经济的萌芽;到清代前期,商品经济在原有基础上得到进一步的发展,资本主义性质的手工业已经在一些地区、一些行业有一定程度的发展,出现了一些初具规模的大型工场。因此认为,明朝末年,我国已经有了合伙(合股)经营的企业组织形式。

也有观点认为:在封建社会的春秋战国时期,手工业中就产生了除官办工业和私营工业以外的合股经营方式。因为这一时期出现了生产规模大,使用工人多的大型矿山,如铁矿、铜矿的开采和冶炼,以及铸造业等。这种早期采矿业中的合股经营方式,在以后的封建王朝中均有存在,但在以后各朝代,由于抑商政策,合股经营组织发展受阻,直到清朝,合股组织才有所发展,但仍未发展成具有现代意义的公司组织。从以上事实可以看出,在我国古代也存在过一些类似于西方国家中的合伙企业,这些企业主要存在于采矿及相应的行业,但由于我国历代王朝采取"重农桑,轻商业"的政策,致使我国的商品经济极为落后,因此与商品经济发展密切相关的公司组织难以发展。西欧由于商品经济发达,早期的合伙企业则随着商品经济的发展演变成具有现代意义的公司组织。直到西欧列强的侵入,方由列强在我国开办公司,从而使公司组织纳入我国经济活动之中。因此可以说,我国公司的发展有源无流,公司组织的产生具有外生性和殖民性。

2. 清政府时期公司的发展

我国公司的发展始于19世纪中叶的清政府时期,最早的公司则由英国殖民者创办。在清政府时期,我国公司的创办主要有三种途径:其一是由外国资本创办,公司资本以外资为主;其二是由官僚资本创办,公司资本以官僚资本为主;其三是由民族资本家创办,公司资本主要由民族资本构成。1903年,清政府颁布了我国第一部《公司律》,公司开始成为我国法律认可的企业制度。

3. 民国政府时期公司的发展

1911年10月10日革命党人开始在武昌起义,接着各省响应。1912年我国第一个资产阶级政府——中华民国临时政府在南京成立,从而推动了我国资本主义经济的发展。从此,我国公司的发展进入了一个新的历史时期,公司成为社会经济中的一种重要组织形式。值得指出的是,无论是北洋政府时期,还是国民党政府时期,蒋、宋、孔、陈四大家族及国民党地方党政军控制和掌握着大批公司,这些公司对国民党经济有着举足轻重的影响。在这一时期,公司立法也日益完善,并于1929年制定了第一部具有现代意义的《公司法》。

(二)改革开放时期我国公司的发展状况及存在问题

在传统的经济下,我国并不存在真正意义的公司组织,只有到了改革开放时期,对公司的研究才有现实意义。

1. 改革开放以来公司的发展类型

随着经济体制改革的进行,20世纪80年代,我国公司进入一个全面发展阶段,在我国出现了不同形式和类型的公司。当时公司的主要类型有以下几种:

(1)由原有企业或公司改组形成的专业公司和联合公司。1980年7月1日,国务院作出了《关于推动经济联合的暂行规定》,鼓励企业在自愿的基础上联合,从而推动了全国的工业改组和企业联合,各种专业公司和联合公司纷纷建立。

（2）由原有的经济管理机关改组而成立的公司。这些公司主要是由原有的工业局、处室改组而成的工业公司，对其所属企业进行管理。

（3）由国家批准而成立的全国性公司。这些公司或是由国务院批准，或是由国务院部委批准设立的。1980 年以前，全国注册的此类公司有 600 家。

（4）一些部门、企业和个人投资新建的公司。

（5）中外合资、中外合作和外商独资组建的公司。

（6）企业通过横向联合组建的企业集团公司。

（7）通过采用股份制的办法改组或组建的股份制公司。

2. 行政性公司的形成和发展

"行政性公司"早在 20 世纪五六十年代就已经开始存在了，但 1979—1983 年间及以后又出现了各种各样的行政性公司，或是"翻牌公司"。1979 年以后，随着国民经济的调整和工业管理体制的改革，各地"截长线、补短线"，按行业归口"梳辫子""装口袋"，用行政办法对企业进行联合、改组，组织了一批行政性公司（总厂）。1982—1983 年的国家机构改革中，各地为精简机构、转移编制、安置人员，将一些政府管理机构改为公司，从而也形成一批行政性公司。其中有两种情况，其一是将原来的工业局改名为总公司，如北京市有这类公司 58 家。重庆市在 1982 年总共有 69 家此类公司，到 1984 年底调整为 54 家二级公司和 6 家总公司。另一种情况是保留原有的工业厅（局），而将厅（局）下面的处室改为公司，管理其下属的企业。从我国行政性公司的形成看，改革开放后所形成的行政性公司是机构改革不彻底的产物，其虽名为公司，实际上是介于公司与行政机关之间的一种经济管理组织。这种行政性公司的存在是不利于企业体制改革和机构改革的。有关调查资料表明，从 1978 年到 1982 年，国务院 61 个部门中有 38 个部门成立了 120 家公司，这些公司实质上就是所谓的"行政公司"。

随着经济体制改革的进一步深入，行政性公司不可避免地同所属企业之间产生矛盾，因此，我国自 1984 年开始对行政性公司进行改革，使其成为真正意义上的公司。从我国行政性公司的形成和发展看，行政性公司是特定历史环境的产物，它同我国渐进性的经济体制改革有关，因此，随着新经济体制的建立，行政性公司也就失去了其存在的基础。

3. 企业型公司的发展

企业型公司是相对于我国存在的行政性公司而言的，实际上公司本身就是企业组织形式的一种，并无行政性公司和企业性公司之分，行政性公司是我国改革开放过程中的特殊产物，它实际上并不是真正的公司，而企业型公司则是我们所说的一般意义上的公司。改革开放以后，企业型公司得到很快的发展。在改革开放初期，这类公司主要是我国经济领域中存在的各种总厂、专业公司和联合公司。如 1980 年，据全国 28 个省、市、自治区统计，全国组建的各种专业公司，总厂为 1 973 家，其中企业性公司有 225 家。到 1982 年底，除全国性公司外，各省、市组建的公司和总厂达 2 104 家，所属企业有 18 288 家，这些公司中，能够实现统一核算和成为独立经济实体的大约有 650 家，占 31%，其他均为行政性公司。到 20 世纪 80 年代中期，我国公司组织得到进一步发展,股份公司和企业集团公司成为企业的重要组织形式。

我国改革初期的企业集团公司是由以公有制为基础,以名牌优势产品或公民经济中的重要产品为龙头,以一家或若干家大型骨干企业、独立科研设计单位为主体,由多个有内在经济技术联系的企业和科研设计单位组成的经济联合体。它在某个行业或某类产品的生产经营活动中占举足轻重的地位,有较强大的科研发展能力,具有科研、生产、促销、信息、服务等综合功能。组建企业集团公司,对于我国经济的发展有着重要的意义。1991 年我国的企业集团公司已达 431 家。企业集团公司的出现体现了我国公司向垄断化发展的趋势。

股份公司是一种产权明晰的企业组织。改革开放以来,股份公司开始在我国的企业中出现,反映了我国公司的组建已经从原来基于专业化协作的经济联合形式的公司向以资产重组为基础的公司转化。我国建国以来第一家股份制企业于 1984 年 7 月在国家工商管理部门登记注册。1984 年 11 月,上海电气总厂发起的飞乐音响公司向社会公开发行股票,成为建国以来比较规范化的股份制有限公司。此后,1985 年广州开始对国有企业进行股份制改造,当年经广州政府批准,广州绢麻厂、明兴制药厂、侨光制药厂 3 家国有中小型企业进行股份试点。随后,武汉市选择了 4 家企业,重庆选择了 7 家企业进行试点。1988 年在中央的支持下,上海、沈阳、广州、武汉等市有领导、有步骤地在一些大中型企业中进行了股份制试点,1988 年 5 月 3 日,我国较大的一家股份有限公司——沈阳金杯汽车股份有限公司正式成立,它是我国第一家发行股票的公司。据 1992 年初国家体改委统计,当时有各类股份制企业 3 320 家,向社会公开发行股票的试点企业有 89 家,占总数的 3%。分行业看,股份制企业中以工业企业数量最多,有 1 781 家,占 55%;建筑企业 58 家,占 2%;交通企业 28 家,占 1%;其他行业企业 240 家,占 8%。

4. 20 世纪 80 年代我国公司发展存在的问题

改革开放以来,我国公司发展经历了两次高潮。第一次是 1983 年和 1984 年,据国家经委的不完全统计,到 1983 年 10 月,全国县以上国营工业公司约有 5 000 家。1985 年底,全国共有各类公司近 30 万家。公司的迅速发展,也带来了许多问题,于是 1985 年国务院作出清理整顿公司的决定,经过一年的整顿,近 30 万家公司被压缩为 18 万家。第二次高潮是 1987 年到 1989 年,1987 年全国各种公司又从 18 万家增加到 36 万家,进入 1988 年以后,公司迅速增加,仅 1988 年 1—4 月,就有 86 家全国性公司在国家工商行政管理局登记注册。北京市 1987 年底有各种公司 4 019 家,而到了 1988 年 5 月,就增加到 4 742 家。于是,1989 年 8 月 17 日,中共中央、国务院发布《关于进一步清理整顿公司的决定》,对公司进行清理整顿。

我国两次进行公司清理整顿,反映了我国公司发展中存在诸多问题。其主要表现在以下几个方面:

(1) 公司行为的行政化。公司是商品经济发展的产物,它是企业组织形式的一种。确切地说,它是具有法人资格的从事商品生产和经营活动的经营实体。作为一个企业,它无权干预其他企业的经营与管理活动。然而,在我国一些公司却具有行政管理的功能,它们任意干涉其他企业的经营活动，这种公司也就是人们所说的行政性公司或“翻牌公司”。

（2）公司组建的非规范化。按照国际惯例，公司的组建必须依照法定的程序，依照公司设立的条件，经有关机关审核批准，注册成立。作为一个公司必须具备相应的财产，并能独立承担经济和民事责任。然而在我国，公司的设立并没有严格的法律规定，多头审批设立公司，且对公司设立审批流于形式，致使一些公司有名无实。大量不具备经营条件，不具备承担相应责任能力的公司广泛存在。这些公司通常被人们称为“四无公司”“皮包公司”。

（3）公司经营的非法性。公司作为经营组织，其经营活动必须依法进行，不得损害社会利益，然而在我国，公司违法经营、非法倒卖、投机倒把司空见惯。一些公司非法倒卖重要生产资料、紧俏耐用消费品及各种票证、批条、指标、合同等。如1988 年各级工商行政管理机关共处理违法案件和违章案件达 945 580 件，其中投机倒把案件比上一年增加 40%。

（4）公司经营的权力化和垄断化。由于一些党政机关干部、离退休干部及其子女亲属，大量涌入公司兼职或任职，这些人利用手中的权力或利用其权力部门的关系，从事各种经营活动，非法牟取暴利，使公司经营活动权力化、垄断化，造成市场经营中的不正当竞争行为，更有甚者，一些领导利用手中的行政权和经营权，贪赃枉法、牟取私利、危害社会。

（5）集团公司组建中的行政干预。组建集团公司是商品经济发展的要求，集团公司的组建是在公司之间互利资源的基础上，通过参股、控股、兼并而成的。然而，在我国企业集团公司的组建中，却出现了上级主管部门“拉郎配”的情况。这种做法使企业集团内部矛盾重重，从而妨碍企业集团的正常经营活动。

（6）公司行业分布的畸形化。改革开放后，我国新开设的公司数量迅速增加，公司畸形分布在流通领域。在流通领域中开办的公司，大都缺乏正确的经营方针，它们利用部分物资短缺及价格的“双轨制”，进行一些紧俏物资的倒卖活动，从中牟取暴利。而且由于这些公司主要是利用各种“关系”进行“关系”经营活动，从而扰乱市场秩序，并导致大量经济犯罪案件的发生。

（7）公司财务制度混乱和非规范化。改革开放以来，我国公司发展迅速，公司资金大都是来自国家机关、国有企业事业单位和集团单位的投资。因此，一些公司注册后，资金大都通过不同渠道抽回，从而使公司无相应的资金从事经营活动，并且无法履行相应的责任。而且许多公司缺乏正常的财务制度，使人们无法对其进行监督，因此与公司有关的各种经济犯罪活动层出不穷。

（三）我国公司发展的新时期

20 世纪 90 年代，我国公司的发展进入了一个新的历史时期。在这些年中我国公司的发展具有以下几个方面的特点：

1. 有关公司立法不断完善

1992 年 5 月 15 日，国家经济体制改革委员会颁布了《股份有限公司规范意见》和《有限责任公司规范意见》。其中对股份有限公司和有限责任公司的设立、股份、股东和股东大会、章程修改、合并与分立、终止与清算等内容作出具体规定,这些规定大都参照国际惯例,并结合中国的具体情况加以制定。我国已正式颁布了《公司法》《证券法》,这一切都代表着我国公司发展已进入法制化、规范化的新阶段。

2. 股份市场正式开业,推动了各种证券投资公司的发展

随着股份制的进一步推行,股份有限公司迅速增长,证券公司及证券交易所开始在我国得到发展。1990 年 11 月和 1991 年 4 月我国先后在上海和深圳成立了上海证券交易所和深圳证券交易所。此后,我国的证券业得到了飞速发展。到 1997 年末,沪深两地股票流通市值达 4 900亿元人民币,上市公司达 700 多家,证券交易市场在我国国民经济中的地位大幅上升,证券投资深入人心,我国的证券公司和各类投资理财公司得到迅速发展。

3. 股份公司迅速增长

进入 20 世纪 90 年代后,我国股份公司迅速增加。据国家体改委 1992 年初统计,当时全国共有各种类型的股份制企业 3 320 家(不包括乡镇企业中股份合作企业、“三资”企业和联合企业)。其中向社会公开发行股票的股份有限公司有 89 家。在随后的几年中,随着证券市场的发展壮大以及《公司法》的颁布实施,股份有限公司更是如雨后春笋般地发展起来,其中仅沪深两市的上市公司就达到 800 多家。

4. 企业集团公司、跨国公司得到发展

企业集团公司是改革开放的产物。据统计,我国经地市级以上政府部门批准并在工商行政管理部门注册的企业集团有 160 家,从行业看,发展最快的是机械行业,有 282 家,占 17%;其次是轻工业,有 164 家,占 10%;纺织业有 49 家,占 3%;电子行业有 81 家,占 5%。从地区分布看,发展最快的集团组建主要有以下几种形式:

(1) 行政组合型。这是在行政撮合下组建起来的集团公司。

(2) 名优产品生产型。这是以名优产品为龙头,以骨干企业为核心,聚集一批与其稳定协作的中小型企业而形成的。

(3) 科企联合型。这是由科研单位、高等院校与大型企业联合组成的。

(4) 跨地区协作型。这一般是以沿海地区企业与内地生产资料基地的联合为轴心组建而成的。

(5) 优势企业扩张型。这是由某个具有优势的大型企业通过控股、参股、兼并收购等综合投资方式扩张起来的。

跨国公司是近期在我国出现的新型企业,我国发展对外直接投资、开办海外企业始于 1979 年。进入 20 世纪 90 年代后,跨国公司迅速发展起来,据统计,至 2003 年底,中国对外直接投资 334 亿美元,3 439 家境外企业,分布在 139 个国家和地区。

今后,随着改革开放的进一步深入,我国的集团公司和跨国公司将会有更大的发展。

5. 房地产公司成为发展的新热点

20 世纪 90 年代,我国房地产迅速发展,房地产开发公司的数量和投资数额也大为增加。

其中1992年是房地产大发展的一年，有关资料表明，1992年全国完成房地产开发投资达783亿元，比上年增长117%，占全国完成社会固定资产投资额的9.4%。各地房地产开发投资普遍增长50%以上。1993年以后，过热的房地产进入调整期，经过几年的低迷之后，又有重新升温的趋势，特别是随着我国整体经济运行状况的不断好转和住房商品化改革步伐的加快，房地产业将会再次成为公司发展的热点。

6. 股份制成为公有制的主要形式

1999年，我国决定对相当部分的国有大中型企业实行规范的公司制改革，2003年，股份制成为我国公有制的主要形式。从此，我国公司制改革进入了快速、规范发展的阶段。

第三节 公司与相关组织的比较分析

按照企业主体法律人格的有无及企业成员财产责任的不同，企业组织形式可以分为独资企业、合伙企业和公司企业三种类型。

一、公司与独资企业

独资企业，在我国称为个人独资企业。根据我国《个人独资企业法》的规定，个人独资企业是中国境内依法设立的，由一个自然人投资，财产归投资者个人所有，投资人以其个人财产对企业债务承担无限责任的经济实体。独资企业是自然人从事工商业经营的一种组织形式。独资企业是非法人企业，不具备独立的法律人格。

独资企业与公司的区别主要有以下几点：

1. 设立的主体不同

独资企业的设立人是自然人，而不能是法人。公司设立既可以是自然人，也可以是法人。公司通常具有社团性，除一人公司外，其他公司均由两个或两个以上出资人共同设立。这种设立主体的多数性是公司区别于独资企业的主要特征。

2. 财产关系不同

独资企业的全部财产归出资人个人所有，出资者对企业财产拥有四项权能，即拥有占有权、使用权、权益权和处分权。公司的财产归公司所有，而不归个人所有。公司对公司财产拥有法人所有权，公司可以行使占有、使用、权益和处分的权利，独立支配公司的财产。

3. 经营管理的主体不同

独资企业由业主对企业进行经营管理。公司一般由法人治理机构进行管治。公司治理的有关问题可参考本书第五章。

4. 承担的责任不同

独资企业的投资人对企业的债务承担无限责任，即不但要以投资人投入企业的财产清偿债务,而且要以投资人个人的全部财产清偿债务。公司作为拥有独立财产的法人,对其债务独立承担责任。有限公司和股份有限公司以其全部财产对公司债务承担责任;股东以其出资额为限对公司承担责任。

5. 法律的地位不同

在独资企业中,直接拥有民事权利、承担民事义务的是投资者个人。独资企业不是独立的民事主体,不具备法人资格,不是法人企业。公司具备了法人的实质条件,是具备法人资格的经济组织,是典型法人。

二、公司与合伙企业

合伙企业是指两个以上合伙人按合伙协议,共同出资、共同经营,合伙人对合伙企业债务承担无限连带责任的盈利性组织。合伙企业同独资企业一样,都不是法人,是自然人从事工商业活动的一种组织形式。

合伙人企业与公司的区别主要有以下几点:

1. 成立的基础不同

合伙人基于合伙合同而成立。公司基于公司章程成立。

2. 信用基础不同

合伙企业是典型的人合企业,是以合伙人之间的信任关系为基础而建立的企业。合伙企业的对外信用基础主要在于合伙人的个人信誉。而对公司来说,除无限公司外,有限公司,特别是股份有限公司,都具有资合企业的性质,公司的设立和存续主要以资本为基础。

3. 财产关系不同

合伙企业的财产归全体合伙人共有,各个合伙人对合伙企业的财产共同享有所有权。公司对公司财产拥有法人财产权,可独立支配公司财产。

4. 承担的责任不同

合伙企业债务由全体合伙人共同承担,合伙人对合伙企业债务负无限连带责任。公司以其全部财产为限对公司债务承担责任,股东以其出资额为限对公司承担责任。

5. 经营管理的主体不同

合伙企业由全体合伙人共同经营管理。执行合伙事务、经营管理合伙企业,是合伙人享有的法定权利,合伙企业业务执行人的权利来自全体合伙人的委托授权,共同经营管理、共同执行合伙人企业事务是合伙人企业的重要特征。而公司一般由法定的公司组织机构来执行公司经营管理事务。

6. 法律地位不同

合伙人企业没有独立的法律人格,不具备法人地位。而公司则有独立的法律人格和法人地位,是典型的法人。

三、公司与法人

公司是民事活动的参与者和重要的民事主体,是具有民事权利能力和民事行为能力并依法独立享有民事权利和承担民事义务的社会组织。公司作为民事主体,是一个集合的主体,是公司组织在法律上的人格化。公司是法人,其使公司区别于另一种民事主体——自然人。公司的民事活动既涉及到公司与其他企业之间的关系,也涉及到公司与自然人之间的关系,还涉及到公司与机关、事业单位、社会团体之间的关系。公司的民事权利能力和行为能力是确认公司参加民事法律关系的先决条件,它始于登记之日,终于解散后清算终结之时。公司的民事权利能力在法律上是平等的,即不分公司的经营内容、经营活动范围、经营规模大小,都具有平等的权利能力。

确认公司是法人,这是商品经济发展的客观要求。确立公司的法律地位,对于明确经济责任、改善经营管理、解决政企分开、搞活企业、开展对外经济交往,都有重要意义。公司要取得法人资格,必须符合四个条件,即必须依法设立、有必要的财产或资金、有自己的名称和组织机构及场所、能够独立承担民事责任。

公司是法人可以从以下三个方面来解释:

(1) 公司是企业,是法人,是法人企业。公司是企业,但只是企业的一种组织形式,并非所有企业都是公司,因为不是所有的企业都具备法人条件。作为法人企业的公司不同于作为自然人企业和合伙人企业,它们在组织程序和责任形式上有区别。企业概念大于公司概念,企业组织形式早于公司组织形式。

(2) 公司是法人,但只是法人的一种组织形式,并非所有法人都是公司,因为并非所有法人都具备企业条件。作为企业法人的公司不同于具备法人条件但不具备企业条件的其他法人。如国家机关、事业单位、社团单位,都是法人但不属于企业。法人的概念大于公司概念,法人制度早于公司制度。

(3) 公司是法人,但公司内部成员单位不是法人,因为这些单位不能超越公司而独立承担民事责任。法人之间的法律地位是平等的,不存在大法人内部的小法人关系。

四、公司与联合体

公司是由其成员集资联合组成实体的经济组织,组成公司的成员可以是法人,也可以是自然人。因此,公司是作为联合体而存在的。

公司作为联合体而存在,包含两层含义:集资联合组成的公司的资金和财产是由公司支配的独立资金和财产,用于公司的经营活动并承担公司自负盈亏的经济责任,而不再是各个互相分离的出资者个人财产;集资联合组成的公司具有独立的法人地位,以其资产承担民事责任。由此可以看出:

(1) 自然人可以单独建立企业即独资企业,但单个自然人不具备集资联合组成企业的条件,因此个人(自然人)不能单独建立公司。

(2) 两个或两个以上的自然人可以合伙投资建立企业,即合伙企业,但不同于集资联合组成的企业,即公司。合伙企业的债务由合伙人按照出资比例或者合伙经营合同的约定,以各自的财产承担清偿责任,并对合伙企业债务承担连带责任,所以合伙企业不是法人企业,而是自然人企业。但集资联合组成公司成立之后,公司在法律上是独立存在的权利主体,公司财产不再属于出资者个人所有,而属于公司所有。

(3) 公司是联合经济组织的一种形式,但并非所有的联合经济组织都是公司。经济联合的内容是广泛的,形式也是多样的,因此存在着多种类型的联合经济组织。如生产同类产品的企业通过达成销售价格和占据市场的协议而形成的联合经济组织、同行业企业通过签订采购原料和销售产品的协议而建立的联合经济组织。这些联合经济组织缺乏稳定的组织结构,没有统一的组织机构,其成员企业仍然保持着各自独立法人地位,联合经济组织实际上是企业之间的合作关系或合同关系。各类联合经济组织的联合程度可以不同,有紧密性的联合经济组织、半紧密性联合经济组织和松散性的联合经济组织。但公司则不同,公司不存在松散性公司、半紧密性公司和紧密性公司的划分。作为公司的联合体必须是紧密、完整的有机整体,即公司是作为一个整体而存在的联合经济组织。联合经济组织概念大于公司概念。

五、公司与工厂

工厂是从事工业活动生产的场所。如果工厂的生产活动是以盈利为目的、独立核算、自主经营、自负盈亏的,那么这样的工厂就是企业,是单厂企业,具有法人地位。如果工厂不具备企业的这些条件,这个工厂就不是企业,如政府机关的附属印刷厂、工业公司内部的成员工厂都不是企业,虽说这种工厂也进行生产过程中的费用核算,但这种核算不同于单厂企业的独立核算关系。

由此可见,工厂不可能是公司,因为工厂不是联合体。但是单个工厂可以与其他工厂联合组成公司,或者通过集资方式把工厂改组成公司。工厂概念与公司概念的不同还反映在工厂管理与公司管理的内容和形式上的不同。企业管理的基本内容是以公司这种组织形式为研究对象的,它不仅研究企业内部的生产技术问题,更侧重于研究企业的经营管理,让企业以最少的投入提供最大的产出,即最大的经济效益和社会效益。工厂管理是企业管理的一个组成部分,它研究的是工业生产活动过程中的生产技术问题。

六、公司与企业集团

企业集团是指由一个或若干个大、中型企业通过资产经营一体化,吸收较多企业或事业单位参加,组成供、产、销、人、财、物统一的,从事专业化、综合性经营的实体经济。

建立企业集团必须满足四个条件:①必须有一个实力较强具有投资中心功能的集团核心。②必须有多层次的组织结构。除核心企业外,必须有一定数量的紧密型企业,还可以有半紧密型和松散型企业。③企业集团的核心与其他成员之间，要通过资产和生产经营纽带组成一个有机的整体。核心企业与紧密型企业之间应建立资产经营一体化或资产控股关系。核心企业、紧密型企业与半紧密型企业之间应有资产的凝结纽带。④企业集团的核心企业和其他成员企业各自都具有法人资格。

企业集团是商品经济高度发展的产物，是一些企业围绕某一产品或服务而相互结成的一种生产技术联合体。分工协作越发达，商品生产或服务的规模越大，就越能发挥集团的作用，取得商品生产或服务的规模经济效应。这种企业联合形式能在不增加社会资金投入的情况下，充分利用现有的生产能力，通过生产技术的联系，迅速地提高某产品的生产能力，增强产品的竞争能力。同时，通过这种联合也能使技术迅速转化为生产力，促进产品的更新换代，提高生产技术水平。可以说，企业集团是企业组织形式发展到一定阶段的必然产物。它作为大规模生产经营的组织形式，是企业经营战略适应国际经济发展及竞争国际化的需要。

由此可以看出，企业集团与公司利益既有联系，又有区别。它们都是社会生产或服务的经济组织，都是经济联合体，都是多个投资主体，都以取得最佳经济效益和社会效益为目的，都是社会分工与协作的产物，公司是企业集团发展的基础。它们的区别表现在：

(1) 公司是一个企业法人，但其内部各组成部分不能单独存在，不是法人。而企业集团内部成员都是各自独立的法人。

(2) 公司内部成员不仅生产技术联系紧密，而且资产和经营也密不可分。而企业集团内部成员是通过控股、参股或仅是生产技术等因素联系在一起的，成员的资产、经营是各自独立的，成员的经营活动不完全受集团经营计划的调控。

(3) 公司先于企业集团而存在，公司是企业集团成员之一。

思考与练习

1. 什么是公司，公司有哪些特点，公司的基本类型有哪些？
2. 简述公司的起源和公司发展的五个阶段的特点。
3. 简述我国公司的发展过程。
4. 试述公司与企业的区别与联系。
5. 举例说明各种类型的公司的作用与功能。

第二章　现代公司的设立

【内容提要】

公司的设立必须遵守法律规定的设立条件和设立程序。公司设立的目的是使公司依法成立,取得独立的法人资格。本章介绍了公司设立的概念、原则及各类公司设立的可行性研究的主要内容。重点研究了有限责任公司和股份有限公司的基本含义、设立的条件、设立的程序。

第一节　公司设立的原则

公司是依法成立的盈利性法人企业。公司设立是指发起人为组建公司并取得法律人格,按照法定条件和程序所进行的一系列行为的总称。公司设立与公司成立是两个不同的概念。公司成立是指公司经过设立的程序,具备了法律规定的条件,经主管机关核准登记,发给营业执照,取得法人资格的一种状态。而公司设立则是发起人创设一个具有法律人格的社会组织的行为过程。

公司设立的原则主要指国家对公司设立采用何种管理制度。由于公司设立涉及公司法律主体资格的确定、股东和利害相关者利益的保护、市场交易秩序的确定等方面的问题,需要国家进行适度的干预,这就需要建立公司设立的制度。随着社会经济的发展和公司管理经验的积累,公司设立管理历经了不同的历史阶段,有过不同的设立制度,产生了不同的设立原则。

一、特许设立原则

特许设立原则是指公司的设立要经过国家元首或国家立法机关的特别许可而设立。一般是由国家元首发布命令或国家制定特别法律来设立公司。如英国的东印度公司就是根据英女王的特许而设立的,当时英国法律规定"除国会法令许可外,不得设立公司"。采取这一原则的目的是要实现国家对公司设立的严格控制,尽量降低公司经营风险。不过这一原则过于严格,不利于公司的设立和发展。

二、核准设立原则

核准设立原则是指公司设立要符合法律规定的条件并经国家行政机关审核批准。采取这一原则的目的,是通过政府机关的审核,预防不符合法律规定条件公司的设立,以降低公司的经营风险,维护市场经济秩序。这一原则的缺陷是扩大了政府审核部门审核的空间,不利于公司的设立和发展。

三、准则设立原则

准则设立原则是指公司设立条件由国家法律统一规定，只要公司符合法律规定的条件，公司就可以成立而不需要由政府部门进行实质性审批。和前面的两个原则相比，这一原则放松了公司成立的管制，缩短了公司的设立时间，降低了公司设立成本，有利于公司的设立和发展。

四、严格准则设立原则

严格准则设立原则是准则设立和核准设立相结合的原则，即对少数特殊公司采取核准设立原则，而对一般公司采取准则设立原则。这一原则发挥了国家适度干预经济的职能，对于资本市场的健康发展、证券市场的有序运行以及债权人、社会公众利益的保护，都起到了重要作用。这一原则为世界上许多国家所采用。

我国2006年以前实行的公司法，确立了公司设立实行核准设立和准则设立相结合的设立原则。对于有限责任公司实行准则设立为主、核准（审批）设立为辅的原则，公司法本身并未设定审批，只是其他法律、行政法规规定公司设立必须经过核准审批的，才需办理公司设立审批。对于股份有限公司的设立，实行核准（审批）设立原则，设立股份有限公司必须按照公司法规定经国务院授权的部门或省级人民政府批准；法律、行政法规规定设立公司必须报经审批的，还要依法履行其他审批手续。

现行的公司法，从有利于我国公司的设立和发展出发，取消了股份有限公司设立核准原则，实现了从核准设立原则到准则设立原则的过渡。概括地说，修改后的公司法，对有限责任公司和股份有限公司的设立，都采取准则设立原则，但要注意，法律、行政法规规定需要政府有关部门审批的，应当依法办理有关审批手续，并在申报设立登记时提交批准文件。

第二节 设立公司的可行性研究

设立公司的可行性研究是根据公司组建的原则，分析和评价组建公司所必须具备的各种相关条件的成熟程度，据以判断公司组建的可行性，从而作出公司能否设立的决策过程。它的主要目的是从技术上、经济上和经营活动上为公司的设立提供依据。

设立公司的可行性研究，可由发起人或发起单位自己进行，也可由发起人或发起单位委托有关科研咨询团体进行。公司设立的可行性研究包括两大类型，即由现有企业联合组建成为公司的可行性研究和新创办公司的可行性研究。

一、现有企业联合组建成为公司的可行性研究

在现有企业基础上组建的公司，具有生产的产品和市场方向明确，拥有的人力、物力、财力

都相对稳定，组建的公司风险比较小、发展较快等特点。这类公司组建的可行性研究包括如下主要内容。

1. 生产、技术的可行性研究

生产、技术的可行性包括技术条件的适应性、生产的内在联系性和总体的可协调性三个方面。技术条件的适应性，即组成公司的各成员单位的设备状况、技术力量、技术水平、产品开发能力等技术条件的适应程度。这是公司借以发挥其技术优势，保证生产发展的重要因素。生产的内在联系性是指生产过程本身的内在联系，这是由公司内部的专业化分工协作决定的，是发挥公司内各成员单位生产能力的必要保证。因此，要求公司组建必须遵循分工与协作原则，公司内各成员单位为了共同的利益而进行合理的分工。总体的可协调性，包括公司各方优势的互补性和可塑性。这就需要在公司组建前，搞清公司内各方的优势和劣势以及相互弥补的可能性；弄清公司经营管理和生产发展需要，调整改组各成员企业的可能性和有效性。

2. 经济合理性研究

经济合理性分析包括以下几个方面：

(1) 公司范围的合理性。在现有企业的基础上组建公司，应以重点企业为骨干和核心。重点企业往往以自己的经济实力影响和制约着其他企业，特别是与之生产相关的企业的经济活动。因此，应形成一个以重点企业为核心的相对完整的生产协作体系，从而取得较好的经济效果。

(2) 公司选址的合理性。公司设立地点的选择关系到公司成立后的生存和发展，一般要考虑到的因素有公司所处地的交通、供水、供电、邮电等基础设施的齐全性，行业种类的齐全性，商品经济的发达程度，劳动力资源状况等。

(3) 公司经营的盈利性。盈利是公司的本质要求和目的，因此，必须进行公司组建的财务评价，包括生产总成本、单位产品成本、市场前景、总利润、盈利率等一系列经济指标的分析。

(4) 政策的约束性。在一定时期，国家或地区都有鼓励或限制某一行业或某一产品发展的政策。因此，公司组建应对有关的行业、经济、财政、税收、社会和其他政策的制约性进行分析，以保证公司在符合政策要求下发展壮大。

二、新创办公司的可行性研究

与前一类公司相比，新创办公司的可行性研究有不同的内容。新办公司风险较大，其设立的可行性研究包括如下主要内容。

1. 公司设立的机会研究

公司设立的机会研究，即分析公司设立的可能性。它通过对公司设立的背景、趋势、基础和条件等方面的研究，从总体上大致确定公司创办的意向。

机会研究包括地区机会分析和行业机会分析。

(1) 地区机会分析，即在特定的地区中选择公司的创办机会。这类分析包括地区的基本特征、人口、职业形式、人均收入、社会经济背景及与其他地区的差异;社会基础设施、已开发和可能开发的生产要素;产业结构、国家对该地区的特色政策;可发展的产业及其社会需求和发展机会;新建公司可能的生产规模、总投资、生产成本、收益等。

(2) 行业机会分析,即在一特定行业中选择设立公司的机会。这种分析包括该行业在国民经济中所处的地位和作用;该行业的规模、结构、技术水平和增长率等。

2. 公司设立的可行性研究

通过机会研究,从总体上大致确定公司的创办意向。但要使这种意向变成实际行为,仍需进行公司组建的可行性研究。公司组建的可行性研究,就是对公司的创办机会从技术上、经济上进行深入地分析,确认组建公司的可行性,并作出公司是否设立的决定。因此,公司设立的可行性研究必须对公司创办的各个方面和各种影响进行分析、测算、综合与评价。公司设立的可行性研究包括技术可行性、经济可行性、组织体制可行性和社会可行性等方面。

(1) 技术可行性。不同的方案会产生不同的效益,即技术方案的优劣总是与效益的优劣相一致,这就要求合理考虑各种技术方案。技术可行性分析主要从以下几个方面来进行:技术利用的配套性和适用性,公司的地点和布局,规模经济,环境保护和劳动保护,其他如用水、用电、交通等制约因素。

(2) 经济可行性。经济可行性分析是从整体角度来剖析公司组建的效益状况和经济价值。其分析内容包括资金保证程度、所耗用的经济资源和公司组建后对社会经济发展所起的作用。具体包括公司组建和组建后开展经营活动中,资金的保证程度、资金筹措的可能性;资源利用的有效性分析,包括公司组建过程中全部投资的回收分析和偿债能力分析等;总生产成本或制造成本的估算,包括对所需原材料、燃料、动力、劳动力成本的分析;盈利分析,包括盈利能力、盈利发展趋势等。在进行经济可行性分析时必须考虑资金的时间价值。

(3) 组织体制可行性。组织体制可行性分析包括合理的内部组织机构设置分析,所需管理人员、技术人员和劳动力分析等。

(4) 社会可行性。社会是公司的依托。公司设立的社会可行性分析包括对国家的政治体制、支持公司所属的行业或地区的政策法令、该行业的投资结构、社会经济结构、传统习俗等的分析。尤其对支持公司的政策要进行认真细致的研究,包括可能发生的政策更替、税收制度、价格体制及其实施的强制性。对于涉及进口原材料、技术设备等,还需对原料、技术设备等出口国进行社会可行性分析与研究。

公司组建的可行性研究,必须作出公司设立的可行或不可行决定,并写出公司设立的可行性研究报告。报告应从国民经济发展的高度对即将成立的公司作出评价,包括公司设立后对社会经济发展的作用、实现的可能性,从而为有关部门审查批准公司设立时提供详细和可靠的依据。

第三节 有限责任公司的设立

一、有限责任公司设立的条件

设立公司除了要遵循一定的原则外,还应具备一定的条件。不具备这些条件,公司就不能依法设立。由于各个国家的国情不同,各国公司设立的条件也有差异。我国《公司法》借鉴了国外设立公司的习惯做法,规定设立有限责任公司应具备下列条件:①股东符合法定人数;②股东出资达到法定资本最低限额;③股东共同制定公司章程;④建立符合有限责任公司要求的组织机构;⑤有公司名称;⑥有公司住所。

(一) 股东符合法定人数

股东是公司的出资人,股东出资形成的公司资本是公司承担民事责任的物质基础,因此,股东是设立有限责任公司的首要条件。

1. 股东的资格

我国公司法对有限责任公司的股东资格没有作出特殊的要求,自然人和法人都可以成为有限责任公司的股东。但根据国家政策的规定,国家机关(国有资产管理机构除外)和国家机关工作人员不得成为有限责任公司的股东。

作为公司设立人的股东,由于要承担公司设立责任,是公司设立期间的民事主体,因此,设立人股东必须具备完全民事行为能力,无民事行为能力的人和限制民事行为能力的人一般不能作为设立人股东。

2. 股东的人数

同股份有限公司相比,有限责任公司的股东人数较少,很多国家的公司法对股东人数都有较严格的限制性规定,这是有限责任公司的一个重要特点。

(1) 股东的上限人数。很多国家公司立法,对股份有限公司股东上限人数都有明确规定,不能超过一定数额。例如,英国、日本的公司法规定,股东人数不能超过 50 人。我国公司法规定,有限责任公司的股东人数最多为 50 人。之所以要规定股东人数的上限,主要是有利于股东之间的联系,方便管理和股权转让。

(2) 股东的下限人数。早期的公司法,对有限责任公司的股东的下限人数都有规定,一般不能少于 2 人。之所以要作出这样的规定,主要是为了保护公司的社团性、人合性和联合性的特征,预防股东与公司合一而导致有限责任的滥用。

后来,许多国家的公司立法突破了两个股东的限制,承认一人公司的存在,允许自然人和法人设立一人公司,这是适应公司设立和发展的实际需要。在公司设立时,为了解决一人公司的法律障碍,设立人往往会采取形式股东(没能真正出资)方式,这会使设立的公司带来股东纠纷的隐患。此外,在公司的运营过程中,会出现股东退股、股东死亡等原因,使公司剩下一个股东。为了维护市场经济秩序和保护债权人的利益,并不能解散这种一人股东公司。目前,日本、英国、美国等国公司立法都允许公司设立时就只有一个股东。

由于一人有限责任公司是股东与公司合一,这就容易导致股东有限责任的滥用。为了解决这个问题,各国的公司立法都对一人有限责任公司实行较严格的规定。如我国《公司法》第59条规定,“一人有限责任公司的注册资本最低限额为人民币十万”;第63条规定,“一人有限责任公司应当在每一会计年度终了时编制财务报告,并经会计师事务所审计”;第64条规定,“一人有限责任公司的股东不能证明公司财产独立于股东自己的财产的,应当对公司债务承担连带责任”。通过上述资本制度、会计制度、公司人格否认制度等法律制度设计,加强对一人有限责任公司的监管。

(二)股东出资达到法定资本最低限额

股东出资形成的公司资本是公司进行经营活动和承担民事责任的基础。因此,公司不仅要有资本,而且其资本必须达到一定数额,才能依法设立。股东出资的最低限额是公司设立的一个重要条件。

1. 股东出资的最低限额

全体股东出资最低限额,即公司最低资本额,构成了公司设立制度的重要内容。之所以要规定股东出资的最低额,是由有限责任制度决定的。有限责任公司的股东,以其出资额为限对公司承担责任,这种有限责任制度在降低投资者风险的同时,却增大了与公司发生交易方的潜在风险,因此必须从法律上规定公司最低资本额的要求,设置必要的公司进入门槛,以维护市场经济秩序,保障公司债权人的利益。

随着经济的发展和法律体系的完善,公司最低资本额制度对保护公司债权人的作用越来越小,因而近年来在英美等国出现了废除最低资本额制度的趋势。我国《公司法》规定,“有限责任公司注册资本的最低限额为人民币三万元。法律、行政法规对有限责任公司注册资本的最低限额有较高规定的,从其规定”;“一人有限责任公司的注册资本最低限额为人民币十万元”。对一人公司规定了较高注册资本最低限额,是考虑到一人公司是一个股东单独出资设立的公司,容易出现股东滥用法人资格和股东有限责任的现象,从立法上规定较高的注册资本要求,有利于一人公司的资本充实,有利于对债权人利益的保护。

2. 股东出资形式

出资形式即出资财产的类型。各国的公司法大都对股东出资形式作出明确的规定,这种规定是公司设立制度、公司资本制度的重要内容。各国公司法规定股东出资形式主要有货币出资和现物出资两种形式。货币出资又叫现金出资;现物出资由实物出资和财产权利出资构成。对于现物出资,不同国家、不同时间规定的形式有所不同。随着科学技术的发展,特别是知识经济的出现,法律规定的股东出资的形式逐步增多。

我国修改后的《公司法》,按照市场经济条件下公司发展的实际需要,适当放松了公司的设立条件,包括股东的出资形式和无形资产出资的比例。我国《公司法》第27条规定,“股东可以用货币出资,也可以用实物、知识产权、土地使用权等可以用货币估价并可以依法转让的非货币财产作出资;但是法律、行政、法规规定不得作为出资的财产除外";"全体股东的货币出资全额不得低于有限责任公司注册资本的百分之三十"。这些规定,与修改前的《公司法》相比,有两个地方不同。第一,放松了股东的出资形式。修改前的《公司法》将出资形式严格限定在货币、实物、工业产权、非专利技术、土地使用权五种。修改后的《公司法》将工业产权扩大为知识产权。第二,放宽了无形资产出资比例的限制。修改前的《公司法》规定无形资产出资比例一般不得超过公司注册资本的20%,修改后的《公司法》没有对无形资产出资比例作出直接限制,只是对股东货币出资额作出限制,不得低于公司注册资本的30%,这就为提高无形资产出资比例预留了空间。

下面对我国《公司法》规定的股东出资形式进行分析。

(1) 货币出资。货币出资也称为现金出资,是股东出资最基本的必不可少的出资形式。货币出资的优点主要有:①货币是一般等价物,是社会财富的代表,货币出资交付公司形成公司资本后,公司可以马上使用,可以用来购买生产材料、支付工资和偿还公司债务;②货币可以充当价值尺度,股东用货币出资,不必进行资产评估,大大节省资产评估费用;③货币可以充当流通手段,股东用货币出资后,随即可以充当购买手段和支付手段,以满足经营活动的需要;④货币可以充当储藏手段和投资手段,使货币保值增值,不会出现实物出资所引起的有形损耗和无形损耗;⑤货币形式可以保证公司资产应有的流动性和变现性,从而满足公司日常经营活动和清偿债务的需要。因此,各国公司法都规定了股东货币出资的最低比例。我国公司法规定,股东货币出资的最低比例不得低于有限责任公司注册资本的30%。

(2) 实物出资。实物出资是股东有形财产的出资,包括动产和不动产,即包括公司生产经营活动所需的建筑物、机器设备、装备、设施、交通运输工具以及原材料等。为了保证股东的实物出资能够成为公司的资产,股东实物出资必须符合以下两个要求:①股东对出资物必须有完整的产权,即对出资物有所有权、占有权、支配权和使用权,公司使用这些实物不会受到他人干扰;②法律、行政法规禁止转让、出资的实物,不能作为股东的实物出资。

(3) 知识产权出资。知识产权是一种无形资产,虽然不具有实物形态,却具有价值。知识产权是权利人对其智力成果享有专有权利,作为一种财产权利,它构成了股东出资的形式。传统知识产权包括工业产权和著作权,工业产权又包括专利权和商标权。知识产权出资是现物出资的一种形式。

随着科学技术的发展,知识经济在全部经济总量中所占的比重越来越大,知识产权这种无形资产对企业的发展越来越重要。因此各国公司法都承认知识产权出资这种出资形式。同时,鉴于无形资产只有与有形资产结合才能进行生产经营活动,尤其是物质生产活动,因此各国公司法都对无形资产,即知识产权出资在公司总资本中所占的比例作了限制性的规定。随着知识产权概念的扩展,非专利技术、商业秘密也纳入知识产权中。非专利技术、商业秘密也是一种无形资产,也可以作为出资形式。

(4) 土地使用权出资。我国的法律规定,城市的土地所有权属于国家;农村的土地所有权属于集体。国家或集体所有的土地,可以依法确定给单位或个人使用。单位和个人可以依法取得土地的使用权。由于土地是重要的生产资料,任何公司的生产经营活动都离不开对土地的使用,这就使土地使用权成为股东出资的重要形式。

(5) 股权出资。这是指股东以其持有的别的公司的股权作为出资。股权出资是现物出资的一种形式,股权出资具备股东出资的基本条件。这是因为:第一,股权的价值可以通过股票的价格去探寻;第二,股权具有可转让性和流动性。在采用股权出资形式的时候,要注意股权价值的不稳定性和风险性的特点,要采取严格的措施限制股权出资的范围,要加重股权出资股东应承担的责任。

3. 股东出资缴纳方式

我国《公司法》确认了有限责任公司注册资本认缴制度——股东出资分期缴纳制度。我国《公司法》第 26 条规定,"有限责任公司的注册资本为在公司登记机关登记的全体股东认缴的出资额。公司全体股东的首次出资额不得低于注册资本的百分之二十,也不得低于法定的注册资本最低限额,其余部分由股东自公司成立之日起两年内缴足;其中,投资公司可以在 5 年内缴足"。

我国修改前的《公司法》,确定了公司注册资本实缴制度和股东一次足额缴纳所认缴出资的制度。在这种制度下,股东只能一次缴纳而不能分期缴纳自认的出资额。与一次性认缴方式相比,分期缴纳出资方式的优点主要有:

(1) 降低了公司设立时所需资金数量,从而降低了公司设立门槛;

(2) 避免了资金的闲置,提高了资金的使用效率;

(3) 增资扩股较容易。

(三) 股东共同制定公司章程

公司章程是规定公司行为准则的公开对外的法律文件。设立公司一定要制定公司章程,以规范公司的类型、宗旨、经营方向、组织结构等重大问题,为公司的设立和公司的经营管理活动提供基本行为准则。因此,股东共同制定公司章程是设立公司的一个基本条件。

有限责任公司的章程由全体股东共同制定,若股东不能亲自参与公司章程的制定,可以委托代理人参加。公司章程必须经全体股东一致同意并由全体股东在公司章程上签名盖章。公司依法登记后,公司章程具有法律效力。公司里的任何组织、任何人不能违反公司章程。各国的公司法,对公司章程必须载明的事项都有明确地规定。我国《公司法》第 25 条规定,有限责任公司章程必须载明下列事项。

1. 公司名称和住所

公司名称是识别公司的标志,公司名称中要标明"有限责任公司"字样,并且要符合企业法人名称登记管理的相关规定。公司要以自己的名称进行经营活动和其他活动。公司以其主要办事机构所在地为住所。

2. 公司经营范围

公司经营范围主要是指公司经营活动的主要内容和领域。公司经营范围一般由公司章程规定,并依法进行登记,但法律、行政法规要求审批的,要依法办理审批手续方可经营。公司可以依照法规,改变经营范围,并办理变更经营范围手续。

3. 公司注册资本

公司注册资本是公司成立时在公司登记机关注册登记的资本总额。由于我国《公司法》规定实行资本注册认缴制度,股东可以分期缴纳出资,因此公司注册资本就是全体股东认缴的出资额,而不是全体股东实缴出资额。要到法定年限时(一般公司两年内,投资公司五年内),公司注册资本才会达到股东实缴资本的数额。

4. 股东的姓名或者名称

股东是公司的出资者,是公司终极所有者。公司股东可以是自然人,也可以是法人。股东是公司成立、存续必不可少的条件。公司章程应当载明自然人股东的姓名和法人股东的名称。

5. 股东的出资方式、出资额和出资时间

《公司法》和公司章程对股东出资方式、出资额和出资时间都有明确的规定,股东要按规定出资。公司章程应当载明每一个股东的出资方式、出资额和出资时间。

6. 公司的机构及其产生办法、职权、议事规则

我国《公司法》对有限责任公司的机构设置和议事规则没有严格的规定,给每个公司的机构设置预留了空间,因此每个有限责任公司的章程应对公司的决策机构、执行机构、监督机构的产生办法、职权、议事规则等作出明确具体的规定。

7. 公司的法定代表人

公司章程应当载明法定代表人,并对法定代表人产生办法、职权作出明确规定。

由于各个公司的情况各不相同,各个公司还可以根据本公司的实际情况,在公司章程中载明股东会议认为需要规定的其他事项。

(四) 公司组织机构

公司作为法人是一个组织体,应当有组织机构对公司进行管治。有限责任公司的组织机构在公司经营管理中起着重要作用,因此建立符合《公司法》要求的公司组织机构是设立公司的一个重要条件。

有限责任公司的组织机构由三部分组成:决策机构、执行机构和监督机构。其中,股东会及其选出的董事会是公司的决策机构;总经理和副总经理以及职能部门的管理人员等组成公司的执行机构;监事会是公司的监督机构。由于公司的规模不同,股东人数不一样,公司组织机构也就相差较大,有的三个组成部分都较完善,有的决策机构和执行机构合一,有的没有监督机构,这些现象都是常见的,也是《公司法》允许的。下面对公司组织机构的各个组成部分进行阐述。

1. 股东会

股东是公司的出资人,因而股东会是公司最高权力机构。股东享有收益、重大决策和选择管理者的权利。股东会享有对公司重大事项的决策权。

2. 董事会或执行董事

董事会既是公司的执行机构又是公司的日常决策机构。一方面,董事会要执行董事会的决议;另一方面,董事会要根据股东会的授权,对股东会决策之外的事项进行决策,聘任或解聘经理人员。如果公司规模不大,股东人数较少,则可以不设董事会而设执行董事。

3. 监事会或监事

监事会是公司的监督机构,其职能是负责监督董事会或执行董事、经理人员的经营管理活动。公司人数较少或规模较小的公司,可以不设监事会而只设监事。

(五) 公司名称

公司名称是设立公司的必要条件。公司名称是识别公司、区别公司的标志。公司以合法的名称从事生产经营活动,能维护自身的合法权益,也便于履行公司的民事义务,承担民事责任。

公司名称应当包括以下内容:①字号或商号。字号或商号应由两个以上的字组成,公司使用字号时,要遵守有关的规定,例如,不准使用县以上行政区名称作为字号。②行业或经营特点。公司按照行业划分和本公司的主营业务,在公司名称中标明所属行业。③法律责任形式。有限责任公司必须在名称中标明“有限责任”字样。公司名称必须经工商行政管理机关核准登记,经过核准登记的公司名称才可使用,才受法律保护。

(六) 公司住所

公司住所是指为使法律关系集中于一处而确定的民事法律关系主体(自然人或法人)的地址。对于公司住所的规定,各国公司法的规定不尽相同,有的国家公司法规定以公司办事机构所在地为住所,有的规定以主要经营地为住所。我国《公司法》沿袭了《民法通则》规定法人以其主要办事机构所在地为住所的原则,明确规定公司以其主要办事机构所在地为住所。

明确规定公司住所,是我国《民事诉讼法》《合同法》等多种法规的要求。公司住所是确定公司登记机关的依据,是确定诉讼管辖的依据,是确定法律文书送达地点的依据,是确定债务履行地的依据。公司住所是公司设立的一个条件。

二、有限责任公司设立的程序

有限责任公司设立过程包括签订公司设立协议、制定公司章程、缴纳出资、登记注册等几个循序渐进、相互联系的步骤。

(一) 签订公司设立协议

公司设立协议是公司设立阶段设立人之间就公司设立的有关事项以及设立人的权利义务所达成的协议。设立协议只对设立人有约束力,这种约束力只发生在公司设立过程中,公司成立后,公司设立协议的许多内容将被公司章程所代替。

由于公司设立阶段公司并没有正式成立,没有注册登记,没有取得法人资格,因此各国公司法都没有将签订公司设立协议作为有限责任公司设立的条件。但从公司设立具体运作来看,这一阶段又是必不可少的。

(二)制定公司章程

公司章程是公司设立和办理登记的必备条件,是规定公司行为准则的公开对外的法律文件。设立公司必须制定公司章程。制定公司章程是设立公司过程中必不可少的一个重要步骤。

有限责任公司的首批股东是公司章程的制定者。公司章程必须由全体股东在协商的基础上共同制定,并且必须经全体股东一致同意通过,由全体股东在公司章程上签名盖章。此外,公司章程还要按《公司法》的要求载明规定的事项。

(三)缴纳出资

股东应当按照公司法和公司章程规定的出资数额、出资形式、出资期限缴纳出资。股东不按规定缴纳出资,应承担违约责任。股东出资主要有货币出资和现物出资两种形式。

(1)股东以货币出资的,应当将货币按时足额存入公司在银行开设的账户。

(2)股东以现物出资,即以实物、知识产权、非专利技术、土地使用权、股权等形式出资的,应由合格的资产评估机构,对现物出资财产进行估价,然后将其价值折算为现金,并换算为公司的股份。现物出资的评估价格要经股东共同确认。股东缴纳出资后,应当经法定的验资机构验资并出具证明。

公司应向股东签发出资证明书。出资证明书要载明公司名称、公司登记日期、公司注册资本、股东的姓名或名称、股东出资额和出资日期、出资证明书编号等事项。

(四)办理设立登记

办理公司设立登记是公司设立的最后一道程序。只有经过核准登记,公司的合法权利才受到国家法律的保护,因此,公司应向公司登记机关——工商行政管理机关申请设立登记。申请设立登记应当提交下列文件:①登记申请报告;②公司章程;③资产验资证明。

法律、行政法规需要经政府有关部门审批的,应当办理有关审批手续,并在申请设立登记时提交相关批准文件。申请公司符合公司法规定的条件,经公司登记机关登记,取得了法人资格,有限责任公司就正式成立。

第四节 股份有限公司的设立

股份有限公司的设立是指依照法定程序创办股份有限公司并使其取得法人资格的一系列行为和活动的总称。股份有限公司的设立包括设立条件与设立程序两方面内容。

一、股份有限公司设立的条件

设立股份有限公司的条件要比设立有限责任公司的条件严格得多。之所以规定较严格的设立条件,是因为股份有限公司,特别是上市股份有限公司,是社会公司、公众公司,其运营情况对市场经济秩序,对社会经济生活有重大影响。借鉴外国公司的经验和我国公司运营的实际情况,我国《公司法》第 77 条规定,“设立股份有限公司,应当具备下列条件:①发起人符合法定人数;②发起人认购和募集的股本达到法定资本最低限额;③股份发行、筹办事项符合法律规定;④发起人制定公司章程,采用募集方式设立须经创立大会通过;⑤有公司名称,建立符合股份有限公司要求的组织机构;⑥有公司住所。”下面对这些条件作必要的分析说明。

(一) 股份有限公司发起人

公司发起人是设立公司的承担者,主要承担订立发起人协议、认购公司股份、申请设立公司、筹办公司事务等责任。

1. 发起人的资格

发起人所要承担的责任决定了发起人必须有一定的资格要求。各国公司法一般都规定发起人必须具有民事行为能力,有些国家还对发起人的国籍、住所有一定的限制。我国法律规定发起人的资格条件主要有:①发起人必须具有完全行为能力,无民事行为能力人、限制民事行为能力人不能作为发起人;②国家机关(国有资产监督管理部门除外)、国家机关工作人员不能作为发起人;③发起人半数以上必须在中国境内有住所。

2. 发起人的人数

股份有限公司的资合性和社团性的特征以及发起人承担的责任和任务,都决定了要对公司发起人的数额作出规定。各国公司立法都规定了发起人的最低数额。例如,英国、法国、日本规定为 7 人;德国规定为 5 人;挪威、瑞典规定为 3 人;美国多数州也规定为 3 人。我国公司规定股份有限公司的发起人为两人以上 200 人以下。

3. 发起人的责任和权利

发起人在承担责任的同时享有相应的权利。

发起人应当承担的责任主要有:①依法认足应认购的股份;②承担公司筹办事务;③公司不能成立时,对设立行为所产生的债务和费用负连带责任;④公司不能成立时,对认股人已缴纳的股款,负责返还股款并加算银行同期存款利息的连带责任;⑤在公司设立过程中,由于发起人的过失致使公司利益受损,应对公司承担赔偿责任。

发起人在承担责任的同时,享有优于非发起人股东的权利。这些权利主要有:①获取发行行为的劳动报酬;②可以以现物形式出资,非发起人股东一般只能以货币出资;③可以取得优先股;④可以通过公司章程载明而取得其他特别利益。

(二) 股份有限公司资本

股份有限公司是典型的资合公司,公司的设立与经营完全以资本为基础,因而公司资本是公司进行经营活动的物质基础和对债权人的唯一担保。

1. 股份有限公司资本的概念

股份有限公司的资本,是指公司章程规定的、由股东出资构成的公司财产总额。由于股份有限公司的资本是由股东缴纳的股款构成的,其最基本构成单位是股份,所以也可称为股份资本或股本。

2. 股份有限公司资本的特征

公司资本的特征主要有:①公司资本来源于公司股东的出资,股东出资包括公司设立时的股东出资和公司设立后的股东出资;②公司资本是股东对公司的永久性投资;③公司资本是公司自有的独立资产;④公司资本是公司信用的基础。

3. 股份有限公司的资本三原则

股份有限公司成立后,股东可以因转让其持有的股份,但股东对公司是永久性的投资,因而股份有限公司的资本可以继续得到维持,股份有限公司可以继续运营。同时,由于股份有限公司的股东对公司债务只负有限责任,公司债权人得以实现其债权的唯一的担保就是股份有限公司的资本。因此公司立法就要确立若干基本原则,以保证公司正常开展经营活动和保护债权人的利益。

在历史上,各国公司立法和公司法理论都不断探索股份有限公司的资本原则。经过长期探索和实践经验总结,各国公司法逐步确认和形成了有关股份有限公司资本的一些重要原则,贯穿在公司立法中。特别是大陆法系国家普遍认可的股份有限公司资本三原则,即资本确定原则、资本维持原则和资本不变原则,对各国公司立法均有重大影响。

(1) 资本确定原则。资本确定原则是指股份有限公司的资本必须具有确定性,要求公司设立时必须在公司章程中对资本总额作出明确规定,股东应将其认足或募足,否则公司不能成立。资本确定原则是股份有限公司资本的首要原则,这一原则保证了公司一成立就有确定数额的资本,为公司的经营活动奠定了物质基础。但是,由于各国经济发展水平不同以及法律传统上的差异,资本确定原则在不同国家的实现程度和实现方式有所不同。

(2) 资本维持原则。资本维持原则又称资本充实原则。该原则要求公司在其存续期内应当保持与其资本总额相当的实有资本。也就是公司的实有资本要始终与公司资本总额价值相当。资本维持原则的实质是维持资本充实,防止资本实际减少。坚持这一原则,有助于保护公司债权人的权益,也有助于公司开展正常的生产经营活动。

(3) 资本不变原则。该原则是指除依法定程序,股份有限公司资本总额不得变动。坚持资本不变原则的目的,是要防止公司资本减少而影响公司资本的充实。为了体现资本不变原则,在各国的公司法中对资本的变更,特别是对资本减少都有严格的规定。我国《公司法》规定,公司减少注册资本必须由股东大会作出特别决议;必须编制资产负债表及财产清单,实施债权人保护程序;必须修改公司章程,进行变更登记。公司减少资本后的注册资本不得低于法定的最低限额。

（三）股份有限公司章程

公司章程是公司设立和登记的必备条件，是规范公司行为准则的公开对外的法律文件。

1. 公司章程的法律特征

股份有限公司章程是由发起人商议后一致同意并签署的法律文件，是规范公司组织和行为的基本原则，公司章程的法律特征主要有：

（1）公司章程必须经过发起人协商一致同意并依法签署。采取募集方式设立的公司，发起人制定的公司章程草案，须经创立大会通过后才能成为公司章程。

（2）公司章程必须经公司登记机关登记后，才能发生法律效力。

（3）公司章程要对公司重大事项作出规定。公司的重大事项既包括公司法规定要载明的重大事项，也包括本公司特有的重大事项。

2. 公司章程必须载明的公司事项

根据我国《公司法》的规定，股份有限公司的章程必须载明下列事项：

（1）公司名称和住所。公司的名称中要标明"股份有限公司"字样，并且要符合企业法人名称登记管理的有关规定。公司以其主要办事机构所在地为住所。

（2）公司经营范围。公司经营范围由公司章程载明，并依法登记。公司可以自主确定经营范围，但法律、行政法规定要求审批的，公司应依法规办理审批手续。

（3）公司设立方式。股份有限公司的设立方式有发起设立和募集设立两种。发起设立是指由发起人认购公司应发行的全部股份而设立公司。募集设立是指由发起人认购公司应发股份的一部分，其余部分向社会募集而设立公司。公司章程应当写明公司采用何种设立方式。

（4）公司股份总数、每股金额和注册资本。公司应当确定发行股份总数和每股金额，每股金额乘以股份总数就是公司的资本总额。公司注册资本就是公司在登记机关登记的资本总额。

（5）发起人的姓名或者名称、认购的股份数、出资方式和出资时间。公司章程应当载明自然人发起人的姓名、法人发起人的名称以及每个发起人认购的股份数、出资方式和出资时间。

（6）股东大会的职权和议事规则。我国公司法对股东大会的职权和议事规则已作了较具体的规定，但这并不排除公司章程在不违背《公司法》的前提下，对股东大会的职权和议事规则作出更具体的规定。

（7）董事会的组成、职权和议事规则。我国公司法已对董事会的组成、职权和议事规则作出了具体的规定，公司章程可以在不违反《公司法》的前提下，对董事会的组成、职权和议事规则作出补充性、具体化的规定。

（8）公司法定代表人。公司章程要明确确定公司法定代表人，并对法定代表人的产生办法、职权作出规定。

（9）监事会的组成、公司和议事规则。我国《公司法》对监事会的组成、职权和议事规则作了原则性的规定，对公司章程可以根据公司的实际作出补充和更具体的规定。

（10）利润分配方法。公司章程应根据《公司法》的相关规定和本公司的实际情况，对公司利润分配方法作出具体的规定。

（11）公司的解散事由与清算办法。公司章程应对公司解散的事由作出规定，当公司解散的事由出现时，公司应予解散。公司清算是为了了结公司的债权债务关系，使公司法人资格归于终结的重要程序。公司解散时，应依法进行清算。

（12）公司的通知和公告办法。股份有限公司具有社会联系广、股东众多等特点，为了保护股东和利害相关者的利益，公司章程应对公司的通知和公告办法作出规定。

（13）公司章程还应对股东大会认为应当规定的其他事项作出规定。

（四）股份有限公司组织机构

在各类组织机构中，股份有限公司的组织机构最为完善。建立符合《公司法》要求的公司组织机构是股份有限公司设立的一个重要条件。公司有了健全的完善的组织机构，才能有效进行经营管理。公司组织机构主要包括决策机构、执行机构和监督机构三个部分。股东大会和董事会是公司的决策机构；经理层是公司的执行机构；监事会是公司的监督机构。

1. 公司的决策机构

公司的决策机构包括股东大会和董事会。

（1）股东大会。全体股东组成股份公司的股东大会。股东大会是公司的决策机构，拥有公司重大事项的决定权，包括：第一，选择公司管理者，选举和更换董事和监事；第二，进行公司的重大决策，包括公司经营方针、投资计划、财务预算和决算、增减资本、分立合并、终止清算等。

（2）董事会。董事会是由股东大会选举的负责公司经营管理的决策机构。在股东大会闭会期间，它是公司的最高决策机构。董事会负责聘任总经理，并负责股东大会授权事项的决策和日常经营管理的重大决策。

2. 公司的执行机构

经理人员组成了公司的执行机构。总经理是执行机构的总负责人，负责公司的全部业务活动。其他经理只是负责某一项业务或某一部门的工作。经理由董事会聘任。经理实行聘任制而不实行任期制。

3. 公司监督机构

监事会是由股东大会选举的公司监督机构，负责对董事会、董事和经理的监督。按《公司法》规定，监事会的成员不得少于3人。

（五）股份有限公司名称和住所

我国《公司法》规定，设立股份有限公司必须有公司名称和公司住所，并明确把公司名称和公司住所作为公司设立的条件。股份有限公司与有限责任公司的名称和住所要求大体相同。

二、股份有限公司设立的程序

股份有限公司的设立方式有发起设立和募集设立。这两种设立方式的程序不尽相同,需要分别介绍。

(一)发起设立的程序

采用发起设立方式成立股份有限公司,是由发起人认足公司应当发行的全部股份而不对外募集股份而设立公司。发起设立因程序简单,又称单纯设立。发起设立主要有以下程序:

1. 签订发起人协议

发起人协议是发起人之间就公司设立的有关事项以及发起人的权力与义务所达成的协议。协议的主要内容有发起人的人数;发起人的姓名或者名称、住所、国籍;公司股份总额、每股金额和注册资本;发起人认购的股份数额、出资方式和出资时间;各发起人负责的筹备事项;各发起人的报酬;设立失败时发起人个人应负的责任;协议的生效时间及纠纷解决办法等。

2. 制定公司章程

制定公司章程是《公司法》规定设立股份有限公司的一个重要条件,也是公司设立程序中必不可少的步骤。通过制定公司章程,明确规定公司的宗旨、经营范围、发起人、资本总额、组织机构、法定代表人等重大问题,从而为公司的设立和设立后的经营活动提供基本行为准则。

3. 认购公司股份

根据《公司法》的规定,以发起设立的股份有限公司,全体发起人必须书面认足公司所发行的全部股份。每个发起人具体认购股份数额则根据发起人协议或者公司章程的规定而定。

4. 缴纳出资

发起人要按照《公司法》和公司章程规定的出资数额、出资形式和出资期限缴纳出资。发起人以货币出资的,应将货币出资足额存入公司在银行开设的账户;发起人以现物出资的,要对现物出资财产进行估价,并将这些出资财产转移给公司。股东缴纳出资后,应当经法定的验资机构验资并出具证明。

5. 组建公司机构

发起人缴纳出资后,应当选举董事会和监事会,建立公司组织机构。

6. 申请设立登记

发起人缴纳出资、组建公司机构后,由公司董事会向公司登记机关(工商行政管理机关)申请设立登记。申请设立登记应当提交申请书、公司章程、验资证明以及法律、行政法规规定的其他文件。法律、法规规定要经政府有关部门审批的,应办理相关审批手续,并在申请登记时提交批准文件。公司经登记机关登记,取得营业执照后,股份有限公司就正式成立。

(二)募集设立的程序

募集设立要比发起设立复杂。募集设立和发起设立一样,都要经过签订发起人协议、制定公司章程、认购股份并缴纳出资、建立公司组织机构、办理公司设立登记等程序,募集设立还要增加向社会公开募集股份和召开创立大会这两道程序。

1. 签订发起人协议

《公司法》第80条规定,“发起人应当签订发起人协议,明确各自在公司设立过程中的权利和义务”。这一规定明确了签订发起人协议是股份有限公司设立的必要条件和必经程序。募集设立的发起人协议的内容大体和发起设立的相同。

2. 拟订公司章程草案

公司章程是规定公司权利和义务以及调整公司内外关系的准则的文件。它从根本上规定了公司的组织原则、活动范围和发展方向。公司章程为公司设立和设立后的经营活动提供基本准则。因此,由发起人起草的公司章程,虽然须经创立大会审议,但也是件非常重要和非常严肃的事情。

全体发起人必须亲自参加或者委托代理人参加公司章程的起草工作,在平等协商的基础上共同草拟公司章程。由发起人拟定的公司章程,必须经公司创立大会审议通过后,才成为正式的公司章程。

3. 认购股份和缴纳出资

采取募集方式设立的股份有限公司,全体发起人只需认购公司部分股份而不需要认购公司所发行的全部股份。为了防范设立风险,预防一些发起人完全凭借他人的资本开设公司,同时也是为了使公司资本有基本的保证,保护公众投资者的利益,有利于公司的顺利设立,许多国家的公司法都规定全体发起人认购的股份要达到公司全部股份的一定比例,一般不少于股份总数的1/4。我国的《公司法》规定,“以募集方式设立股份有限公司的,发起人认购的股份不得少于公司股份总数的35%;但是,法律、行政法规另有规定的,从其规定”。若发起人不能在规定时间内认购股份,则丧失发起人的资格。

发起人认购股份是对缴纳股款、出资的一种书面承诺。发起人要按照公司法、公司章程和发起人协议规定的出资形式、缴纳期限缴纳所认股份的股款、出资。

4. 募集股份

发起人认购了规定的股份以后,未认足部分应向社会公开募集或向特定的对象募集。下面主要介绍如何向社会公开募集股份。

(1) 办理募股申请。发起人向社会公开募集股份,关系到证券市场的稳定和社会投资的利益,为了保护社会投资者的利益,保护证券市场有序运行和防范证券市场风险,各国公司法对向社会公开募集股份都有较严格的法律规定和严格的审核程序。根据我国法律法规规定,公司向社会公开募集股份,必须经国务院证券监督管理机构审核。

(2) 向社会公开募股。向社会公开募股申请经审核批准后,发起人就可以向社会公开募股。为了使投资者了解公司情况,防止发起人欺骗投资者,保护投资者的利益,许多国家法律规定公开向社会募股要发布招股说明书。我国《公司法》规定,“发起人向社会公开募集股份,必须公告招股说明书”,并且规定,“招股说明书应当附有发起人制定的公司章程,并载明下列事项:①发起人认购的股份数;②每股的票面金额和发行价格;③无记名股票的发行总数;④募集资金的用途;⑤认股人的权利、义务;⑥本次募股的起止期限及逾期未募足时认股人可以撤回所认股份的说明。”

5. 认股人认股并缴纳股款

发起人公告招股说明书后,社会投资者即可认股。认股人认股时,必须填写由发起人制作的认股说明书。认股人应当在认股说明书上填写认购股数、金额、认购人住所,并签名、盖章。

在募股期限内,公司发行股份全部募足后,发起人应及时向认股人发出缴纳股款的通知。认股人应按规定的时间到银行缴纳认购股份的股款。代收股款的银行应向认股人出具收款单据,并负有保存股款和向有关部门出具收款证明的责任。

6. 召开创立大会

按照我国《公司法》的规定,公司发行股份的股款缴足并经法定验资机构验资后,发起人应当自股款缴足之日起三十日内主持召开创立大会。创立大会由发起人、认股人组成。发起人应当在创立大会召开十五日前将会议日期通知各认股人或者予以公告。创立大会应有代表股份总数过半的发起人、认股人出席,方可举行。

创立大会行使下列职权:①审议发起人关于公司筹办情况的报告;②通过公司章程;③选举董事会成员;④选举监事会成员;⑤对公司的设立费用进行审核;⑥对发起人用于抵作股款的财产进行审核;⑦发生不可抗力或者经营条件发生重大变化直接影响公司设立的,可以作出不设立公司的决议。

创立大会对其职权范围内的事项作出决议,必须经出席会议的认股人所持表决权过半数通过。

7. 办理设立登记

董事会应于创立大会结束后三十日内,向公司登记机关申请设立登记。申请设立登记要提交以下文件:①公司登记申请书;②创立大会的会议记录;③公司章程;④验资证明;⑤法定代表人、董事、监事的任职文件及其身份证明;⑥发起人的法人资格证明或者自然人身份证明;⑦公司住所证明。以募集方式设立股份有限公司公开发行股票的,还应当向公司登记机关报送国务院证券监督管理机构的核准文件。法律、行政法规规定需要经政府有关部门审批的,应当依法办理有关审批手续,并在申请设立时提交批准文件。如果申请公司符合《公司法》和其他法规规定的条件,公司登记机关就会给予登记,发给营业执照。公司领取了营业执照就正式成立。

思考与练习

1. 简述公司设立的基本原则。
2. 简述新创办公司的可行性研究的主要内容。

3. 什么是有限责任公司，设立有限责任公司应具备什么条件？
4. 什么是股份有限公司，设立股份有限公司应具备什么条件？
5. 试区别公司的成立与公司的设立的不同含义。

第三章　现代公司产权制度

【内容提要】

公司产权制度就是公司的法人财产制度，它是以公司的法人财产为基础，以出资者原始所有权、公司法人产权与公司经营权相互分离为特征，以股东会、董事会、执行机构作为法人治理结构来明确各自权利、责任和利益的企业财产组织制度。本章主要介绍了产权的概念与产权制度的基本内容；重点研究了公司产权运行的市场化的内容与条件；对产权市场交易的意义、对象、形式进行了分析。

第一节　产权与产权制度

一、产权的内涵

产权是财产权的简称，它是法定主体对财产所有的各项全能的总和。产权范畴有以下几个方面的内涵。

（1）产权是以财产为基础的若干权能的集合。在社会经济中一般分解为所有权、占有权、支配权、使用权和处置权。现代产权经济学就是以法定权利的界定与交换作为研究内容的。占有权是指对财产的实际拥有；使用权（经营权）是指在法律的范围内，以生产或其他方式使用财产的权利；收益权是指直接以财产的使用或通过财产转让而获取收益的权利；处置权（支配权）是指通过出租或出售把与财产有关的权利让渡给他人，从中取得收益的权利。

（2）产权的核心和基础是所有权，它是一种以财产所有权为基础的社会行为权利。所有权是产权权能的核心，它是由法律规定的主体（所有者）对于客体（财产）的最高的、排他的独占权。不存在超出这个法定主体的其他更高更终极的主体。对于产权的终极所有者来说，最重要的权能是对经济剩余的索取和对财产的处置。

（3）产权所包含的各项权能可以统一也可以分离。在财产出现所有权和使用权分离的情况下，会有这样一种关系，即人们对资产没有所有权，却拥有在一定时间和一定程度内的使用、收益、转让和处置的权利。

（4）产权的各项权能不仅可以分解与组合，而且在一定的条件下，一些权能还会发生变化。如所有权转化为股权；占有权转化为法人产权；支配权转化为经营权等。

产权和所有权是有区别的两个概念。

(1) 所有权是指对财产归属关系的权利规定;而财产是以所有权为核心的若干权能的集合。

(2) 所有权概念中所指的“财产”一词含义较窄,主要是指现金、有形财产等;而产权概念中“财产”一词含义较广,不仅指现金、有形财产,还包括无形财产、劳务、商誉等。

(3) 所有权表明的是财产的终极归属权,而产权则反映的是收益权或剩余索取权。例如,乙向甲借得一笔资产用于投资,经登记注册后,法律上就视这笔资产为乙所有,并据此拥有收益权或剩余索取权,同时也负有用这笔资产承担清偿债务的责任。如果乙再将这笔资产向丙投资,丙在经过法律手续后,这笔资产又记在丙的名下,成为丙获取收益和用以承担清偿债务责任的资产。

产权是产权经济学中的重要概念,产权经济学强调产权不是关于人和物的关系,而是指由于物的存在和使用而引起的人们之间的一些被认可的行为关系。这种行为关系用来界定人们在经济活动中如何收益、如何受损以及他们之间如何进行补偿的规则。因而,产权的主要功能就是帮助一个人形成与其他人进行交易的预期。

二、产权制度及其功能

产权制度是指以产权为依托对财产关系进行合理有效的组合、调节的制度安排。这个制度安排具体表现为建立在一定的生产资料所有制基础上,对财产占有、支配、使用、收益和处置过程中所形成的各类产权主体的地位、行为权利、责任、相互关系加以规范的法律制度。

产权制度的功能有以下几种:

1. 财产约束的功能

在合理的产权制度下,明晰的产权关系可以使所有者通过产权有效地约束经营者,从而保证资产增值,实现所有者利益。

2. 自主经营和激励机制功能

产权具有排他性和独立性,企业一旦拥有产权,其生产经营权利即可得到法律保护,进而使经营者在激励机制的作用下,真正做到自主经营、自负盈亏。

3. 提高资源配置效益功能

由于产权的各项功能是可以分解、转让的,因此,通过以产权转让为基础的企业间的资产联合、兼并等形式,可以促进资产合理流动。

4. 规范市场交易行为功能

产权关系的界定具体规定了人们的行为规范,每个人在与他人的相互交往中都必须遵守这些规范,或者必须承担不遵守这些规范的成本。这样,保障收益和受损索赔的原则可以有效抑制企业的不正当交易行为,从而使企业行为合理化。

产权制度和所有制既有区别又有联系。所有制属于生产关系范畴,产权制度则是实现生产力与生产关系结合的机制。正因为如此,一方面,同一种所有制关系,可以有不同的多种产权关系。同样是在私有制下,有的将收益与占有、支配权合在一起,而使用权以收租的形式让渡出去,如地主的土地所有制;也有的是所有者只掌握收益权而将占有、使用、支配权完全交给经营者,如现代的股份公司。另一方面,产权制度作为生产关系与生产力相结合的机制,不可能不受到所有制的约束。

三、制约产权制度变革的因素和产权制度的类型

产权制度是生产关系与生产力结合的机制。其形态必然受多种因素的制约。这些制约因素主要有三个方面:①商品经济发展阶段的特征;②财产关系的所有制特征;③实现企业职能所必要的企业组织形式特征。

产权制度可以划分为四种类型:

(1) 简单的、粗陋的企业制度和产权制度(独占、私人企业);

(2) 自然人企业制度和产权制度(独资、合伙企业);

(3) 现代股份公司的企业制度和产权制度;

(4) 国有的企业制度和产权制度。

现代经济发展的趋势已经表明,由于社会分工越来越细,专门的经营需要越来越专业化的管理技巧和知识,总的看来,资本所有者不再承担资本的生产者职能,只掌握收益权及最后处置权,而将占有、使用、支配的权利交给公司,形成公司产权,由企业家经营。这种终极所有权同公司产权分离的趋势,是私有制和公有制下产权制度变革的共同趋势,二者所不同的仅是公有制下必须解决财产权利的人格化问题。在传统公有制下,所有制关系由于主要强调生产资料的归属关系,所以可以采取非人格化的形式。产权关系由于需要具体地界定当事人对财产的业务、权力、利益和责任的限度,因此必须采取财产及财产权利的人格化形式。否则公有制特别是国有企业产权关系的不明晰和虚置问题便难以解决。

四、产权的基本内容和界定

产权的基本内容包括行动团体对资源的使用权与转让权,已经收入的享用权。如果权利所有者对他所拥有的权利有排他的使用权、收入的独享权和自由的转让权,就称他所拥有的产权是完整的。如果这些方面的权能受到限制或禁止,就称为产权的残缺。

产权的界定就是把这些权能界定给不同的行动团体。界定的方法有两种:一是法律机制;二是私下交易与商定。界定后的产权主要包括以下几种形式。

1. 私有产权

私有产权就是将资源的使用、转让以及收入的享用权界定给了一个特定的人,使其享有完整的产权。值得注意的是,私有产权并不意味着有关的权利都掌握在一个人手里,私有产权可以由两个或多人拥有。同样一种有形资产,不同的人可以拥有不同的权利,只要每个人拥有互不重合的不同权利,多个人同时对某一资源或资产行使的权利仍是私有产权。所以,私有产权的关键在于对所有权行使的决策完全是私人作出的。

2. 社团产权

社团产权,也称共有产权即在共同体内的每一成员都分享同样的权利,但排除了共同体外的任何成员对共同体内的任何成员行使这种权利的干扰。社团产权的特点,是某个人对一种资源行使某项权利时,并不排斥他人对该资源行使同样的权利。它与私有产权相比,其最重要的特点在于社团产权在个人之间是完全不可分的,即完全重合的。因此,即使每个人都可以使用某一资源来为自己服务,但每个人都没有权声明这个资源是属于他的财产。

3. 集体产权

集体产权即对资源行使的各种权利由一个集体作出,由集体的决策机构以民主程序对权利的行使作出规则和约束。集体产权与社团产权不同,对于社团产权来讲,每个人对如何行使权利的决定是无须事先与他人协商的,而一种产权如果是集体的,那么关于如何行使对资源的各种权利的决定,就必须由一个集体作出。

4. 国有产权

在理论上国有产权是指这些权利由国家占有,国家再按可接受的政治程序来决定谁可以使用或不能使用这些权利。

五、产权结构的效率

从经济学意义来讲,一种产权结构是否有效率,主要看它是否能为在它支配下的人们提供将"外部性"转化为内部化的激励。所谓外部性,是指经济当事人之间在利益造成的损害或提供的便利,不能通过市场加以确定,也难以通过市场价格进行补偿或支付。所谓外部效应内部化,是指一个能够使所有相互作用的人都承担这些效用的过程,它通常是产权的变迁过程。举个例子,有一个湖是公有的,大家都去这个湖里捕鱼,可能最后湖里的鱼就被捕光了,大家谁也别想发财了。假如这个湖分给某个人所有,这个人说捕鱼必须付费,于是所有者有动力保证湖里总是有鱼的,这样不仅他个人能获得收益,最终也使捕鱼者获益。公有的变成私有,出来一个人管这个事,就是把外部效应内部化了。

在共有产权下,由于共同体内的每一成员都有权平均享用共同体所具有的权利,如果对他使用共有权利的监察和谈判成本不为零,他在最大化地追求个人价值时,由此所产生的成本就有可能让共同体内的其他成员来承担一部分。且一个共有权利的所有者,也无法排斥其他人来分享他努力的果实。所有成员要达成一个最优行动的谈判成本也可能非常高,共有产权导致了很大的外部性。在国有产权下,由于权利是由国家所选择的代理人来行使,作为权利的使用者,由于他对资源的使用与转让,以及最后成果的分配都不具有充分的权利,因此他对经济绩效和其他成员的监督和激励降低,而国家要对这些代理者充分监察的费用又极其高昂,再加上行使国家权利的实体往往为了追求其政治利益而偏离利润最大化动机,因而它在选择其代理人时也具有从政治利益而非经济利益考虑的倾向,因而国有产权下的外部性也是极大的。相比之下,在私有产权下,私产所有者在作出一项行动决策时,他就会考虑未来的收益和成本倾向,并选择他认为能使他的私有权利的现期价值最大化的方式作出使用资源的安排;而且他为获取收益所产生的成本，也只有由他个人来承担。因此，在共有产权和国有产权下的许多外部性，就在私有产权下被内部化了，从而产生了共有的利用资源的激励。

六、交易成本与产权理论

交易成本的概念最早由英国著名经济学家科斯在 1937 年发表的《厂商的性质》一书中提出。交易成本是市场机制的运行成本，即利用价格机制的费用，或者说是利用市场的交换手段进行交易的费用。它包括搜寻信息的费用、谈判和签订合同的费用，以及监督合约执行的费用。在协作生产中，人们要进行交易，而进行交易活动是要有一定成本的，有时交易成本会很高。企业正是替代市场组织生产的一种方式，企业的出现一定是企业内部的管理协调成本低于市场的交易费用所致。这是因为，如果没有企业制度，每一要素所有者都直接进入市场交易，市场交易者一定很多，会产生激烈的交易摩擦，使交易成本增高；用企业的形式把若干要素所有者组成一个单位参加市场交换，即可减少进入市场交易的单位数量，减少交易摩擦，从而降低交易成本。

可见，企业的存在正是为了节约市场交易费用，但是，只有在企业产权界定清楚的条件下，运用市场机制的交易成本才有可能降低；否则，会因利用价格机制实现企业间联系的摩擦太多，而使交易成本过高。这也是“科斯定理”所要说明的。

科斯于 1990 年发表了另一篇著名论文《社会成本问题》，该文再次运用交易成本概念说明产权制度的形成及其重要作用。所谓“科斯定理”是这样一道命题：当不存在交易费用时，不论产权作何种分配，经济效率不受影响；而当交易费用不为零时，产权的分配则对效率有重要影响。事实上，在现实中，零交易成本假设是不存在的，就如同物理世界不存在摩擦力的假定不存在一样。因此“科斯定理”说明了存在交易费用时，产权制度是如何作用于或影响经济效率的。“科斯定理”这个词是由芝加哥大学的著名教授、诺贝尔经济学奖获得者斯蒂格勒在 1966 年出版的《价格论》中首次提出和使用的。现在人们使用“科斯定理”时，更多地是指只要交易费用不为零，就可以利用明确界定的产权之间的自愿交换达到配置的最佳效率，从而克服“外部性”，而市场机制同样有效。其原因在于，只要产权明确地界定，交易各方就力求降低交易费用，使资源利用到产出最大、成本最小的地方，从而达到资源的最优配置。

第二节 公司产权制度的基本内容

一、公司产权制度的基础是它拥有的法人财产

企业法人财产是在企业设立时出资者依法向企业注入的资本金及其增值和企业交易期间负债所形成的财产。

1. 企业法人财产的特点

(1) 企业法人财产从归属意义上讲,是属于出资者(股东)。当企业法人解散时,企业法人财产要进行清算,在依法偿还企业债务后,所剩余的财产,要按出资者的出资比例归还出资者。

(2) 公司的法人财产和出资者的其他财产之间有明确的界限。公司以其法人财产承担民事责任,一旦公司破产或解散进行清算时,公司债权人只能对公司法人财产提出要求,而与出资者的其他个人财产无关。同时,一旦资本金注入企业形成法人财产后,出资者不能再直接支配这一部分财产,也不得从企业中抽回,只能依法转让。

2. 企业法人财产

企业法人财产是企业对其全部法人财产依法拥有的独立支配的权利。企业法人财产权是企业依法独立享用的民事权利之一,也是最重要的一项民事权利。企业法人需要依照法律或者企业的组织章程行使法人财产。企业依法对法人财产行使各项权力,同时以其全部法人财产承担民事责任,企业还要依法维护出资者的权益,实现企业财产的不断增值。

公司产权制度是以公司在法律上具有独立的法人地位为前提的,而法人地位确定的产权基础则是它拥有的法人财产。

二、公司产权制度的特征和基础内容

1. 公司产权制度的特征

公司产权制度的特征是在确立法人财产基础上,实现了原始所有权、公司产权与经营权的三权分离,具有明晰的产权关系。

2. 公司产权制度的基本内容

通过股东会、董事会和执行机构等公司治理机构的设置和运作,明确划分责、权、利形成的调节所有者、公司法人、经营者和职工之间关系的制衡和约束机制。

(1) 公司是由法人治理结构来统治和管理的。所谓法人治理结构,就是统治和管理公司的组织机构。因为公司是法人团体,与自然人企业不同,是一些人由于共同的目的而相互结合组成的团体,具有自己独立的意志,因而要体现这个意志,只能由一个组织,即法人治理结构对公司进行治理。

(2) 公司治理结构是由股东会、董事会和高级经理人员三者组成的一种组织机构。这种三层治理结构的特点是使得原始所有权、公司产权、经营权各有人格化的载体,界定明确,责、权、利明确划分。其中股东大会是公司的最高权力机构;董事会是由股东大会选举产生的公司决策和管理机构;董事会领导下的高级经理人员组成公司管理与执行机构。

(3) 由股东会、董事会和高级经理人员组成的治理机构,具有一定的制衡关系,可以互相制约,从而保证公司资产的完整性和体现公司发展的团体的意志。其制衡关系如下:

公司财产的原始所有者股东从维护投资者利益的角度出发,通过股权代表机构——股东会,选举董事会,以对重大决策进行表决的方式,反映自己的意志,制约董事会的行为。另外,股东还可以采取“用脚投票”的方式，买进或卖出公司股票，对公司行为形成外部制约。

董事会作为法人财产的代表，对公司资产的运作与增值负责，承担资产风险。它受股东利益的制约，对公司重大问题进行决策，并对经理人员进行监督。董事会的核心作用是保证公司经营管理符合股东利益，使得公司法人治理结构有效运行。

经理作为公司的经营者，是由董事会精心选择的，并直接受控于董事会，对自己的经营成果负责。

由上述分析可以看出，原始所有权、公司产权和公司经营权不仅相互分离，各有载体，形成制约机制，而且统一于公司整体之中，构成统一的公司法人实体。

三、我国企业法人制度的缺陷及其完善

在传统的计划体制下，国有企业作为国家行政机构的附属物，没有独立的法人地位。国家是唯一的投资主体。实行有计划的商品经济过程中，国家虽然通过立法形式建立了企业法人制度，但这是一种不完整的法人制度。国有企业的法人地位有名无实，其原因在于企业没有法人所必须具备的独立的财产权，难以建立起财产约束机制，只能负盈不能负亏，国家对企业仍负有无限责任，企业不是真正独立的法人。

建立现代企业制度，完善国有企业法人制度的任务就是明晰国家和企业间的产权关系。主要包括以下几点：

（1）企业中的国有资产所有权属于国家，企业拥有包括国家在内的出资者投资形成的全部法人财产权，成为享用民事权利、承担民事责任的法人实体。

确立法人财产权的关键，是实行出资者所有权与法人产权的分离。出资者所有权在一定条件下表现为出资者拥有的股权，即以股东的身份依法享有资产收益、选择管理者、参与重大决策以及转让股权等权利。出资者不能对法人财产中属于自己的部分进行支配。法人财产权表现为企业依法享有法人财产的占有、使用、收益和处分权，以独立的财产对自己的经营活动负责。

（2）企业以其全部法人财产，依法自主经营、自负盈亏、照章纳税，对出资者承担资产保值和增值的责任。

（3）出资者按投入企业的资本额享有所有者的权益，即资产受益、重大决策和选择管理者等权利。企业破产时，出资者只以投入企业的资本额对企业的债务负有限责任。

第三节 公司产权运行的市场化和法制化

一、产权的股权形态和实物形态

产权的股权形态就是指对公司资产通过购买股票的形式来占有。以股权形态存在的产权

具有相对独立性。股东作为公司的所有者,虽然可以任意处置他拥有的作为公司产权凭证的股票,但却无权处理公司的财产。因此,股权关系的变动往往并不影响公司财产的完整。产权的股权形态是商品经济发展到较高阶段所出现的一种产权形态,是较高级的产权形态。

产权的实物形态就是指对资产直接的实物占有。公司法人作为公司资产的经营者,可以自由支配公司的资产。以实物占有形态存在的产权关系一旦发生变化,极易导致公司财产的分裂,从而影响公司的生产经营活动。

产权除上述两种形态之外,还可以表现为债权形态,就是经济主体将资产贷放出去之后,对这部分资产形成的债权占有。

二、公司产权运行市场化的含义

公司产权运行市场化是指股权形态的所有权运行的市场化、实物形态的法人产权运行的市场化和产权运行评价的市场化。

1. 所有权运行的市场化

所有权运行的市场化表现为股权在证券市场中的运行。股权在证券市场中运行的前提条件是股权的证券化,即以股票(有价证券)作为股权的证明;而股权证券化的前提条件又是企业的股份化。因此,公司所有权运行的市场化就是企业股份化——股份证券化——证券市场化的过程。

证券市场是长期资金供应者与需求者之间进行资金融通以及证券发行与转让的场所。证券市场是商品经济、信用制度高度发展的产物,是随着股份公司和证券业的产生、发展而形成和发展起来的。公司所有权(股权)在证券市场中的运行,表现为所有权在一级市场中的形成和在二级市场上的转移。

一级市场也称"初级市场"或"发行市场",是企业通过投资机构出售其新证券的场所。新证券是公司首次发行的股票。通过发行新证券的一级市场,公司筹集到股本,首次购买新证券的投资者,成为公司最初的股东。一级市场的作用是将社会游资直接转化为投资,从而导致所有权的形成。

二级市场也称"次级市场"或"交易市场",是已发行的有价证券的买卖场所。证券交易所是最重要的、集中的证券二级市场。社会上非特定的投资大众,通过证券交易市场从事公开的证券买卖,从而对所有权进行再分配。在这个市场上,具有较完备的组织和设备,投资者拥有充分的购买证券的机会,持有证券但需要现金者,可以随时出售所持有的证券以换回现金。二级市场的主要作用是使证券所有权实现转移,借助市场机制重新分配所有权,从而使社会资源获得重新配置,而并不增加社会资本的存量。

无数股东的证券交易行为,构成了产权在证券市场中的运行。投资者用其积累起来的货币购买股票,借以获得收益的这种行为就是证券投资。证券投资是市场经济体制下产生的资产增值方法。在当今商品经济社会中,证券投资已成为社会投资的最重要组成部分,成为很普遍的大众投资方式。公司所有权借助证券投资方式实现市场化的意义表现为：

(1) 从证券发行者(公司)的角度看,证券是最有效地扩大资本规模的工具。通过这种形式,把社会上零星分散的暂时性的资金变为长期使用的资本,使企业筹集到巨额的生产经营资金。

(2) 从投资者的角度看,证券投资要比生产投资有利得多。因为生产投资周期长,企业建成投资后,又要购进原材料、制造商品、进行销售,这都需要大量的组织管理工作,并且风险性很大,一旦经营失败,所投入的资本便无法收回。而证券投资手续简单,只要购买证券,便可取得收益,风险性比直接投资要小,并可通过证券市场随时出售所持证券,收回本金。另外,进行直接投资还受到资本额的限制,只有达到一定规模的资本量时,货币才能转化为资本,这不利于小额投资人的投资。而投资于证券则不受资金数额的限制。

投资者从事证券交易的目的是为了避免投资损失和实现增值。这也是所有权运行的目的。所有权在证券市场中如何运行,主要取决于投资收益 。股票投资的收益是持股人依据持有股票的多少和股息的高低等因素,定期或不定期地从股份公司获得一定量货币形式或其他形式的报酬,主要包括股息收入、红利收入、资本利得三种形式。股息和红利主要来源于公司的经营利润。资本利得是投资者运用资本代价购进证券后再高价卖出所赚取的差价利润。

总之,原始所有权允许的市场化,是以原始所有权转换为股权为前提的,股权又以股票的形式来体现,从而股东在证券市场上通过股票交易、转让、抵押谋求增值,以避免财产损失。这样,从证券市场看,无数股东的交易行为启动了原始所有权的市场化,推动了资源的重新配置。

2. 法人产权运行的市场化

法人产权运行的市场化表现为资产产权的转移和让渡,以产权转让市场为中介来进行。法人产权运行市场化的前提条件是产权转让市场的建立和发展;产权转让市场建立和发展的前提条件是法人产权从原始所有权分离出来,形成独立的产权实体;而法人产权的形成又是以法人企业的形成为前提。因此,法人产权运行的市场化就是企业法人化—法人产权独立化—产权转让市场化的过程。

公司法人产权是公司资产物质形态的表现。法人产权的运行表现为公司董事会和经理对公司资产的实际运用,包括出售、出租、抵押、交换、转让等方式处理公司的部分资产和全部资产。在公司拥有独立法人产权的条件下,经营者必然以提高公司资产效率和增加公司积累、实现公司资产增值为目的对公司资产进行运作。这种以资产增值为目的的运作必然极大地促进法人产权运行的市场化。法人产权运行的市场化又反过来促进公司经济效益的提高,同时也是对公司经理经营行为的检验。

3. 公司产权运行评价的市场化

由于证券本质上是一种对未来收益的权力证书,因此证券投资者对投资于哪一个企业要进行谨慎选择。在股票市场上,股票价格与企业经营状况紧密联系,在通常情况下,公司股价和公司利润是同向发生变化的,即公司盈利上升时,股价也上涨,公司盈利下降时,股价也下跌。虽然,目前在发达国家的股票市场中,股价变化经常表现为与公司盈利无关,这是因为投资者除分析公司的近年利润状况外,还注意公司的发展前景,以及其他一系列因素的影响。但总的来说,投资者在判断股价时,要考虑到公司的盈利水平,特别是公司将来的盈利水平预测。通过对股票价格的判断,投资者必然乐于投资于经济效益好、股票价格高的企业,从而促使这样的企业不断地开拓与发展。反之,那些经营前景暗淡,竞争能力弱、经济效益差甚至亏损的企业,必然遭受投资者的冷遇,将所持有的这样企业的股票抛出,将资金转向前一种企业。证券市场中股东时刻都在进行的买进和卖出实际上是对公司资产经营状况所作出的评价。股东这种在证券市场上"用脚投票"评价的方式,就是一种市场化的评价方式,是一种社会化程度更高的评价机制,能更客观地反映出公司实际经营状况,而且是促进企业经理人员不断改善经营管理的一种推动力。在这种市场化的评价机制下,企业要想立足于竞争激烈的市场中,处于不败之地,必须改进生产技术,改善经营管理,提高经济效益,才能取得投资者的信任。否则就会失败,直到被淘汰。

三、公司产权运行市场化的条件

公司产权运行的市场化必须具备两个条件:①原始所有权、法人产权及其经营权的分离;②原始所有权的商业化,即资产所有权采取股票、债权等证券形式表现出来。它们之所以成为公司产权市场化的条件是因为以下两点。

(1)当法人产权被确立以后,公司成为独立经营者,必须成为能够自负盈亏的经济实体,再加上经营权的分离,企业经理掌握了公司经营权,公司经营效率如何是对经理经营能力的直接检验。这一切迫使企业必须有效地经营,为此企业经理必须有效地配置资本,要根据经济条件的变化而适时地增减资本数量、改变资本投向等。事实上也就是将一部分资本的生产权及收益权转进或转出,而这种转进或转出必然是按市场原则进行的流动,因而产权的运行是市场化的。

(2)产权商业化,具体说是原始所有权用证券的方式来表示,这是公司产权转让市场化的必要前提之一。这是因为:

① 使买卖双方都可以简单明了地用股票价值表示财产的价值,从而对资产的估价可以通过市场手段和市场交易过程来进行。在财产权非商业化的情况下,财产估价往往是由某些机构或某些人根据原有固定资产投资额进行调整后得出来的。这样作出的估价不但不准确,而且过程复杂。举例来说,现在有一个 10 年前固定资产投资额为 200 亿元的钢铁厂要出售,在财产权非商业化条件下,有关机构通常进行估价的方法是将原固定资产额减若干年的折旧,然后再根据市场对钢材产品及其设备的需求状况加以调整。这种调整随意性很大,缺少客观的依据。在我国国有资产转让中,由此造成了不应有的低价流失。在实现财产权商业化的情况下,财产证券化了,证券的面值就是资产的价格,而且这种价格会通过证券价格的市场波动反映市场对钢材及其设备的需求状况。从而使资产估价可以通过市场手段和交易过程得到

解决。

② 可以使产权转让具有便利性。所谓便利性是指在转让时不受或少受时空的限制。在财产权非商业化的情况下，产权交易受到时空的很大限制。甲地企业要购买乙地企业的资产，必须到乙地进行一系列的谈判、评估等工作，这样做极不方便，使异地间产权转让的规模和频率受到极大限制。而在产权商业化后，甲地企业只需在本地证券市场购买乙地企业的股票，产权转让即可完成，这使产权转让过程变得既容易又迅速。

③ 可以使产权交易方式具有灵活性。所谓灵活性，是指买卖双方在交易时，能根据经济条件的变化，及时作出买与不买或以何种批量购买的决策。在产权非商业化条件下，资产的实物形态与价值形态是分不开的。在转让时，不能分割，买卖双方都不能选择交易数量，要么买（卖）整个企业，要么不买（卖）。而且，一旦转让发生后，很少能根据经济或政治方面的变化再次转让，因为这样做产权交易双方要付出较大的转让成本。而在财产商业化后，资产用证券来代表，不但可以选择买卖股票的数量，而且可根据需要迅速地在证券市场上将买进的股票再卖出去。

公司产权的转让涉及国家、出资人、企业法人、个体等多个主体间的财产关系的转移，必须使之法制化，使产权转让的经济活动纳入法律保护和制约之下。

四、公司产权运行的法制化

市场经济是法制经济，没有完备的法制基础就不可能有规范的市场。公司产权运行的市场化，也必须纳入法制轨道。公司产权进入市场运行，就是以市场机制作为企业资产重组的主要调节手段，但要做到市场运行的有序化，必须通过立法来实现。公司产权运行的市场秩序，主要靠建立一整套的法律保障体系来完备市场规则。市场规则是指规范市场活动参与者身份、行为及其相互关系的准则。一般来说，现代市场规则包括三个层次的内容：

（1）规范市场主体及其活动的准则。

（2）规范政府干预市场行为的准则。

（3）规范市场运行过程的准则。公司产权运行的市场规则，直接依赖于《公司法》、《证券法》、《国有资产管理法》、《兼并法》、《企业产权交易法》、《银行法》、《反垄断法》、《反不正当竞争法》、《破产法》和《社会保障法》等立法的完成和完善。

第四节 产权市场交易的对象和形式

一、产权市场交易的含义

公司的产权市场交易就是公司以各种产权客体为交易对象，以各种资产处置方式为交易形式，以比较低的交易成本，获得比较好的经济收益的经济活动。

产权市场交易是一种经济性的产权转让方式。企业产权的转让，从运行方式上可分成两种。

(1) 非经济的方式。由行政无偿调拨、赠与等方式获得财产支配权,通过企业的行政性关、停、并、转等方式实现的财产权转让,都属于非经济性的产权转让。

(2) 经济的方式。通过交换、拍卖、联合、兼并等方式获得财产支配权,属经济性的产权转让。经济性的产权转让是市场经济中公司产权运行的特征。

公司的产权市场交易特点是产权转让以企业的市场行为来实现,它是在企业竞争中,生产要素按照市场原则进行流动,从而实现社会经济资源优化配置。

二、产权市场交易的意义

企业产权同个人产权一样,它排斥他人侵犯和无偿占有,并能通过其恰当的行使而给其所有者带来一定的收益。因此,企业产权也是一种稀缺的经济资源。在商品经济条件下,有消费品市场、生产资料市场、技术市场、房地产市场、信息市场、劳动力市场、资金市场等,凡是成为商品的东西都有相应的市场和交易活动。产权作为生产资料、资金、技术等要素的集合体,也是商品,也可以有偿转让,因此其也一样需要有赖以运行的市场。在商品经济中,产权转让市场既是一个重要的投资场所,也是生产要素自由流动、实现优化配置的基本渠道,因此企业产权市场是市场体系的重要部分。

在商品经济条件下,众多企业在竞争中难免会出现兴旺与衰落,盈利和亏损等情况。在社会资源有限的条件下,要达到现有资源的有效配置,必须保证生产资料、资金等各种生产要素在市场上自由地流动,包括允许诸要素的整体流动。这样通过产权的市场交易活动,落后的企业被淘汰,先进的企业通过购买产权扩大生产经营规模,从而推动企业组织结构和产业结构的合理组合,使有限的社会资源得到有效、充分的利用。

三、产权市场交易的对象

商品交换本质上就是所有权的转让,表现为所有权的让渡和所有主体的转换。卖方让渡了商品所有权,从而失去了占有权,即支配使用该商品的权利;买方则获得所有权,合法地占有该商品。可见,产权转让是一个十分古老的经济与社会行为,它是同商品交换同时产生,体现在商品交换中的所有权转让。

随着商品经济的发展 ,产权转让的含义扩大了 ,形式发展了,对象更广泛了。它不仅是一般交换中的商品所有权的转让,而且扩大到企业产权的转让。产权市场交易的对象就是企业产权。但产权是一个内涵相当广泛的概念,它包括多项权能,且各项权能可以分离开,因而产权转让的权能对象也可能不同。

产权的广泛理解就是所有权,它包括所有人对物的占有、使用、收益和处分的权利。产权的狭义理解仅指财产所有权分离出去后,对企业财产占有、使用、处分和收益的权利,即所谓的经营权。与产权的这两种含义相对应,产权转让也有两种不同的含义:①财产所有权在不同财产所有者之间的变换,即财产所有权的转让;②在财产所有权不转移或者不完全转移的情况下，财产所有权所包含的诸如占有、使用、处分和收益权利，在不同经营主体之间的转移，即经营权的转让。不同企业之间发生的以所有权为对象的产权转让，是广义的产权转让。其重要特点是被转让企业的法人资格并未丧失，如企业兼并。不同企业之间发生的以经营权为对象的产权转让，是狭义的产权转让。其特点是被转让企业的法人资格并未丧失，如企业承包企业、企业租赁企业等。

从企业产权转让的内容上看，既可以包括物质形态的资产性产权，如厂房、机器、土地、原材料等要素的转让，也可以包括企业的货币资金、债权债务、技术专利等非物质形态资产的转让。从企业产权转让的范围来看，既可以是企业整体产权转让，也可以是企业部分产权转让。企业整体产权转让，即把由固定资产、流动资产以及无形资产等各种要素组合起来的企业，作为一个整体进行转让；企业部分产权转让，是仅以企业产权的一部分为客体的转让，如闲置的机器设备、某些工业发明权、商标权的转让，以及企业股权和债券的出售等。

四、产权市场交易的形式

产权市场交易的形式是指产权的转移和让渡的经济活动方式，通常包括兼并、拍卖、合并、出售、技术转让、租赁等资产处置方式。

1. 兼并

兼并是指在两个或两个以上的公司合并过程中，其中一个公司因吸收了其他公司而成为存续公司，而其他公司则在消失原有法人资格后，归入存续公司的合并方式。兼并是一种所有权意义上的产权转让形式。兼并往往是在被吸收公司本身已陷入重重困境难以自拔，与此同时又有雄心勃勃想要发展自身的公司存在的情况下发生的。

2. 合并

公司合并是两个或两个以上的公司，依据法律规定或合同约定，合并为一个公司的法律行为。公司合并的形式主要有吸收合并和新设合并。吸收合并，即兼并；新设合并是指在合并过程中，参加合并的所有公司都消失原有的法人资格，而后形成一个新的法人实体，也即参与合并的所有公司没有一个存续。新设公司接管原来几个公司的全部财产和业务及原公司的债务，并发行新股份给原公司，原公司就所得股份再分给各股东，然后宣布解散。

兼并与合并的区别在于兼并是合并的一种吸收合并方式。兼并与新设合并的区别在于兼并就是一方吃掉另一方，一方的法人主体资格继续存在，另一方的法人主体资格消失。而新设合并则是以两个或两个以上公司的法人主体资格因合并同时消失，不存在谁吃掉谁的问题。

公司合并的目的在于避免同行业公司间的相互竞争，加强不同行业、但在业务上相关公司间的协作关系，并独占市场或节省有关费用等。公司的合并可以是纵向的，也可以是横向的。

公司合并的步骤如下：

(1) 一般首先是缔结联合或合并契约。该契约应包括合并的各公司的名称及所在地；合并后存续的或新设公司的名称及所在地；合并各方的资产状况及其处理办法；合并各方债权、债务处理的办法；合并后存续或新设公司应发行股份的总额、种类和数量；合并各方认为需要载明的其他事项。

(2)股东大会批准合并契约。

(3)结算资产负债。

(4)通知债权人。在法定期限内,债权人可以对合并提出异议。对提出异议的债权人,公司应提供偿债担保或清偿债务,未提出异议的则被认为是承认合并的。

(5)申请登记。公司在缔结合并契约后,应于法定期限内持必须的文件向有关主管部门申请变更、解散或设立登记,并进行公告。

3. 租赁

租赁是指一个公司出租其全部或部分资产,以租赁契约方式控制另一个公司。承租公司按契约按期支付定额租金,出租资产的公司按契约收取定额租金,并保持其独立地位。这种产权转让方式的特点是:一方对另一方支付租金,以取得一定时期内对另一方资产的使用权,因此这是经营意义上的产权转让。租借企业以支付租金和归还资产为条件,取得一定时期内使用资产的权利,称为承租人;资产所有人通过租赁契约在一定时期内放弃其资本的控制权和使用权,称为出租人。

4. 拍卖

产权拍卖是指产权拥有者和需要者双方通过公开买卖形式,使产权由拥有者向需要者转移的一种产权转让形式。这种产权转让的特点是采用拍卖的交易方式进行产权的市场交易,因此必须遵循拍卖的一般交易规则。

通常意义上的拍卖是指由专门从事拍卖的机构即拍卖行,在一定的时间和地点,按照一定的章程和规则,由买主以公开叫价竞购的方法,将现货出售给出价最高的买主的一种交易方式。作为一种特殊的交易方式,拍卖程序与一般交易程序有所不同。拍卖的交易过程大致如下:参加拍卖的卖方首先应把商品运到拍卖地点,委托拍卖行拍卖。拍卖行接受拍卖后,发出拍卖广告,说明拍卖商品的情况,拍卖日期、地点和拍卖条件等事项。正式拍卖在预定的时间和地点进行,首先由拍卖人宣布约定的最低价格,然后由竞买人相互竞争加码,直到没有任何竞买人再加码时,拍卖人以击槌表示拍卖成立。此后买方开立购买确认书,并按规定付款,凭提货单在规定时间内提货。

产权拍卖和兼并的区别主要在于以下几点:

(1)在兼并过程中,兼并企业通常只是一个企业,而拍卖的购买主体可以是多个企业。

(2)产权拍卖成交价是在购买者的竞买过程中形成的,通常围绕资产评估底价上下浮动,而被兼并企业的成交价是商议形成的,一经协商成交一般不予变动。

(3)公司兼并是兼并公司的全部产权,而被拍卖的产权,可以是全部产权,也可以是部分产权。

思考与练习

1. 什么是产权,什么是产权制度,产权主要包括哪些基本形式?
2. 什么是交易成本,交易成本与产权理论的联系是什么?
3. 试述公司产权制度的基本内容。
4. 什么是公司产权运行的市场化,公司产权市场化的条件是什么?
5. 简述产权市场交易的含义、对象及形式。

第四章　现代公司治理结构

【内容提要】

有效的公司治理是现代企业制度建设的核心，建立良好的公司治理结构是树立市场信心，鼓励更加稳定的长期国内外投资的重要手段，是搞好公司管理的前提。本章介绍了公司治理结构的内涵，公司治理结构的原则，重点研究了公司治理机构的设立，分析了理经人员的监督机制和激励机制。

第一节　公司治理结构的基本理论

一、公司治理结构的概念

公司治理的概念，最初是从国外引进的，相应的英文词叫"Corporate Governance"，国内经济学界通常将其译成"公司治理结构"。公司治理结构是公司制的核心，各个国家都极为重视。

对于公司治理结构的内涵，国内外的经济学家有诸多不同的理解。由于研究的视角不同，他们概括的概念也不一样，较有代表性的有三种，下面作概括性介绍。

1. 强调公司治理结构的相互制衡作用

吴敬琏认为，所谓公司治理结构，是指由所有者、董事会和高级执行人员即高级经理人员三者组成的一种组织结构。在这种结构中，上述三者之间形成一定的制衡关系。通过这一结构，所有者将自己的资产交由董事会托管；公司董事会是公司的最高决策机构，拥有对高级经理人员的聘用、奖惩以及解雇权；高级经理人员受雇于董事会，组成在董事会领导下的执行机构，在董事会授权范围内经营企业。在公司治理结构中，股东及股东大会与董事会之间、董事会与高层执行官之间存在着性质不同的关系，要完善公司治理结构，就要明确划分股东、董事会、经理人员各自的权力、责任和利益，从而形成三者之间的制衡关系。

2. 强调企业所有权或企业的所有者在公司治理中的主导作用

张维迎认为，狭义公司治理结构是指有关董事会的功能、结构、股东的权利等方面的制度安排，广义的公司治理结构是指有关公司控制权和剩余索取权的一整套法律、文化和制度性安排，这些安排决定公司的目标，谁在什么状态下实施控制，如何控制，风险和收益如何在不同企业成员之间分配这样一些问题。因此，广义的公司治理结构与企业所有权安排几乎是同一个意思，或者更准确地讲，公司治理结构只是企业所有权安排的具体化，企业所有权是公司治理结构的一个抽象概括。

3. 强调市场机制在公司治理中的决定性作用

林毅夫认为,所谓的公司治理结构,是指所有者对一个经营管理和绩效进行监督和控制的一整套制度安排。公司治理结构中最基本的成分是通过竞争的市场所实现的间接控制或外部治理。

虽然在现实中不存在普遍适用的最优的公司治理结构,但是作为一种理论抽象,理想状态下的公司治理结构应是在产权明晰的基础上形成责权明确、相互制衡、相互协调、相辅相成的关系。这种关系的具体体现就是股东大会、董事会、监事会和经理在分工明确、责权清楚的基础上各司其职、各负其责、各施其能,股东大会行使公司最高权力;董事会行使经营决策权;监事会行使监督权;董事会、监事会共同对股东大会负责;经理行使执行权并对董事会负责。

国际经济合作与发展组织认为,广义的公司治理结构是一种对工商业公司进行管理和控制的体系。它明确规定了公司的各个参与者的责任和权利分布,诸如董事会、经理层、股东及其他利害相关者。并且清楚地说明了决策公司事务时所应遵循的规则和程序。狭义的公司治理结构可以看作公司内部界定和调节股东及管理层关系的一套规则和机构,主要是股东大会、董事会、经理层及界定他们相互关系的一套运作规则。

二、公司治理结构模式的国际比较

划分公司治理结构模式的主要依据是所有权与控制权的表现形式。传统的公司治理理论将公司的主要治理模式归纳为英美模式、德国模式和日本模式三种。在不同的公司治理模式下,董事会可以分为三种类型:英美的单层董事会,德国的双层董事会,日本的董事会、监事会并存的模式。

(一) 英美公司治理模式的特点

1. 董事会集决策权和监督权于一身

在英美单层董事会模式中,董事会集决策与监督于一身,具有较大权力,董事会成员还可以兼任公司高级管理人员,使决策、执行与监督三合一。然而,董事的个人利益与全体股东的利益之间通常存在着无法避免的矛盾,尤其是当董事本人同时还在公司内担任管理职务时,两者之间的利益经常会发生冲突。在这种模式下,董事会成员不能仅由公司的高管人员担任,还必须引入一定数量的与公司和主要股东之间不存在重大利益关系的独立董事。美国 1940 年《投资公司法》中规定,董事会中至少 40% 的董事必须为独立董事。1977 年,纽约证券交易所在上市条件中规定上市公司应该自 1978 年 6 月 30 日始设立监督委员会,该委员会应该全部由独立董事组成,以确保公司会计和审计的准确性。

2. 股权结构高度分散

在美国 700 余万家企业中,股份有限公司占了 95%。除极少数家庭控股的公司外,多数股份有限公司的股权极为分散,不少上市公司的股东有几十万,上百万至几百万。造成股权分散的原因有两个:一是不愿意“把鸡蛋放在一个篮子里”,以减少投资风险;二是美国法律规定,保险公司在任何一家公司中所持有的股票都不能超过该公司股票总值的5%,养老基金和互助金则不能超过10%。但这种股份分散情况20世纪90年代以后有所改变。

3. 股票期权制度成为激励经理人员的主要手段

20世纪80年代,美国已有不少上市公司实行股票期权制度,到了90年代,股票期权制度进一步发展,从1989到1997年,全美最大的200家上市公司的股票期权数量占上市股票数量的比例从6.9%上升到13.2%。在美国最大的1000家公司中,经理人员总报酬的三分之一左右来源于股票期权。

(二)德国公司治理模式的特点

1. 将计划监督权与执行权分离

德国双层董事会模式将计划监督与执行业务分离。监事会负责选拔、任免、监督执行董事会成员;执行董事会负责领导公司,进行日常经营管理。监事会与执行董事会成员不得交叉,监事不能在公司中担任管理职务,而执行董事会成员完全由公司高级管理人员组成。因此,就监督机制的设计而言,双层董事会模式较为有效。

2. 股权集中度较高

在德国公司中,有限责任公司占公司总数的90%以上。在德国的股份公司中,公司之间交叉持股的现象比较普遍,公司最大的股东往往是公司、银行和创业家庭等,股权集中程度较高。德国的管理部门对股东的持股比例的控制较宽,只有当持股超过25%时才有义务披露,超过50%时才需要报告管理部门。

3. 职工参与公司管理

在德国的公司治理结构中,公司职工通过选举职工代表和职工委员会参与公司管理。在德国,职工参与公司的管理是通过国家制定法律来实现的。例如,《煤钢行业参与决定法》规定,以煤钢为经营内容的公司,只要职工人数超过1 000人,监事会成员由职工代表和股东代表对半组成,然后加一名中立人担任监事会主席。又如,《参与决定法》规定,职工人员超过2 000人的股份公司,设置12,16或20人的监事会,职工代表和股东代表各占一半。职工通过企业职工委员会参加管理。职工委员会在法律和劳资双方签订的行业工资允许的范围内,在本企业的福利、劳动人事和经济事务等方面参与管理。

(三)日本公司治理模式的特点

1. 法人持股比例高

在日本的股份公司中,控制公司股权的主要是法人,即金融机构和主要法人。根据调查,1990年日本企业的持股结构是:金融机构占42.5%,企业法人占25.2%,个人占23.1%,证券公司占1.7%。法人股东投资具有长期性和稳定性的特点,有利于公司权力向经营者倾斜,使经营者能够独立地行使决策权,追求公司长期的战略利益。

2. 公司内部的决策权与执行权统一

日本公司董事会的成员几乎全为内部董事。大多数董事由公司各事业部经理和分厂厂长兼任。这种公司董事和经理合二为一,决策权和执行权相统一的模式,其优点是经营者对公司的经营业务比较熟悉,比较容易对公司产生深厚的感情,能够把个人发展与公司发展结合起来;其缺点是,决策容易保守和监督不易。在这种情况下,对经营者的监督和约束主要来自两个方面:一是来自交叉持股的持股公司;二是来自银行。

由于各个国家具有不同的政治、文化背景,处于不同的经济发展阶段,因而在市场体系发育过程、技术条件、股权结构、资金水平等方面存在较大差别,因而各自具有适合本身特点的公司治理结构。因此,公司治理结构的模式是多种多样的,而且处于不断的创新之中。

三、公司治理结构的发展趋势

纵观国际公司治理改革的历史,大致可以看出以下的发展趋势。

1. 公司治理结构与公司所有权结构相适应

市场经济发达国家公司实践经验证明,所有权的过度分散容易导致公司的短期行为。日本和德国的公司实践证明,法人之间的相互持股,使公司内部各法人股东之间形成一种相互支持、相互控制、相互依赖的协调关系,这种关系就成为促进公司长期稳定发展的强大推动力。

2. 完善法律制度和监管制度与规范自律性行为相结合

建立有效的治理结构,需要国家管理部门建立严格的法律制度和监管制度,这些制度具有强制性质,公司一定要做到,不然将会受到处罚。但是,公司治理结构改革和发展的一个重要特点,就是依靠公司自律性行为规范。各国政府机构和民间组织,普遍采取发布自律性行为规范的办法,引导公司改善法人治理结构。这些“准则”“规范”“指南”通常不具有强制性,只是给那些愿意改善公司治理结构的公司提供一个参照模式。

3. 国际组织发挥了非常重要的作用

在建立有效的公司治理结构方面,国际组织起了非常重要的作用。为了不断完善公司法人治理结构,经合组织成立了制定《公司治理结构原则》的委员会。这个专门委员会包括来自各成员国以及有关国际组织,如世界银行、国际货币基金组织、国际清算银行、国际证券协会等的代表,《公司治理结构原则》阐述了关于公司治理结构最为核心的要素,可以指导各个国家对公司治理结构问题的重视,为各国政府和私人部门在公司治理方面提供帮助,探索更有效的公司治理结构,从全世界角度探讨公司治理中的重大问题,世界银行和经合组织联合成立了全球公司治理论坛。世界银行和经合组织还邀请国际货币组织、国际会计标准委员会、国际证券业协会、国际最高审计组织以及一些发展中国家的组织代表参加每年一次的会议,探讨公司治理问题。世界银行还实施了一系列推动公司治理结构改革的贷款项目。世界银行旗下的国际金融公司还直接在一些国家实施了公司治理改革项目。

4. 强调保护投资者的利益

公司治理改革作为一个国际潮流，其重点是保护投资者的利益，尤其是不能控制公司的少数股东的利益。在证券市场日益成为公司主要融资渠道的情况下，保护股东权益是公司治理的必然选择，是不同治理模式公司的共同趋势。维护股东权益的措施主要有以下几点。

(1) 机构投资者参与公司的治理。在20世纪60年代以前，美国股东主要是个人股东，机构股东持股比例不超过13%。此后，机构投资者的持股不断上升，到90年代末已达到50%。这时，机构投资者已成为资本市场的重要力量，为了维护自身的利益，机构股东便积极参与公司治理。

(2) 在政府的调控下，通过立法等方式，以强制的或非强制的手段使公司注意保护股东的权益。

(3) 通过各种途径，例如网上投票让股东参与公司治理，这是维护股东利益的有效途径。

(4) 建立独立董事制度。由于独立董事与公司没有直接的经济利益关系，独立于管理层，能够较好地代表公司的整体利益和股东利益，参与公司的决策。

5. 努力提高公司运营的透明度

公司运营状况，特别是运营状况透明度的高低，决定着公司有关利益主体能够在多大程度上保护自己的权益。提高公司运营的透明度是通过信息披露制度实现的。国际经验证明，公司治理结构要保证及时准确地披露董事会决策、经营状况、财务状况、公司并购等方面的信息。

第二节 公司治理结构原则

世界各国对公司治理问题都极为重视，都注意在总结实践经验的基础上进行理论概括，国际经合组织为了完善其成员国公司治理结构，成立了制定《公司治理结构原则》的专门委员会。经合组织理事会通过了《公司治理结构原则》，把这个原则作为各成员国政府部门制定有关公司治理结构的法律和监督制度的参考，同时也为证券交易所、投资者、公司和有关参与者提供指导。

一、 保护股东权利

保护股东权利是设计公司治理结构应遵循的基本原则。实际上公司不是由股东投票进行管理的。控股实体由个人和机构组成，他们的利益、目标、投资金额和管理能力各不相同，公司经理层必须能够迅速作出商业决策。在迅速变化的市场中，股东不会被授予经营公司业务的责任，公司战略和日常运作的责任一般由董事会和由董事会聘任的经理承担。在所有权和经营权分离的情况下，必须保护股东的权利。股东的权利包括以下几方面。

1. 股东基本权利

(1) 稳妥可靠的所有权登记方法；

(2) 可以转让和转移自己的股份；

(3) 及时、定期地获得公司有关信息；

(4) 出席股东大会并投票；

(5) 选举股东会成员；

(6) 参与公司利润分红。

2. 股东有权参与并充分了解有关公司重大变化的决定

这些决定主要有：

(1) 公司规章或章程，以及类似的治理文件的修改；

(2) 增资扩股的授权；

(3) 最终将导致公司出售的特殊交易。

3. 股东应有机会有效参与股东大会并投票，应了解股东大会的议事规则

具体包括以下几点：

(1) 应及时向股东提供充分的信息，以便他们了解股东大会的开会时间、地点和议程，也应完整而及时地提供将在大会上作出决议事项的有关信息；

(2) 股东应有向董事会提问以及把问题提上大会议程的机会，对这种机会可以有合理限制；

(3)股东应当能够亲自投票或缺席投票，二者具有同等效力。

4. 如果资本结构和安排会使某些股东获得的控制权与他们的资产所有权不成比例，应予以披露

这一点主要有下面三种情况：

(1) 有些资本结构允许股东对公司实行的控制权与他们在公司拥有的股份不成比例，金字塔式的结构和交叉持股方式可用来削弱非控股股东影响公司决策的能力。

(2) 除了所有权的关系，其他措施也能影响对公司的控制。股东协议是某团体股东通常采用的方式，他们每个人在总股份中拥有相对少的一部分，但他们行动一致，从而构成有效的大多数，或至少是单个最大的股东集团。股东协议通常给协议参与者以优先权，但协议其他方想出售股票时，他们有购买优先权。该协议也有条例要求那些协议接受方在某段时间内不得出售股票。股东协议可能涉及怎么选举董事会或主席的问题，协议也要求协议成员必须作为一个整体进行投票。

(3) 不管股东实际拥有多少股，票数封顶限制了一个股东可以投票的最大份数，因而票数封顶对控制权进行了重新分配，可能对刺激股东参与大会产生影响。由于上述机制能够重新分配股东对公司策划的影响力，股东们有理由要求所有这些资本结构和安排公之于众。

5. 应允许公司控制权市场以一种有效而透明的方式运作

这一点要求做到：

(1) 在资本市场上公司控股收购的规则和程序、公司合并和大部分资产的出售等特殊交

易,应予以明确说明和披露,使投资者了解他们的权利,包括追索权。交易价格应是透明的,交易应在公正条件下进行,使各种级别的股东权利受到保护。

(2) 反收购策略不应被用作经理层免作说明的借口。有些国家,公司采用反收购策略,然而,投资者和股票交易所都担心广泛采用反收购策略可能严重妨碍公司控制市场的运行。有时候,反收购甚至被经理层用作反对股东监督的挡箭牌。

6. 股东、包括机构投资者,应考虑行使投票权的成本和利益

二、对股东的平等待遇

公司治理结构框架应当确保所有股东,包括小股东和外国股东受到平等待遇。如果他们的权利受到损害,他们应有机会得到有效补偿。投资者对他们提供的资金不会被公司经理、董事会成员或控股股东误用、挪用的信心是资本市场的一个重要因素。公司董事会、经理或控股股东可能会有机会从事一些增加他们个人利益而损害非控股股东利益的业务活动,这种业务活动应当制止。

股东们实施自己权利的方法之一是可以启用法律及管理程序反对管理层和董事会成员。经验表明,股东权利能在多大程度上得到保护,一个重要的决定因素是是否有有效的办法使所受损害以合理价格及时地得到补偿。当法律体系为小股东提供这种机制,使他们在有合理证据认定其权利受到侵犯时,他们能够提起诉讼,小额投资者的信心就会得到加强。

存在的风险是这种法律体系使任何一个投资者都可以在法庭上质询公司活动,可能导致诉讼泛滥。所以许多法律体系用条例保护经理层和董事会成员不受滥用诉讼的侵犯,采用的形式是检查股东投诉数量是否足够提起诉讼。这就是所谓经理层和董事会成员行动的安全岛(例如商业审判规则),也是信息披露安全岛。最终在允许投资者因所有权受到侵害而寻求补救和防止诉讼泛滥之间找到一种平衡,许多国家也找到了另外一种审判程序,例如管理听证会或由证券监管人或其他监管机构组织的仲裁程序。至少在最初这是解决争端的有效办法。

1. 所有同级股东应享有同等待遇

(1) 不管属于哪一股权级别,同级股东应享有同样的投票权。在购买股票之前,所有投资者应能够得到附属于所有种类股份的投票权的有关信息。投票权的任何更改应由股东投票表决。公司最佳资本结构最好由经理层和董事会决定,但须经过股东大会的批准。有些公司发行优先股,持股人有优先享有公司利润的权利,但通常没有投票权。公司也可以发行参与证或没有投票权的股票,其交易价格估计会不同于带投票权的股票交易价格。所有这些结构在分散风险和给公司带来最好利益并且低成本融资上是有效的。《公司治理结构原则》并不主张"一股一票"的原则,然而,许多机构投资者和股东协会支持这种观点。投资者在投资前应知道与他们投票权利有关的信息。一旦投资,他们的权利不会改变,除非那些控股的有投票权的股票有机会参与决策过程,改变不同级别股票的投票权的提案通常应该提交股东大会,由受此提案影响的有投票权的多数股东批准通过。

（2）投票应有监管人或被提名人以股份所有人同意的方式进行。有些经合组织国家的习惯做法是由投资者监管股票的金融机构行使这些股票的投票权。监管人，如银行、中介公司，作为客户的提名人持有股票，有时要求他们投票支持经理层（股东另有特殊指令除外）。经合组织国家的趋势是取消那些自动许可监管机构代替股东投票的条例，有些国家也修改了条例，要求监管机构向股东提供信息以使他们对是否使用他们的投票权作出选择。股东可以把所有的投票权委托给监管人，也可以选择得到所有将要进行的股东投票的通知并决定投一部分票，而委托监管人投另一部分票。有必要找到一个合理的平衡，保证监管人不会在不尊重股东意见的情况下代替股东投票，同时也不会因为在投票前要得到股东的批准而给监管人增加过重负担。向股东说明如果没有收到相反意见的指示，受托人将以他认为与股东利益相一致的方式投票表决，这样做就足够了。

（3）股东大会的过程和程序应考虑使所有股东都受到平等的待遇。公司程序不应该给投票带来昂贵的费用或造成不必要的麻烦。参加股东大会的权利被视为股东的基本权利。经理和控股投资者常寻求办法以使公司经营方向不受非控股的或外国的投资者影响。有些公司投票要交费，其他所设障碍包括禁止代理投票和要求股东亲自参加股东大会投票。还有其他程序使得实施所有权实际上成为不可能的事，代理材料的送达可能离股东大会的时间太近，投资者没有足够的时间思考或磋商。许多经合组织国家的公司正在寻求开发与股东进行交流并作出决策的更好的途径，鼓励公司尽力清除参加股东大会的人为障碍。

2. 内部人交易和滥用权力进行自我交易应当受到禁止

滥用权力进行自我交易发生于当有人与公司有密切关系并利用这种关系，损害公司和投资者的利益的时候。因为内部人交易需要操纵资本市场，这是大多数国家证券交易规则、公司法或刑法所禁止的。然而并不是所有的立法都禁止这种行为，在某些情况下执行力度也不够，这类做法可视为对良好公司治理结构构成侵犯，也违背了所有股东享受平等待遇的原则。《公司管理结构原则》重申投资者有理由要求禁止内部权力的滥用。当这种行为没有明文禁止或没有有效执行禁止时政府应采取措施弥补这些缺陷。

3. 应该要求董事或经理对自己在公司有影响的交易或事件中的任何相关利益作披露

即董事和经理人员与公司有商业的、家庭的或者其他特殊关系时，这种关系会影响他们对交易的判断力。

三、利害相关者在公司治理结构中的作用

公司治理结构的框架应确认利害相关者的合法权利，并且鼓励公司和利害相关者在创造财富和工作机会以及为保持企业财务健全而积极的进行合作。

治理结构的一个重要方面是有关确保外部资金流入企业，寻求鼓励企业的各种利害相关者以从事社会有效水平投资，投资于公司人力和物质资本的办法。公司的竞争力和最终的成功是集体力量的结果，体现了各类资源所作出的贡献，包括投资者、雇员、债权人和供应商。公

司应当认识到利害相关者的贡献是建立一个有竞争力而且盈利的公司的宝贵资源,因而在利害相关者中建立创造财富的合作是为了公司的长期利益。治理框架应确认,只有认识到利害相关者的利益及他们对公司长期成功的贡献,才能更好地服务于公司利益。

1. 公司治理结构的框架应保证公司利害相关者受到法律保护的权利得到尊重

利害相关者权利是由法律规定的,如劳动法、商业法、合同法和破产清算法。即使在利害相关者的利益没有在法律保护的领域,许多企业也向利害相关者作出附加承诺,出于对公司信誉和公司状况的关切,使他们的利益受到照顾。

2. 由于利害相关者的权利受到法律保护,在其权利受到侵害时,应有机会得到有效补偿

法律框架和过程应该是透明的,不妨碍利益相关者进行信息交流,也不影响他们在权利受到侵害时获得赔偿的能力。

3. 公司治理结构的框架应使利害相关者的参与有助于建立提高公司经营绩效的机制

治理结构框架使利害相关者各自发挥不同的作用,他们在多大程度上参与公司管理应依据国家法律或惯例,不同公司之间也会有不同的利害相关者参与机制。例如,董事会的雇员代表制,雇员股票所有权计划或其他利润分配机制,或在某些重要决策上考虑利害相关者意见的管理过程。另外,还包括在破产清算过程中债权人参与管理。

4. 当利害相关者在参与公司治理过程时,应当得到有关的信息

当法律和公司管理体系的实施为利害相关者提供了参与机会时,能得到履行他们的责任所需要的信息对利害相关者来说是非常重要的。

四、信息披露度和透明度

治理结构框架应当保证及时准确地披露公司有关的任何重大问题,包括财务状况、经营状况、所有权状况和公司治理状况的信息。在许多经合组织国家,大量的信息编辑,有的是自愿的,有的是强制的,还有一些是来自大型未上市公司的,最终这些资料分散到范围很广的用户手中。信息的公开披露是必须的,至少每年一次,尽管有些国家要求半年一次或每季一次,在公司发生重大变化时更要频繁披露。为适应市场要求,公司会经常主动披露信息,次数多于最低要求。

一个强有力的信息披露制度是对公司进行市场监督的典型特征,是股东具有行使表决权能力的关键。那些拥有大量上市公司并且股票市场活跃的国家有经验表明,信息披露也是影响公司行为和保护投资者利益的有力工具。强有力的披露制度有助于吸引资金,维持对资本市场的信心。股东和潜在投资者需要得到定期的、可靠的、可比的、足够详细的信息,从而使他们能对经理层是否称职作出评价,并对股票的价值评估、持有和表决作出有根据的决策。信息短缺且条理不清会影响市场运作能力,增加资本成本并导致资源配置不当。

信息披露也有助于公众了解企业组织结构和经营活动,以及公司在环境问题、商业贷款、与社会关系方面的政策和绩效。信息披露不能无理增加企业的行政和成本负担,公司也不必

公布可能危及其竞争地位的信息,除非这些信息的公布对投资者充分了解投资决策和避免误导投资者是必须的。为了明确哪些信息是必须公布的,许多国家使用“实质性(materiality)”这一概念,即指如果遗漏或谎报这些信息,将影响信息使用者的经济决策。《公司治理结构原则》提倡在定期发布报告之间,及时而全面地将信息报告给所有股东以确保他们享受平等待遇。

1．应当披露的重大信息

(1) 公司的财务状况及经营成果。反映公司财务状况和经营业绩的财务报表(主要是资产负债表、损益表、现金流量表和财务报告说明)是最为广泛的信息来源。以现有的格式,披露财务报表有两个主要目的:经理层对经营的评述和分析主要包括在年报中,在读财务报表的同时阅读这些评述是很有帮助的,投资者对可以反映企业未来业绩的信息特别感兴趣;披露那些关系到整个集团交易的信息很重要,公司治理失败经常与不能披露“全面的情况”有关,特别是那些被用来提供担保或公司之间有类似承诺的资产负债表外项目。

(2) 公司目标。除商业目标外,公司还应披露与商业道德、环境和其他公共政策有关的政策,这些信息可能对投资者更好地评估公司与其他业务往来团体之间的关系,以及更好地评价公司为实现其目标而采取的步骤是重要的。

(3) 主要的股份所有权和投票权。投资者的一个基本权利是了解企业股份所有权的构成。一旦超过某一股份拥有限额,国家经常要求披露股份所有权的具体数据。这些主要包括大股东和控股或可能控股股东的数据,也包括有关特殊表决权、股东协议,控股股份或大宗股票拥有,重大的交叉持股关系和交叉担保关系的信息。公司也应提供相关方之间的交易信息。

(4) 董事和主要执行人员以及他们的报酬。投资者要求得到董事会成员和主要执行官员的个人信息以便评估他们的资历和资格,对可能影响他们判断的潜在利益冲突作出估价。董事会和执行官的报酬也是股东关心的事,通常要求公司应充分披露有关董事会成员和主要执行官员报酬的信息(不管是个人的还是整体的),以便投资者正确评估报酬分配的成本和利润以及奖励机制,如股票期权计划对公司业绩有多大作用。

(5) 重要可预见的风险因素。财务信息使用者和市场参与者需要得到有关合理预期重大风险的信息,包括:行业风险或地域风险;对商品的依赖;金融市场风险,包括利率或汇率风险;有关衍生品和资产负债表外交易的风险以及与环保义务有关的风险。

(6) 与雇员和其他利害相关者有关的重要问题。公司应提供那些与雇员和其他利害相关者有关的,可能严重影响公司业绩的重要事件的信息,包括经理层与雇员之间的关系,与其他利害相关者,如债权人、供货商和所在社区之间的关系。

有些国家要求广泛披露人力资源信息。人力资源政策如人力资源发展规划、雇员股份持有计划,能使市场参与者从中了解到有关公司竞争力的重要信息。

(7) 治理结构和政策。公司应报告在实际工作中他们怎样运用相关的公司治理结构原则。管理结构和公司政策的披露,特别是股东、经理层和董事会成员之间权利的划分对评估公司的治理结构是很重要的。

2. 应根据高质量会计标准、金融和非金融披露及审计标准，对信息进行准备、审计和披露

采用高质量标准可以提供更可靠、更具有可比性的报表，并更深入准确地了解公司业绩，从而大大提高投资者监督公司的能力，信息的质量有赖于编辑信息的标准。《公司治理结构原则》主张开发高质量的国际认同的标准，这样就能提高国家之间信息的可比性。

3. 在准备和提交财务报表时，为提供外部和客观的保证，年审应由独立审计员进行

许多国家考虑采取措施增强审计员的独立性，提高他们向股东们进行解说的能力。人们普遍感觉到质量审计标准的应用和道德准则是提高审计的独立性并加强同业地位的最好办法之一。进一步的措施包括加强董事会审计委员会，增加董事会在审计机构选择过程中的责任。

经合组织国家还考虑了其他方案，如有些国家对审计员从特定客户收取非审计收入的百分比加以限制，另一些国家要求公司披露支付给审计员的非审计费用的金额，另外还限制审计员从一个客户处获取报酬的总百分比。其他方案还包括由另一审计员对审计进行质量检验，禁止提供非审计服务，强制轮流更换审计员以及由股东直接提名审计员。

4. 信息传播渠道应当使用户公正、及时、费用合理地获得有关信息

信息传播渠道与信息内容本身一样重要。当信息披露经常由立法机关提供时，获取信息并将信息存档是很麻烦而且费用较高的。法律文件报告的存档在有些国家得到了极大促进，因为它们使用电子存档和数据补救系统（Data Retrieval Systems）。Internet 和其他信息技术也为改善信息传播提供了机会。

五、董事会的责任

公司治理结构框架应确保董事会对公司的战略指导和对管理人员的有效监督，并确保董事会对公司和股东负责。董事会结构和程序在经合组织国家内部和国家之间也各不相同。有些国家采取双层制，把监督职能和经营职能分离开来。这种体系一般有一个全部由非执行董事组成的“监事会（Supervisory Board）”。其他国家则实行“单一制（Unitary）”，把执行董事和非执行董事组合在一个董事会中。

在指导公司战略的同时，董事会主要负责监督管理公司业绩，使股东得到足够的回报，同时也要防止利益冲突，平衡对公司的各种要求。为了董事会有效地履行职责，他们必须在一定程度上独立于经理层。董事会还负有另一重要责任，即公司所实行的体制致力于确保公司遵守所适用法律，包括税收、竞争、劳工、公平机会、健康和安全法。另外，董事会应尊重并公正处理其他利害相关者的利益，包括雇员、债权人、顾客、供应商和当地社团的利益。同时还应关注环保和社会道德。

1. 董事会成员应在全面了解情况的基础上，诚实勤恳、细致地进行工作，最大限度地维护公司和股东利益

在有些国家，法律上要求董事会以公司的利益为准则，同时考虑股东、雇员和公众的利益，

为公司的最大利益服务不应使经理层裹足不前。

2. 董事会的决议对不同股东团体可能会有不同影响,董事会应平等对待所有股东

3. 董事会应保证与适应法律一致,并考虑利害相关者的利益

4. 董事会必须履行的主要职能

(1) 对公司战略、主要行动计划、回避风险的策略、年度预算和经营计划进行审议和指导;设定经营目标;监督目标的实施和公司经营;监管主要资本支出、收购和财产获得。

(2) 挑选、替换、监督主要管理人员。在必要时,替换主要执行官员并监督职位继承计划的执行。

(3) 审议主要执行官员和董事会的报酬,保证董事会提名程序的正规性和透明度。

(4) 对经理层、董事会成员和股东利益之间的潜在冲突,包括公司资产的不正当使用和有关不正当交易应进行监督和管理。

(5) 保证公司会计制度和财务报告制度,包括独立审计,采用适当的控制体系,特别是风险监控、财务控制和对公司活动的合法性进行监督的体系。

(6) 对治理措施的有效性进行监督,必要时进行更改。

(7) 对信息披露和信息交流过程进行监督。

董事会成员的具体职能根据每一司法管辖区公司法条款,也根据每个公司的条令会各不相同,然而上面提到的因素被视为是实现治理结构的目标至关重要的因素。

5. 董事会应能够对公司事务进行独立,特别是要独立于经理层的客观判断

董事会结构和业务惯例因国家的不同而各有所异,这就要求对董事会独立成员的问题采取不同的办法。为了确保董事会的独立性,通常要求相当数量的董事会成员不受聘于本公司,也不能与公司或管理人员有重要的经济、家庭或其他密切关系,这并不妨碍股东成为董事会成员。独立的董事会成员能对董事会的决策作出重大贡献,对董事会和经理层的业绩作出客观评价。另外当经理层、公司和股东在某些方面利益不一致时,比如执行官报酬、职位继承计划、公司控制权变化、反收购计划、大规模收购以及审计职能等,他们都能发挥重要作用。

作为董事会首领的董事长在保证企业有效治理方面发挥着核心作用,他负责董事会的有效运作。有些国家董事长由公司秘书辅佐。在单一董事体系,主执行官和董事长职位的分离经常被作为一种确保力量适当平衡并增强说服力的方法,提高董事会独立决策的能力。董事会应考虑选任足够数量的非执行董事,他们有能力对可能发生利益冲突的事件作出独立判断。主要责任有财务报告的制作、董事会和执行官的提名以及他们的报酬等。当董事全面负责财务报表、报酬和提名等事宜时,独立的非执行董事会成员能向市场参与者提供附加的保证,保证他们的利益得到保护。董事会也可能考虑建立特别委员会,专门考虑哪些地方会有潜在利益冲突。这些委员会可能要求最低数量的执行成员,或全部成员都由非执行成员组成。

董事会成员应投入足够的时间来履行责任。人们普遍认为在太多的董事会任职会影响董事会成员的工作。公司可能会考虑过多的董事会任职是否会影响董事会的工作业绩。有些国

家对担任董事会职务的数量加以限制。具体的限制倒是次要的,更重要的是确保董事会成员是合理合法并能赢得股东们的信任。为促进董事会的工作和其成员的业务能力,有些公司发现,进行培训和自愿的自我评价,对于满足其公司需要是很有益的,有助于包括董事会成员在选拔上任时获取相应的技能,任职后仍保持对于有关新法律、法规和日益变化的商业风险有清楚的了解。

6. 为完成他们的责任,董事会成员应能够及时、准确地获取相关信息

董事会成员要求及时获得相关信息,以便作出相应的决策。非执行董事会成员得到信息的渠道通常与公司内部主要经理人员所用渠道不同。如果非执行董事会成员能与公司内部一些主要经理对话,如公司秘书和内部审计人员,并能听到外部的独立意见,那么他们对公司的贡献将会更大。为履行他们的职责,董事会成员应确保他们及时、准确地得到相关信息。

经合组织制定《公司治理结构原则》的目的,是为其成员国的政府部门在评价和改善公司治理结构的法律,制度和规定框架时,提供一个参照系。它也为证券交易所、投资者、公司和有关参与者提供方向性的指导。《公司治理结构原则》起初是针对上市公司,然而从应用范围来看,它也是非公众公司和国有公司改善公司治理结构的有用工具。

第三节 公司治理机构

1999 年 9 月中共十五届四中全会通过的《关于国有企业改革和发展若干重大问题的决定》在谈到对国有大中型企业实行的规范的公司制改革时指出:“公司法治理结构是公司制的核心。要明确股东会、董事会、监事会和经理层的职责,形成各负其责、协调运转、有效制衡的公司法人治理结构。所有者对企业有最终控制权。董事会要维护出资人权益,多股东会负责。董事会对公司的发展目标和重大经营活动作出决策,聘任经营者,并对经营者的业绩进行考核和评价”。这些论述说明了股东和其他利益相关者对公司的治理是通过一定的治理机构进行的。这些机构包括决策机构(股东大会和董事会)、监督机构(监事会)和执行机构(经理人员)等。下面对公司治理机构作些说明。

一、股东大会

股东大会是依照公司法和公司章程规定,由全体股东组成,决定公司重大问题的最高权力机构,是股东表达其意志、利益和要求的工具。股东大会是针对股份有限公司而言的,对于有限责任公司来说,由全体股东组成的最高权力机构成为股东大会。

1. 股东大会的种类

从各国公司法来看,股东大会主要有以下四种:

(1) 股东普通年会。这是指公司一年一次必须召开的股东大会。在此会议上,讨论决定按公司章程规定的、应由普通年会处理的重大事务。普通年会一般由董事会组织召开。通常

由公司法对两个年会之间的间隔期限作出具体规定。如果公司超过一定的期限仍不召开股东大会,有管辖权的法院有权根据任何股东的请示责令公司举行年会。

(2)特别股东会议。这是指在两次年会之间不定期召开的决定公司重大决策问题的股东会议。通常可以采用如下三种方法召开股东特别会议:一是董事会集体通过的决议或董事会签署同意书后由董事会召开;二是由法定的持有一定数量股票的股东召开;三是有管辖权的法院根据自己的提议或任何一个董事或有表决权的股东的申请,视情况发布命令,强行要求公司按其认为适当的方式召开股东大会。

(3)法定股东会议。这是指法律明确规定必须召开的股东会议。这类会议只在英国的公司法中有所规定。规定要求股份有限公司有权在正式开业之日起1~3个月内,必须召开法定会议,以便尽可能在早的时间内,使公司的股东们清楚地了解这个新建公司的所有重要情况。

(4)类别股东会议。这是指在公司的股票分成若干类别的情况下,以及在各类别股票的权益需要变更的情况下,属于同一类别的股东们召开股东会议。此类会议的程序与普通年会几乎一致。由出席会议的法定人数的多数通过的决议,才对该类别全体股东有效。

2. 股东大会的召集

股东大会必须由一定的机构正式召集召开。无召集权的机构召开的股东大会是不合法的,其决议无效。按股东召集的不同有如下类别:由董事会召集的股东大会;由少数股东召集的股东大会;由监事会召集的股东大会;由上级主管机关或有管辖权的法院等机构召集的股东大会。股东大会召集权的划分和归属,由公司法和公司章程加以具体规定。

3. 股东大会的通知

召开股东大会的通知必须采取书面形式。通知书必须在股东大会召开前的充分时间内,递送给每个在册的有表决权的股东。通知必须依照公司章程的规定发出,其内容一般要写明召开大会的地点、日期和确切时间。如果特殊会议,还应写明该特殊会议的目的以及会议的主要内容。

4. 股东大会的法定人数

参加股东大会的股东,必须达到法定人数才能视为合法,通过的决议才能生效。股东大会的法定人数在法律规定的范围内,由公司章程或公司内部细则具体规定。对于不同的公司和不同类型的股东大会,法定人数也各不相同。

5. 股东大会主席

大会主席一般由董事长担任。如果董事长未出席或不愿担任,则可从董事中选择一人担任。若董事都不愿当选为主席,则由大会从参加股东大会的股东中选举产生。大会主席主要职责是:维持大会秩序;掌握会议进程;组织会议对各类决议草案进行讨论,并分别进行表决。

6. 股东大会记录

股东大会的一切记录经大会主席签名,便成为会议的证据,应予以保存。在有相反的证据以前,应该认为大会已经召开,其决议均为有效。各股东都应得到这种记录的副本。

7. 表决信托

任何数量的股东都可以成立一个表决信托，其目的是把表决权或代表其股份的权利，授予一个或数个受托人。所谓表决信托人，就是为股东实现表决权的代理人，股份有限公司可以任命一人以上的表决信托人，有限责任公司只能任命一个表决信托人。他们在会上只有表决权，而无发言权。

8. 股东大会的表决方式

股东对公司可以实施一定程度的控制，通常的做法是在股东大会上进行表决，或在没有开会的情况下以签署书面同意的方式实现。股东们以什么方式来进行表决，构成了股东对公司形式可控制权的关键。根据美国公司法规定，股东大会的表决方式主要有以下四种：

（1）直接投票。在直接投票中，每股对公司的每项决议只有一个表决权。这种投票方式，往往造成明显的多数股压倒少数股的现象，无法保护少数股权持有者的利益，尤其是拥有少数股权的股东将无法选出一个董事代表其特殊利益。

（2）分类投票。分类投票是指为了达到其特定目的，由各类别股作为独立单位进行投票的一种方式。实行分类投票的前提是，公司发行在外的股票是分成类别的，采用这种投票方式通过一项决议，必须得到"双重"多数的统一，即不仅要得到出席股东大会的多数股权持有者的同意，而且还要得到各类别股中各自多数股权持有者的同意。这种投票形式是一种保护少数股权持有者利益的形式。

（3）偶尔投票。偶尔投票是指公司股票在分成两个以上类别的条件下，当发生公司章程规定的偶发事件时，上述股票具有特定的投票权利，一旦公司的偶发事件获得解决，这类股票就又恢复到原有状态的一种表决方式。

（4）不按比例投票。不按比例投票是指公司发行在外的股票，分成两个以上类别股的条件下，某一类别股票有比其他类别的股票更多或更少的表决权。这种股票方式比较多地发生在大型跨国公司中。

究竟各个公司在何种状况下应用何种表决方式，是简单多数通过还是 2/3 多数通过，除了公司法中有限制的以外，都由公司章程或公司内部细则加以规定。

9. 股东大会的权限

股东大会的权限一般包括以下几点：

（1）听取并审议董事会、监事会的工作报告。

（2）审议并决定分配股息、红利和弥补亏损的方案。

（3）决定公司增加或减少资本。

（4）决定公司债券的发行。

（5）对公司分立、合并、终止和清算作出规定。

（6）选举或罢免董事会成员，按规定选举和罢免监事会成员。

（7）修订公司章程。

（8）对公司其他重要事项作出决议。

10. 股东大会决议

股东提交股东大会讨论的问题，一般都以决议草案的形式提出。大会主席和任何其他股东，可以向会议提交各种决议草案，以便进行公开讨论。决议草案经过讨论后主席将它提交大会表决。主席首先向大会作出说明，表明该决议草案是由谁提出的，然后要求表决。表决结果当场公布，因此股东当场便可知道决议是否通过。如果通过的决议与公司章程或与公司内部细则相违背，则决议无效，除非再依法修改章程或细则。有的重要决议必须得到法院认可方能生效。

二、董事会

对于拥有众多股东的公司来说，不可能通过所有股东的定期会议决定如何经营和管理，因此股东需要推选出能够代表自己利益的、有能力而且值得信赖的少数代表，组成一个小型的机构来管理公司，这就是董事会。董事会是由股东代表大会选举的代表股东利益的，负责公司经营管理的决策机构。在股东大会闭会期间，它是公司的最高的决策机构，是公司的法定代表。除股东大会拥有或授予其他机构拥有的权利以外，公司业务活动必须由董事会议授权它这样做。董事会对内管理公司事务，对外以公司名义进行活动。

1. 董事会的设置

依照法律规定公司必须设置董事会。从世界各国的公司法来看，股份有限公司的管理机构设置有两种：一种是单轨制，即公司只设立董事会作为唯一的管理机构；一种是双轨制，是指公司同时设立董事会和监事会，共同管理公司业务。

2. 董事会的职权

董事会由股东大会选出，代表全体股东的利益，负责制定或设定公司的战略决策，并检查其执行情况。其主要职权是：召开股东大会，执行股东大会的决议；制定公司经营目标、重大方针和管理原则；挑选、聘任和监督经理人员，并决定经理人员的报酬与奖惩；协调公司与股东、管理部门与股东之间的关系；提出盈利分配方案供股东大会审议。

董事会的职权受到下列三个方面的限制：（1）董事会作为公司法定代表，不得从事与公司业务无关的活动；（2）董事会不得超出股东授予他们的权限范围形式；（3）股东大会决议如果和董事会的决议发生冲突，应以股东大会的决议为准，股东大会有权否定董事会决议以至改选董事会。

3. 董事会的义务

董事会主要有以下义务：备制章程及各项簿册的义务；向股东大会报告的义务；申请宣告破产的义务；通知公告公司解散的义务；召集股东大会的义务；申请主管机关审核的义务等。

4. 董事会的人数

公司一般不对董事会的人数作具体规定，一般只规定最低人数和最高人数，而具体人数则由公司章程或公司内部细则加以规定。为了减少董事会内出现僵局的机会,董事的数目往往规定为奇数。

董事从其来源看,可分为内部董事和外部董事。内部董事是指在本公司任职的董事,往往是公司的高级经理人员。外部董事是指在外单位任职而与本公司没有直接利益关系的董事。

内部董事一般具有双重方式,他们既以经理人员的身份进行执行机构的工作又以董事的身份进行决策机构的工作。如此时间一长,就容易混淆并降低两种职能的效率。所以,经理人员(除总经理外)一旦进入董事会,就应尽可能解除原有的具体经营职责,把主要精力放在制定政策、检查监督等董事应尽的职责上。

外部董事一般来自其他公司、银行等实际工作部门,也有的来自大学、科研单位,但外部董事不能是与本公司同一部门中竞争性公司的高级管理人员。让外部董事参加董事会,可以扩大意见和建议的来源,尽可能全面考虑问题,以免决策失误。因此,对外部董事的一个最重要的要求是,具有善于提出问题的敏锐洞察力。

5. 董事长

董事会作为一个会议制机构,需要有一个主席来召集,主持会议。董事会的职责范围很广,工作量大,需要有一个人来组织其他董事们的工作。董事会闭会期间的日常工作,也需要有人负责。因此,董事会应设立董事长,并由董事长负责以上各项工作的进行。董事长是公司法定代表,一般由资历较深、德高望重、经验丰富的董事担任,其主要工作是把握公司的发展方向,带领董事会制定公司重大政策和战略。

6. 董事会的执行委员及其他专门委员会

在董事会下面又可以设立执行委员会或其他专门委员会。一般由董事会全体人员的多数通过决议,指定几位董事组成一个执行委员会,并可以根据需要设立财务、审计、科技、情报、生产与销售等专门委员会。这些委员会由专门的董事负责,以便定期或不定期地向董事会提供必要的专业知识和各种资讯意见,充当董事会进行决策时的参谋和顾问。委员会的活动不能干扰公司的日常管理业务,也不受管理人员的干扰和影响。委员会的人数不宜过多,以董事为主。一名董事可以参加若干个委员会。

负责领导各委员会的董事,往往被称为常务董事。所谓常务董事,是指把全部时间和精力用于公司的业务或该公司的一个子公司业务的董事。

各委员会都是董事会的附属机构而不是决策机构,决策权集中在董事会,各个委员会在董事会决议上、公司章程或内部细则规定的范围内,可以行使董事会的一些职权。

在董事会下,比较常见的委员会有:

(1) 执行委员会,又称常务委员会。它是委员会中最重要,也是权力最大的一个,在董事会闭会期间代行董事会的职权,是公司实际上的最高领导核心。其重要任务是决定和审议公司的政策,一般为 3 ~ 5 人,其成员通常由正副董事长、总经理、经营管理部门和行政管理部门的副总经理组成,由董事长兼任主席。

(2) 财务委员会。它的职能是代表董事会对公司财务活动作出深入细致的分析，确定财务政策，监督检查公司各部门的工作绩效，协调公司各部门的财务活动，争取最大利润；对公司的决算进行审查，负责制定股息分配方案。它与执行委员会同处于公司管理层次的最高地位。有的公司不单独设置这个委员会，而是由执行委员来承担其责任，或把它作为一个政策研究小组，附属在执行委员会名下。

(3) 审计委员会。一般由外部董事组成。作为一种成功的管理形式，几乎所有的公司都设立这一委员会。其主要工作是：审查审计组织（会计师事务所、审计事务所）的业务能力和参与选定合格的审计组织；审计前与审计组织就审计的范围及程序进行协商讨论；复查研究审计结果，并提出有关建议。另外它还有责任监督、审查公司内部的财务活动，保证董事会得到可靠的资料等职能。

(4) 管理发展委员会，也称为公司发展委员会。其主要职责是通过定期的经常性研究，贯彻执行正确的管理发展计划，保证公司拥有胜任干练的最高管理集团，确保各级领导的稳定和过渡。为此，该委员会要协助董事会评价副总经理，各子公司、各职能部门的主要负责人的工作表现。在吸收和选拔新董事、新经理时，委员会要确定标准，了解这些人员的兴趣、经历、能力和学识，加以研究并提交董事会审议。

(5) 人事任免委员会。它负责公司高级领导候选人的提名。

此外，有的公司还设立公共政策委员会、利益协调委员会、技术委员会和薪酬委员会等。

7. 董事会会议

董事会拥有对公司业务的领导权和决策权。这些权利的行使，是由董事会这个集体来实现的。董事只能够在董事会会议上以通过决议的方式来实现自己的权利。因此，董事会会议就成为董事会实施对公司领导权和决策权的关键。

(1) 董事会的筹组会议。董事会筹组会议又称初始董事会议。在公司设立后，由公司章程规定的董事应召开筹组会议，其主要内容有：通过公司的内部细则；任免职员；认可或处理公司成立前的业务活动。

(2) 董事会会议的分类。董事会会议分为普通会议和特殊会议。普通会议是定期召开的会议，召开会议的时间在公司内部细则中予以规定。特殊会议则是董事会认为必要时召开的会议，公司法往往对其召开的程序作出规定。

(3) 董事会会议的通知 。在召开董事会会议之前，必须给全体董事发出会议通知，这主要是指特殊会议。经全体董事同意，召集普通会议的各种手续可以从简。通知只需注明会议召开的时间和地点。

(4) 董事会的法定人数。其法定人数是指由法律规定的参加董事会会议的最低董事人数。规定法定人数的意义在于：参加董事会会议的董事人数只有符合法定人数，会议才属合法。由出席会议的董事中的多数通过的决议，应视为整个董事会的决议。采取的行动应作为整个董事会的集体行动，因而对公司具有约束力。法定人数并不是法定多数，法定人数可以低于简单多数,但不得少于公司董事总数的1/3。法定人数具体为多少,由公司法、公司章程和公司内部细则作出具体规定。

(5) 董事会会议上的表决。董事在董事会会议上表决时,每人一票,不得委托别人投票,但可以弃权,也可以不出席会议。董事会在通过决议时,只需出席会议的董事的简单多数同意就有效。在投票时,万一出现僵局,董事长往往有权行使裁定权,即进行决定性的投票。

公司内部细则一般规定,禁止与决议有利害关系(不管是直接的还是间接的利害关系)的董事参与对该决议的投票表决,但该董事有权获得会议通知,有权参加会议并就要作出决议的问题进行发言。

(6) 董事会会议的形式。董事会会议可以在会议室进行,也可以采取电话会议或电视会议的形式。此外,董事会还可以在不召集会议的情况下,采取集体行动。只要注明将被采取的行动的书面同意书经全体董事签署,该书面同意书就与合法的董事会会议表决结果一样具有同样的效力。通过电报电传方法签字也可生效。

(7) 董事会会议的记录。必须对董事会会议的进程和实质性内容作出记录。会议记录一旦被会议主席签署,就作为会议已经召开、记录在案的决议已被通过的证明。会议记录应公开,随时接受董事的审阅和检查。

三、公司监督机构

(一) 公司监督机构的成立

公司的决策权和管理权大部分集中在董事会成员和经理人员等少数人手中,这是提高公司经营管理效率的需要。为了防止他们滥用权力,违反法律和公司的章程,损害公司所有者的利益,所有者即股东要对他们的活动及其组织的公司的业务活动进行检查和监督,这种监督权由公司的监督机构来执行。要理解公司监督机构,需把握以下几点。

(1) 监督机构由若干个监督人员组成,一般称为监察委员会(或监事会)。监督的主体是监事。由于监督的主体不同,可以把它同来自其他方面对公司的监督区分开来。例如,公司有来自主管机构的监督,这种监督分为事前监督和事后监督两个阶段:①事前监督主要指公司注册登记时主管机关对它的监督、检查,凡发现违反者或不合程序者,不予登记;②事后监督指公司设立以后的监督,审查各种财务报表,派人检查公司的业务和财务状况,如有违反情况依法处理。此外,公司还有来自消费者等方面的监督。

(2) 监督机构的基本职能是监督公司的一切经营活动。由于其职能不同,就可以把它同公司的其他组织机构区分开来。董事会负责公司的重大经营决策,总经理全面负责公司的日常业务活动。因此,为了完成其监督职能,监事会成员就得参加董事会会议,以便了解决策情况。同时他们又要进行业务活动的全面监督。

(3) 监督机构是受股东大会委托进行监督的,其目的是为了抑制公司管理人员的违法行为,直接保护所有者利益。

由于监督的目的和层次不同,可把监督机构的监督职能同经营管理机构本身具有的监督职能区分开来,即尽管两者的最终目的相同,都是为了所有者的利益,但是两者的直接目的却在属于不同的层次上。董事会执行机构的监督是为了监督其决策是否被贯彻执行以及经理人员能否胜任;监督机构对业务活动的监督是为了检验决策是否正确,若发现偏差,便及时纠正。

(4) 无论监督的主体、客体如何不同,要使监督达到客观、公正,就要求监督者站在公正的立场上,不受任何私人的感情因素影响。要做到这一点,就要使监督独立,也就是要使监督主体不受监督客体的影响,尽可能地使两者不发生利害关系上的联系。在公司中就要求董事和经理人员不能兼任公司的经营管理工作,除非他们脱离原来的工作。

(5) 监督机构必须与决策机构、执行机构分开。因为监督机构履行监督权的职能,而只有将监督权同决策机构和执行机构履行的决策权分开,才能使公司形成自我激励、自我约束的机制。

(6) 监督机构实行集体监督。只有实行集体监督,才能保证监督的公正性。

(7) 监督实行任期制,以保证监督的连续性。任期长短与董事会的任期一致。

(8) 监督机构的组成。监督机构一般由两部分组成:一是股东代表;二是公司内部职工代表。

(二) 监督机构的形成及其成员的选任

公司监督机构的具体形式,各国的做法不同。日本公司的监督机构是由一个或数个监督人组成。英国公司的监督机构是由查账员组成,其职能是审核管理部门提交给股东大会的财务报表。在美国的公司中,一般没有独立的监督工作机构,但董事会内部的一个公司机构——审计委员会负责监督和委托审计的职能。

为了更好地完成监督职能,对公司经营管理活动的监督应该是全面的。不仅要进行会计监督,而且要进行业务监督;不仅要有事后监督,而且要有事前监督(即计划、决策时的监督)。同时单靠一个人完成这项监督任务易出现漏洞,因此以数人组成的监督委员会是较适当的形式。在这个机构中,每个成员具有相同的权力,但职责上有所分工。

关于监事的资格,各国的做法也不一样。在日本,对检查人资格没有限制,但会计检查人必须是公认的会计师或检查法人。在英国,查账员的唯一资格要求,是他们必须是公认的注册会计师或是被贸易部承认的会计师协会的成员。

关于监事的选任,既要求他们具有一定的资格,更应该重视他们的素质。为了做到监督的独立,保证监事站在公正的立场上不受经营管理机构的影响,监督机构成员不是由管理机构选任,而是由股东大会直接选举产生,并且对股东大会负责。

(三) 监督机构的职权

监督机构要根据国家法律和公司章程来行使监督任务,其职权由公司章程规定,具体职权由股东大会来规定。

1. 业务监督

监督机构对经营管理机构的业务监督包括如下方面：

(1) 参加董事会会议，并可申诉自己的意见，但无表决权。

(2) 通知经营管理机构停止其违法行为。当董事或经理人员执行业务时违反法律、公司章程，以及从事登记营业范围之外的现代公司管理业务时，监事有权通知他停止其行为。

(3) 随时调查公司的业务和财政状况，审查账册文件并有权要求董事公司向其提供情况。

(4) 审核董事会编制的、提交给股东大会的各种报表，并把审核意见向股东大会报告。

(5) 当监察委员会认为有必要时，一般是大公司出现重大问题时，可以召集股东大会。

2. 代表公司职权

代表公司职权一般归属于经营管理机构，但在以下情况下，监督机构有代表公司职权。

(1) 当公司与董事间发生诉讼时，除法律另有规定外，由监督机构代表公司作为诉讼一方处理有关法律事宜。

(2) 当董事为自己或他人与本公司有交涉时，由监督机构代表公司与董事进行交涉。

(3) 当监事调查公司业务及财务状况、审核账册报表时，代表公司委托律师、会计师或监督法人。

四、经理人员

经理人员是指公司中具体掌握和处理公司事务，对外可以在董事会授权范围内代理或代表公司进行商业活动的公司职员。经理的设置由公司章程规定。在有数名经理时，应有一人为总经理，经理只是负责某一项业务或某一部门的工作，总经理负责公司的全部业务活动。经理是由公司董事会聘任的职业经营管理者，他们不是政府官员，没有行政级别，有的可能会成为企业家，但不一定都是企业家。

经理一般只能由具有权利能力和行为能力的自然人担任。法律一般不禁止董事兼任经理，但监事、审计人员不得同时担任经理。经理一般不兼任董事长，但在某些情况下也可以兼任，即在董事长缺席或失去行为能力的情况下，经理具有董事长所拥有的一切权利，并履行董事长的一切职责。

经理不实行任期制，公司经营得好，经理可一直干下去，如果公司经营得不好，公司可随时解除经理的职务。因此不实行任期制，有利于激励经理始终如一地为公司尽力，避免其短期行为。

1. 经理的职权

经理在董事会的授权下，执行董事会的战略决策，实现董事会制定的经营目标。经理一般有以下职权：

(1) 执行董事会的决议。

(2) 主持公司的日常经营和管理活动。

(3) 拟定公司发展规划、年度生产经营计划、年度财务预算方案、股利分配方案及弥补亏损方案。

(4) 经董事会授权,对外代表公司签订合同及处理重要业务。

(5) 定期向董事会报告业务情况。

(6) 行使公司章程规定的,以及董事会授予的其他职权。

经理在董事会授权范围内有独立的指挥权和组织权。但经理与董事会之间是委托代理关系,不是一般意义上的领导与被领导关系。经理与副经理、部门经理之间的关系才是领导与被领导的关系(包括人事任免权和奖惩权)。

2. 经理的义务

公司经理主要有以下义务:

(1) 基于聘任关系而产生的义务。包括不得逾越权限的义务等。

(2) 竞业禁止义务。即经理人员不得为自己或他人进行属于公司营业范围内的行为,并且不得兼任其他与本公司有竞争关系的公司、企业的经理或董事。但是,如果向董事会说明其行为的重要性以及对本公司的有利之处,经许可后,则可以解除竞业禁止的限制。

(3) 其他义务。即经理承担的公司会计表册签名盖章的义务。

3. 经理的职责

公司经理主要有以下职责:

(1) 对公司的责任。经理在行使职权的过程中,必须严格遵守法令、章程、股东大会和董事会决议的规定。如违反这些规定给公司造成损失,须对公司承担赔偿责任。

(2) 对第三者的责任。经理在执行公司业务中,如因违法而使他人受到损害时,对他人应与公司一起负连带赔偿责任。

4. 经理的任免

股份有限公司中,董事会以决议的形式,可以在任何时候免除经理(包括总经理和副总经理)的职务。在有限责任公司中,经理的任免由股东会议决定。在有些情况下,法院也有权任免各类经理人员的职务。如果上述免除不公正,经理可以向法院起诉,要求公司赔偿由此而引起的各种损失。但经理因违反法律、公司章程或公司内部细则的决定、董事会的决议或因本人的失职而造成的经济损失,要以自己的财产给予赔偿。

第四节　对经理人员的监督和激励机制

亚当·斯密说:“对于经营者,作为其他人的资产而不是自己的资产的管理者,他们不可能像经营自己的钱那样尽心尽力地经营别人的钱。”这就需要建立对经理人和其他代理人的监督和激励机制。应当认识到,对经理人员的监督和激励机制是公司治理的着力点。

一、对经理人员的监督机制

公司所有权与经营权的分离，股东利益与经理人员利益的不一致，说明了公司管理中存在“道德风险”。公司管理丑闻的不断出现，则从实践上说明了建立监督机制的必要性。

1. 董事会对经理人员的监督

董事会是股东的受托人，是股东利益的代表者，董事会的一项重要职责是挑选、聘任、监督、考核高层管理人员。特别要监督经理人员是否依照法律和公司章程进行活动，有无损害公司利益牟取私利的行为。董事会要对高层经理人员经营活动实行必要的监督。由于董事与经理人员接触较多，人际关系较密，且有共同利益，可能产生勾结牟取私利的问题，因此，董事会对经理人员的监督有局限性，这就需要通过增设独立董事、监事会和外部监督等来弥补。

2. 监事会对经理人员的监督

监事会是由股东大会选举出来，受股东大会委托，对股东大会负责的监督机构。监事会的职责，就是抑制公司经理人员的违法行为，直接保护公司和投资者的利益。监事会对经理人员的监督，主要是通过参加各种会议，审核各种报表，调查公司的业务和财务等途径来实现的。

3. 股东对经理人员的监督

通常认为，股东的投资目的是得到长期收益，因而股东的有效监督可保证经理人员行为的长期性。因为股东是通过股票市场和股东大会投票这两个途径来实施自己的监督权的，所以股东监督有效的前提是股东能够明确公司绩效对自己的影响，因而在预期收益下降时，就抛售股票或集中投票替换董事会成员，从而促使经理人员更换。但事实上，许多股东对公司经营管理的注意，只是一时好奇，并不长久，个人投票在众多股东投票中微不足道，再加上信息费用高昂，所以很多股东是不关心公司的经营状况的，他们几乎从不阅读公司的财务报告，即使阅读，从中也看不出什么名堂。他们的目的只是求得较高的股息而已，得到高股息则心满意足，股息低时则怨声载道。从股票升值与现期股息的比较来看，股东往往更偏重于后者。

为了解决个人股东监督偷懒问题，防止经理人员侵犯股东利益，一些股东就把投票权集中起来，组成一个或几个投票集团，由投票集团行使监督、控制经理人员职能。第二次世界大战后，西方国家出现的信托投资公司、共同基金等机构，就是这方面的典型例子。他们掌握的股份甚多，投票权力很大，对经理人员有最后的选择权。一般认为，这种持股机构能恢复股东的监督地位，保持对经理人员的有效监督。但是，由于信息不全、成本高昂等原因，他们一般不利用或者不愿意利用自己积累起来的投票权，当某一公司经营出现问题时，与投票替换现任董事及经理人员相比，他们也许更愿意卖出股票，寻找新的股票，因此不能笼统地认为机构或股东团体的监督是十分有效的。

4. 市场对经理人员的监督

为了弥补公司内部监督的局限性，就需要增加外部的监督，主要是市场机制的监督。市场对经理人员的监督包括产品市场、资本市场和经理人才市场的监督。

（1）在公司经理人员的外部制约因素中，产品市场是基础，具有最重要的作用。因为无论是当前的绩效，还是以后股价的波动，归根到底取决于公司经营状况的好坏，即产品市场对经理人员的监督是通过消费者选择来实现的。因此，市场竞争可以提供有效的约束，使经理人员感到有压力，必须努力搞好公司的生产经营管理。因为如果长期经营不善，股东与董事会将会采取措施替换在职经理人员；如果公司在竞争中失败，公司资不抵债，只得宣布破产。这不仅会使股东和债权人蒙受损失，而且破产意味着经理人员经营管理能力低下，也会损害经理人员的人力资本。因此，经理人为了保持和提高自己的地位和名誉，就会尽力经营公司，进行产品和技术创新，提高产品的竞争力。

（2）资本市场对经理人员的监督也有重要作用。因为公司是向资本市场寻求资金来源的，所以公司经理人员权利的行使，应受支配资本市场的公众舆论与标准的严格限制，支配资本市场的公众舆论与标准的严格限制，要顺应股东——投资者的期望。在资本市场上，投资者通过对公司的评价，提供或拒绝提供资本，对经理人员实行奖励或惩罚。其中，收购是反对经理人员偷懒的一种重要手段。当经理人员不能实现利润最大化，使公司的股票价值下降时，如果其他企业家知道如何更好地改善公司的绩效，使公司实现利润最大化，自己能在公司绩效的改善中有利可图，那么他就会购买该公司，更换现有经理人员。在资本市场和股票市场对经理人员的监督中，股票市场对经理人员的制约具有重要作用。它是通过股东“用脚投票”的方式来贯彻所有者的意志，简洁地约束经理人员。“用脚投票”的约束力很强，因为它所体现的所有者的意志实施的全方位、潜在约束力每时每刻都在进行。

（3）经理人员在经营人才市场上受到的竞争约束，对监督其行为具有关键作用，它给经理人员以晋升的可能和被取代的压力。经营人才市场是对经理评价、监督和筛选的一种社会化机制。经理不是持股所有者身份，而是以自己“人力资本”所有者的身份进入公司的。在这时，个人的知识、经验、声望、经营管理能力等于是这种”人力资本”的实体。董事会聘任经理人员要作慎重选择。如果说，这种选择是内部化的，那么，选择标准和选择条件却是外部化的。市场机制的功能和作用是借助于竞争才得以贯彻的。竞争不但可以对经理人员的实际能力和经营绩效作出动态化的鉴别、比较和评价，而且给予经理人员以潜在的动力和压力。经营人才市场的竞争迫使经理人员对公司资产经营管理尽职尽责，努力工作，否则他不仅会被淘汰，而且可能使个人“人力资本”贬值甚至身败名裂。

经理人员除了受市场机制监督之外，还受到来自政府、银行和中介机构等其他机构的监督。

二、对经理人员的激励机制

对经理人员的激励机制，是指为经理人员设计一套激励制度，通过这套制度的运行，使股东的利益与经理人员的利益尽可能一致。选择的激励制度是否有效，关键是看经理人员在追求自己利益的同时是否追求股东和公司的利益。经理人员的激励机制主要反映在经理人员的报酬上。报酬主要采取薪金、奖金、在职消费、持股、期股、股票期权和优厚退休金等形式。

1. 以限期绩效为标准设计激励机制是顺理成章的,因为经理人员的责任是把公司经营好。

公司经营得好,就意味着经理人员的经营能力强,经营中不存在或很少存在偷懒行为,因此,经理人员应得到更多的报酬。这种以限期绩效为基础设计的动力机制,一般能反映经理人员的能力。但是,也不能把这种激励机制绝对化。从绩效的主要内容——利润来看,经理人员在短期内可以制造出不真实的、或者扭曲了的利润。例如,可以利用会计手段做假账、虚报收入或少摊成本,也可以通过过度利用资产,加速资产实际折旧过程,或损害公司名誉及良好的人际关系等无形资产,而使利润增加,使利润达到经理人员所期望的水平。另外经理人员的辛苦劳动不一定反映在利润上。公司的一些投资活动,尤其是长期投资,虽然会为公司的长期发展奠定基础,但在现期或近期内可能会使公司的利润下降。由于现期绩效有时不一定能准确反映经理人员的贡献,并且很可能诱使经理人员出现短期行为,在以绩效为基础设计经理人员的激励机制时,应将现期绩效与未来绩效结合起来。以未来绩效为基础设计经理人员的激励机制的主要形式是期股和股票期权等。

2. 期股是指投资者与经理人员协商确定股票价格,在任期内由经理人员以各种方式(个人出资、贷款、奖励部分转化等)获取一定比例的本企业股份。

期股在股份出售前,其估值有分红等部分权利,股票的收益只能在中、长期兑现,例如任期届满或任期届满若干年一次性兑现。期股的优点是使经理人员的股票收益难以在短期内兑现,股票的增值与企业资产的增值紧密联系起来,这就促使经理人员更多地关注企业的长期发展和长远利益 ,从而在一定程度上解决经理人员的短期行为。经理股票期权,是西方国家广泛使用的激励方式。据统计,全球前500家大型工业企业中有90%的企业向其经理和高级管理人员实行了股票期权的制度。所谓经理股票期权,是指在签订合同时向经理人提供一种期限内按照某一既定价格购买一定数量本公司股份的权利。

应当指出,许多对经理人员的激励机制都植根于西方成熟的市场体系和企业制度之中,同时,这些制度本身也存在不少缺陷。因此,如何在中国的转型经济中有效运用这些激励制度,使之更好地发挥应有的作用,是我们需要努力解决的问题。

总之,对经理人员进行激励的方式有很多种,每个公司都要根据本身的具体情况,设计出适合本公司的激励方式,才能实现对经理人员的有效激励。

思考与练习

1. 什么是公司治理结构,各国公司治理结构有哪些特点?
2. 公司治理结构的基本原则有哪些方面?
3. 简述公司治理结构的类型及其作用。
4. 简述对经理人员激励的基本形式。
5. 试述对经理人员的监督机制的主要内容。

第五章　公司经营管理者

【内容提要】

公司法人是若干自然人个体的集合,因而有别于单个的自然人。公司法人与自然人之间的一个重要区别就是公司法人内部存在着领导与被领导的关系。本章介绍了公司管理者的含义、特征、地位、职能;研究了公司组织管理体制,并对公司管理者应具有的技能和素质进行分析。

第一节　公司管理者及其特征

公司是被法律赋予行为能力并承担相应的法律责任与义务的组织。公司活动产生的经济利益关系使得公司管理体制区别于行政机关等非营利性组织的管理体制。管理学家对管理下过很多定义,并且不同的学派也有着不同的说法。比如,管理过程学派把管理理解为计划、组织、领导、控制的过程;管理行为学派则以研究人的行为和处理人际关系作为管理的本质;决策学派认为管理就是决策。这表明不同的学派对管理概念的理解侧重点不同。但无论其强调的重点如何不同,都离不开一个共同的基础,即管理是协调劳动产生的职能。

一、公司管理与公司管理者

公司管理有着复杂的含义。公司是运用社会所提供的资源,通过管理者的经营活动,转化为社会所需要的产品和服务,并将其提供给社会的经济组织。管理是公司实现这一基本经济职能的关键手段。公司作为一个系统,它既是由人力、资金、设备、技术、信息等各种因素构成的有机整体,又是与外部环境相互联系、相互影响的开放系统。因此,管理不仅要把人、财、物、技术、信息等各种资源有机地结合起来,而且必须研究适应外部环境的特点与要求。

管理既是一门科学,又是一门艺术。在公司中,所有承担和履行管理职能、从事管理工作的人,统称为管理者。管理者在从事管理工作的时候,既需要运用经过系统研究得来的知识,还必须运用在实践经验基础上掌握的管理艺术和技能。作为现代公司的管理者,既掌握系统的管理知识,又在管理实践中不断检验、提高自己的分析和判断能力,掌握根据实际情况灵活解决问题的技巧。因此,公司管理者的素质高低和管理工作的好坏,直接决定着公司的生存和发展,以及公司全体员工的利益和前途,也直接决定着整个社会的经济发展和生活水平的提高。管理者是推动社会前进的中坚力量,是保证公司兴旺发达的关键因素。

二、公司系统与管理者的特征

公司是一个系统,公司管理也是一个系统。与管理的系统特点相联系,公司管理者具有以下特征。

1. 公司管理者是一个群体,而不是一个人或少数几个人。

公司作为由集资联合而组成的企业,与业主个人经营的企业相比,其规模大,经营范围广,经营管理活动复杂,所以任何公司都不可能只靠一个人管理而取得经营的成功,而是要集中许多专业管理者,从而在公司内部形成一个管理者集团。公司管理者集团是由处在不同层次、不同部门的经营管理人员构成的。在规模较大的公司中,即使在某一层次、某一部门,其管理者也不是一个人,而是一个群体。如公司的战略管理层就不仅仅是董事长或总经理,还包括了董事会的董事、副总经理等。

2. 构成管理者群体的各个要素互相联系、互相依存、互相作用和互相制约,并形成一个有机的整体。

主要表现为:(1)所有者和管理者具有一个共同的总目标,共同承担和实现着公司整体的经营职能;(2)将公司整体的经营管理职能进行专业分工,使不同层次、不同部门的管理者各自承担独特的责任,其责任的范围、内容及其履行是互相联系、互相制约的。既存在从上到下的权责授予和指挥控制关系,又存在前后左右的责权分配、业务分工的相对独立关系。各层次、各部门管理人员必须将自己的职责任务与其他管理人员的职责任务和目标结合、衔接起来。

公司管理者的特征告诉我们,公司在对管理者的选聘和配置上,必须注意形成有效的团队结构和管理组合;公司的管理体制调整时,必须相应地对其人员的结构进行调整。调整不应局限于数量上,而更应注重人员的素质与个性。

三、公司结构与管理者的层次

在小公司里,管理的各项工作往往可以由经理一个人承担,或者经理再雇几个助手,把一部分工作分派给助手去做。但在较大的公司里,管理工作就不是一个人或少数几个人所能应付的。随着公司规模的扩大,管理工作也更加专门化。管理工作专门化就是对管理进行专业化分工,其中一种重要方式就是垂直专业化分工。垂直专业化分工的重要成果是创造了等级链,即指挥和报告责任的链环,形成了分等级、分层次的管理系统。在这个垂直系统中,每个等级或者层次都安排有一些管理人员,相应地形成了管理者的层次划分。

不同的公司组织,其管理系统内部的具体组织等级,即管理层次多少是不等的,其相应管理层次所采用的名称也不相同,但大体上都可以划分为三个层次,即高层管理、中层管理和作业层管理。其管理人员也就包括三个层次,即最高管理层、中间管理层和作业管理层。

1. 最高管理层

最高管理层包括公司董事会董事、董事长、总经理、副总经理、秘书和其他高层领导机构的首脑等。最高管理层是掌握公司重大战略的决策权和整体经营活动的执行、控制。最高管理层的职责是制定公司的长远目标和总体战略,全面组织和确保战略计划的实施,以及评价整个公司的业绩等。最高管理层的管理者对董事会或直接对公司的所有者负责,并向其报告工作。

2. 中间管理层

中间管理层一般包括工厂经理、部门经理,有时还包括车间主任。中间管理层的职责是把最高管理层制定的长远目标、整体战略和综合规划加以具体化,在职责范围内制定实施计划,并确保其贯彻执行。他们接受高层管理者的指挥,并且向最高管理层负责;分工领导公司的分支机构,拥有在这个分管范围内的决策权、指挥权和控制权;他们负责协调基层管理人员的工作;还必须与同级的相关部门的管理人员进行协商,协调部门之间的关系;在高层管理和基层管理之间,他们起着上情下达、下情上达的中枢联络作用。

3. 作业管理层

作业管理层包括工长、车间主任和其他职能部门的基层单位主管人,如销售部的广告经理和产品经理、人事部的人事经理等。作业管理者的职责是根据中间管理层制定的计划和规定的程序,去协调基层组织的基本工作,具体地实施各项业务。高层和中层的各项要求,都要在这个层次上得到落实。基层管理人员是负责协调非管理人员的工作。他们的下属可能是一般工人、销售人员、办事员等,他们处在和一般职工直接地、面对面地接触的位置。基层管理者的职能虽然是作业管理职能,但具体内容却是多方面的,如生产制造现场管理者的职能包括:作业准备、生产作业计划、产品质量、作业分配、指导训练、整理整顿、车间纪律、安全卫生、成绩查定、提案奖励等,这些工作在这个阶层中都集中到一名管理者身上。作业管理层直接向中间管理层报告工作。

上述分析表明,这三个层次管理者的工作内容和性质有很大的不同。作业管理人员所关心的主要是具体工作的完成,而最高层则对公司的长远目标和战略规划更感兴趣。当然,有关管理者阶层的划分是按一般情况来分析的。在现实的公司管理组织中,存在着极为复杂的情况,各种划分也存在职能交错的关系,有时一名管理者承担的职能,可能跨越两个阶层。在一些大型、甚至特大型公司中,则可能需要在中间管理层和作业管理层之间再设立管理层次。

第二节　公司的组织管理体制

公司管理体制的产生与发展,经历了一个漫长的历史演变过程。早在古希腊和古罗马时代,就出现了股份制度的萌芽。12 世纪时的地中海热那亚人为了海上远征的需要,曾用类似于股份制的形式来筹措资金。16 世纪国际贸易的重心由地中海转到大西洋,英国出现了一批以海上扩张为目的的贸易公司,其组织形式主要就是股份合资经营。当时的公司通常是由一些商人、贵族、官吏等投资入股形成的，公司有关事务由股东们集会讨论决定。那些投资额较大的人总是在公司的决策问题上享有较大的发言权，充当领导的角色。现代公司逐渐发展为一种比较稳定的企业组织形式，产生了以股东大会和董事会为特征的公司组织管理体制。

一、公司所有权与经营管理权相分离

现代公司领导体制的一个重要特征是公司的所有权与经营管理权的分离。这种分离表现为拥有公司的人常常并不参与或过问公司的日常经营管理，而经营管理公司的人也并不一定是公司的所有者。

如果说独资企业或者合伙企业的所有权和经营管理权是同时集中在少数人的手里，那么现代公司的所有权则是分散在大量的股东手里。某些国家的公司法规定，至少需要有7~12名以上的股东发起，才得以成立公司。一家现代上市公司的股东数量常常是数以万计的。这些人数众多的股东可能属于不同的社会阶层，从事着不同的职业，也可能分散居住于全国各地乃至于世界各地。由于股东数量庞大，即使单纯从技术的角度来看，由众多的股东直接控制和管理公司已经成为不可能的事。同时，现代公司经营管理的复杂性和激烈的市场竞争，对经营管理工作本身也提出了很高的要求。今天，不具备相当的经营管理知识和技能，就不可能领导一家现代公司。股东作为公司的所有者，并不见得人人都具备领导现代公司的能力和素质。许多股东，特别是为数众多的小股东，他们作为股东投资的目的，并不是为了管理和控制公司，而只是为了分享公司红利，使自己的投资增值。在证券市场高度发达的条件下，许多人投资公司股票的目的甚至不是为了分享公司红利，而是为了从公司股票价格的涨落波动中投机套利。这样，股票投资者之类的股东对公司的领导权就更不关心了。

一般来说，股东总是希望自己投资的公司的经营管理状况良好，能够较多地分享公司的利润。因此为了自身的经济利益，许多股东不得不放弃对公司经营管理的控制权，让具有经营管理专业知识与能力的经理人员来管理公司，以保证公司在激烈的市场竞争中的盈利能力。现代公司的所有权与经营管理权就是这样发生了分离，并产生了一个领取薪金的职业化的公司经理人阶层，形成了具有一系列特点的现代公司的管理体制。

二、股东大会和董事会之间存在着信任委托关系

董事是股东的受托人，承担受托责任，受股东大会的信任委托，托管公司的法人财产和负责公司经营。董事和股东不是个人之间的关系，而是股东大会与董事会之间关系的表现。股东大会与董事会这种信任委托关系主要表现为：

(1) 一旦董事会受托经营公司，就成为公司的法定代表。股东既然将公司交由董事会托管，出于信任，不得干预董事行为和公司管理事务，这是公司作为法人的条件。而且，股东也不能因商业经营原因，例如非故意的经营失误，而任意罢免董事。如个别股东对受托经营的治理绩效不满，即对董事会不信任时，可以不再选举他们连任或转让股权。不过选举不能由单个股

东决定,而要取决于股东大会投票的结果,如董事违背公司法和公司章程的规定,或采取欺骗、隐瞒等手段而使股东利益受到侵害,股东可以以玩忽职守、未尽到受托责任而起诉董事,并追究其法律责任。

(2) 委托经营的董事不同于受聘经理人员,不兼任执行人员的董事,一般不领取报酬,只领取一定的津贴或称车马费,表明不是雇佣关系,而是信任委托关系。在有限责任公司的情况下,由于股东的人数较少,董事会的成员多半具有股东身份,这意味着大股东直接控制公司。在股份有限公司情况下,董事会主要由经营管理专家以及社会人士组成。

(3) 在法人股东占主导地位的情况下,大法人股东往往派出自己的代表充当被持股公司的董事。这时,公司特别是关联公司的经理人员,由于懂得经营和业务,往往成为被持股公司董事的合适人选。

三、董事会与公司经理人员之间存在着委托代理关系

董事会以经营管理知识、经验和创新能力为标准,挑选和聘任适合于本公司的经理人员。经理人员作为董事会的代理人,拥有管理权和代理权。前者是指经理人员对公司内部事务的管理权;后者是指经理人员在诉讼方面及诉讼之外的商业代理权。这种委托代理关系的特点在于:

(1) 经理人员作为代理人,其权利受到董事会委托范围的限制。包括法定限制和意定限制,如营业方向的限制、处置公司财产的限制等。超越权限的决策和被公司章程或董事会定义为重大战略的决策,要报请董事会决定。

(2) 公司对经理人员实行有偿聘任,经理人员有义务和责任依法经营好公司的业务。董事会有权依经理人员的经营绩效进行监督,并据此对经理人员作出奖励或处罚的决定,并可以随时解聘。

四、股东、董事会和经理人员之间存在着相互制衡关系

现代公司通过明确划分股东,董事会和经理人员各自的权力、责任和利益,形成三者之间的制衡关系,最终保证公司制度的有效运行。

(1) 股东作为所有者掌握着最终的控制权,他们可以决定董事会人选,并有推选或不推选直至起诉某位董事的权力。但是,一旦授权董事会负责公司经营管理后,股东就不能随意干预董事会的决策,更无权对公司经营活动进行干预。

(2) 董事会作为公司的法人代表全权负责公司经营,拥有支配公司法人财产的权力,并有聘任经理人员的权力。但是,董事会必须对股东负责。要建立股东与董事会之间的制约与均衡关系,股权不能过分分散化,否则,容易使股东失去对董事会的控制,对公司的有效运营不利。

(3) 经理人员受聘于董事会,作为公司的意定代理人统管公司日常经营业务,在董事会授

权范围之内,经理人员有权决策,其他人不能随意干涉。但是,经理人员经营绩效的优劣,也要受到董事会的监督和评判。

第三节　公司管理者的职能

公司的各级管理者要协调公司及其内部各部门所有人员的活动,以实现公司的目标。要成功地完成这一任务,管理人员必须进行计划、组织、领导和控制等工作,这些工作就是管理人员履行的基本职能。计划、组织、领导和控制这四项职能,是相互联系、相互依赖的。

一、计划职能

计划是管理的首要职能,这不仅因为在逻辑上它是首先发生的职能,而且计划工作还渗透到其他三项职能之中。计划职能是管理人员确定希望达到的最终成果以及实现这些成果的适当方法、手段、行动方针和实施程序的管理活动。这就是说,计划归根结底包括两项基本活动:一是确定目标;而是决定如何达到这些目标。从本质上说,计划不是着眼于现在,而是着眼于未来,其基本功能是为未来的活动提供方向。

1. 计划工作的第一项基本活动是确定目标

管理者在确定目标时,要考虑四个方面因素,即目标的优先顺序、目标时间、目标结构和目标的共同性(员工对组织目标的认同)。

(1) 目标的多元性和优先顺序。公司不仅要确定其使命和目标,而且要在所有关键领域确定目标。所以,计划工作要确定的目标是多元的。多个目标是相互依存的,但并非具有同等的重要性。一方面,在一定的时间内,往往是某一个或某几个目标的实现,要比实现其他目标更为重要;另一方面,某些目标具有相对重要性,无论何时,它们都是实现其他目标的必不可少的条件。由于目标客观上存在相对重要程度的差别,因此应确定目标的优先顺序,以作为分配资源的依据,使管理者能够合理分配资源。

(2) 目标时间。目标时间即组织实现目标所需要的时间,对目标时间的安排应考虑以下两个方面的问题:一是目标制定不仅要考虑当前,而且要考虑将来,应具有行动时间长短不同的目标,一般分为长、中、短期目标。二是不同时间的目标应具有阶段连续性,即分阶段的短期目标是逐步实现中期目标的基础;而分阶段的中期目标又是逐步实现长期战略目标的基础。为此应把短、中、长期目标相互衔接起来。

(3) 目标结构。公司的总体目标必须分解为各个部门各个层次的目标。如果某个部门的目标不能实现,可能会危及到别的部门的目标乃至公司总目标的实现。与公司经营相关的不同社会集团都关心公司的经营,但他们的期望和利益可能是互相矛盾的。在确定目标的过程中,必须看到这些利益集团的重要性,计划必须考虑和体现他们的利益并把他们结合起来。

(4) 目标的共同性。目标只有被员工所了解和理解,并且真正作为自己的目标,而不是上级或管理者单方面的目标时，才会成为强大的激励力量，才会带来好的、更有效的成果。为此，在制定目标时，每一级管理者都应和下级进行充分的协商，使之参与制定自己所属的工作目标。这样可以增强下级管理人员和员工对公司和上一级组织目标的理解和认同，更好地把组织目标和个人目标结合起来，使每个管理人员和职工都为实现共同的目标努力。

2. 计划工作的第二项基本活动是确定如何实现预定的目标

(1) 拟定计划是考虑的基本问题。拟定计划时要考虑的基本问题可以概括为六个方面。即5W1H研究：做什么、谁去做、什么时候做、为什么要这样做、在何处做、怎样做。

(2) 计划的基本步骤。计划的过程应按照科学的程序进行。通常要达到一个目标，可能有几种不同方案，管理者的任务就是要能够提出实现目标的不同方案，并从中选定一个合理的方案。可见，计划的过程是决策的过程，必须遵循决策的科学程序与方法。

(3) 计划的系统化。所谓计划的系统化即首先在最高经营层建立与整个经营目标相联系的总体经营计划，然后在中间管理层制定各个部门的职能计划，最后在作业管理层制定基层的管理计划和现场作业计划，从而形成与公司经营结构相关联、以战略计划为依据的系统化的不同管理层次和不同部门的计划。

可见，计划工作是各级、各部门管理者都要进行的一项活动。但处在不同组织层次的管理者，其计划过程及所制定的计划的复杂程度，计划的时间长短则是有区别的。越是高层次的管理者，其计划工作越是复杂，越是侧重于制定较长期的、关系全局性的计划；越是低层次的管理者，其计划工作相对越简单，越是侧重于制定短期的、局部的、具体的计划和工作程序。

二、组织职能

组织作为管理的一项职能，是指依据某些原则把人与工作、人与人有机地结合起来，形成分工协作的系统，以实现经营目标的过程及其管理活动。组织是使计划得以实现的手段和保证，因此如果计划和目标发生了变化，组织结构也应该相应地进行调整。

1. 组织工作的内容

组织工作所包括的内容一般可概括为以下四个方面。

(1) 目标任务分析。即确定组织的目标和任务，并在此基础上，明确为了达到组织的目标和任务，需要完成什么工作，从事哪些活动，从而把目标和任务分解为各项具体的业务和工作。

(2) 工作任务的分工。即按照一定的原则，将各项具体的业务和工作加以归并、分类、组合成各个组织层次、部门和职务。这也就是组织结构框架的确定过程。这一过程可以采取自下而上的分工组合方法，即先确定完成所有工作所需的职务和岗位，然后按一定要求，将岗位和职务组合成不同的部门，再划分出管理层次。也可以采取自上而下的组合方法，即先根据企业的基本职能和集权分权原则确定管理层次；再确定各层次应设置的部门；最后将每个部门应承担的工作，分解成各个职务和岗位。随着管理层次、部门和职务的确定，其各自承担的职责和工作内容也需要加以明确。

(3) 组织的统一化。在明确各层次、部门和职务的工作内容、职责范围、确立分工关系的同时,还必须确定上下管理层次之间,左右管理部门之间,相关职务之间的协调方式,交流沟通渠道和控制手段,以便使各个组成部分相互协调,在追求目标时,在方向上取得一致,在时间上互相配合,在行动上互相协作,联结成一个有机整体。

(4) 把工作分配给个人,并赋予相应的职权。根据工作的要求配备合适的人员,同时把完成工作所需要的权限赋予管理者和职工。

2. 组织工作的原则

管理者要想建立起一套合理的,高效率的组织体系,必须遵循一些基本的原则。这些原则包括:

(1) 统一目标原则。这一原则一方面要求依据公司的目标任务进行工作任务的分解组合和部门分工;另一方面,又要求组织中所有部门,都要为完成组织的总目标而努力,公司的各个部门都必须互相协作,互相协调。

(2) 统一指挥原则。这一原则要求组织的指挥命令系统明确,每个人只接受一个上级的命令,上级的上级不得越级指挥。

(3) 合理授权原则。各级主管人员不可能,也不应该事无巨细一概包揽所有管理工作,而应该把一部分工作交给下级去做,同时将权限授予下级。权限应根据下级的能力而定,凡下级能胜任的事,原则上应该由下级去处理,但授给下级的职责权限,应该是下级能力所及的。在授权过程中应实行例外原则,即把那些不重要的决策和例行性的工作授权给下级处理,重要决策和例外事项留给自己处理。应当注意的是,职权可以分授给下级,但责任则不可推卸,无论管理者向下级授予的职权有多少,对工作的最后成果都要由其本人向上级负责。

(4) 责、权对应原则。分配给下级任务时,必须赋予其完成所承担任务和职责所必需的相应的权利,权利和职责必需对应。

(5) 有效管理幅度原则。由于管理者的精力有限,能有效管理的下属的人数也是有限。这个限度取决于管理者本身的知识与能力、工作的性质、管理控制的方式以及下级的素质等。所以在建立组织时,管理者应该根据具体情况,决定管理的幅度,将管理幅度控制在能有效管理的人数之内。

(6) 精简原则。在完成相应的目标、任务的前提下,做到层次尽可能少,机构尽量精简,人员尽量精干。

(7) 灵活性原则。公司外部环境的变化以及内部职工的态度和士气的变化,都会对公司造成很大影响,管理者必须适应内外条件的变化,调整自己的组织工作。

在公司中除了正式组织外,还存在非正式组织,管理者应正视这一事实,充分认识非正式组织在管理中的重要意义,设法利用非正式组织为完成公司的目标服务。

三、领导职能

领导是在实施计划的过程中，管理人员通过指令、指导、激励、促进和鼓励等方式，调动下属的积极性，发挥每个人的作用，以实现公司目标和计划的一种管理职能。领导是指面向被管理者及其行为的，并且大部分工作在下级执行任务时是面对面地进行的。因此，领导涉及人的因素，涉及人与人的关系，准确认识和妥善处理是有效领导的关键。

管理者在执行领导职能时，须做好以下几方面的工作。

1. 向下级发布命令

向下级发布命令是指挥下属的基本形式。要保证指挥的有效，就必须做到：

(1) 命令要清楚准确，易于理解，不可模棱两可，似是而非或含混不清容易引起误解。

(2) 命令应及时、迅速地传给下级。

(3) 能够及时地检查了解下级对命令的理解情况。如给下级发问的机会，让下级复述和说明上级发出的命令等。

(4) 命令执行的情况要及时反馈。要做好信息沟通工作，采取适当的沟通方式，建立有效的沟通渠道。

2. 提供有效的指挥

有效的指挥主要体现在两个方面：

(1) 采用灵活的指挥方式，以适应人们的不同特点和要求。管理者对下级的指挥并非要事无巨细都给予具体指示。有的人理解能力较低，对工作不熟悉，责任心较弱，需要给予具体的指示和监督；有的人理解能力较高，则应该提供较为粗略而明确的指导，更多地发挥其主动性和创造性。这样才有利于充分发挥每个人的作用，更好地实现组织的目标。

(2) 改进指挥方式和领导作风，使下级自觉地接受和服从上级指挥。这意味着管理者不能只依靠等级权威、强制服从的方式下达命令、进行指挥，还必须采取协商式、参与式等民主的领导方式，运用自身的影响力去影响、修正下级行为，实现领导的职能。

3. 进行有效激励

领导工作的基本目标在于有效地调动下属的积极性，出色地实现组织的既定目标。为此，管理者要深入了解自己的下属，了解他们的需要和动机，掌握他们的兴趣、习惯和特长，并根据不同人的不同情况，采取不同的措施和方法，有效地激发每个人的积极性、主动性和创造性。

4. 坚持指挥的统一性

每个管理者都应该在自己的职责权限范围内，负起指挥下级的责任，而不应向上级或同级的其他管理人员推脱自己的责任。同样，每个管理者也不应越俎代庖，超越本身的职责权限去越级指挥，或者在同级间交叉指挥。即使当下属管理人员在指挥工作中遇到难题时，也要坚持对其提供指导，让其亲自解决问题，而不是代替下级去处理问题。

四、控制职能

控制就是管理者对计划的执行情况进行监督、检查、分析,明确已订计划是否符合实际,并采取措施纠正偏差或者使偏差保持在规定的范围内,以确保计划目标实现的管理活动。因此,控制职能和计划职能是密切相关的,一旦计划付诸实施,控制是必不可少的。控制是计划的保证,计划则是控制的依据。

1. 控制的过程

控制过程包括以下基本步骤:

(1) 制定绩效标准,这些标准就是公司所规定的计划目标及其具体指标。

(2) 将计划完成情况和计划目标加以对照,即用标准衡量实际成果,找出偏差。

(3) 分析造成偏差的原因。

(4) 采取纠正行动和措施,以保证计划目标的实施。

2. 有效控制的基本要求

管理人员要实行有效控制,就必须建立一个有效而可靠的控制系统。对这样一个系统的主要要求是:

(1) 及时性和准确性。控制信息必须准确、及时地发送给管理者,只有如此,管理者才能据此及时采取恰当的矫正行为。

(2) 信息传递的适应性。控制信息必须传递给有关的单位,即授权采取纠正措施的负责单位和个人。

(3) 经济性。设计控制系统要讲求经济效益,即要考虑控制所支出的费用和其所带来的效益之间的关系,在能够实行必要控制的条件下,尽量简化控制。

(4) 重点控制。正因为控制的成本很高,控制要讲求经济性,所以没有必要对公司各个方面的业务都进行控制,也不需要对所有出现偏差都加以纠正,而只需要进行重点控制。重点控制主要体现在两个方面:一是只对关键控制点进行控制。所谓关键控制点就是对某项工作的成败、目标的完成与否起关键作用的那些事项。管理者的一个重要任务就是找出关键控制点,信息的收集与监测工作也主要应放在这些关键点上。这样便可以大大减少整个系统的信息收集与传递工作量。二是偏差的纠正采取例外原则。所谓的例外原则是指发生一般偏差时,不采取纠正措施,只有发生重大偏差时,即发生了例外情况时,才采取措施加以纠正。因此,管理者在这方面的重要任务就是规定重大偏差的标准。

五、管理者职能在不同管理层次上的区别

上述的管理职能,适应于公司内部的一切管理者。公司内部所有的管理者,不论他是哪个部门的主管人,他们都要进行计划和组织工作,都要从事领导和控制活动,即他们的基本职能都是一样的。

但是各个层次的管理人员在执行这四项职能时又是有区别的。这种区别主要表现为两个方面：

（1）各个层次的管理人员在四项职能上所花的时间是不相等的，一般来说，越是高层次的管理人员，用于领导和控制方面的时间越少，在计划和组织方面花的时间就越多。一个公司的总经理和高级行政负责人，其大部分时间都致力于有关计划和组织方面的工作。他们负责制定公司的目标、战略和政策，组织编制计划，决定执行这些战略计划所需要的工作人员。而一个部门的基层管理人员，则将大部分时间用于指挥其下属业务人员的工作，并对工作成果的数量和质量加以控制。

（2）各个层次的管理人员在执行同一种职能时，其职能活动所涉及的范围和重要程度不同，相应地执行职能及其要求，或所形成结果的复杂程度也不相同。高层管理人员的计划、组织、领导和控制活动是全局性的、战略性的，而中层和基层这些方面的职能活动是局部性的、战术性的和执行性的。因此，高层管理人员在执行这些职能时要考虑更多的因素，还要把外部环境和内部环境条件结合起来，形成方案，作出选择并组织实施。中层管理人员主要负责完成局部的分管任务，把高层的战略任务和基层的作业活动衔接起来，实现转换和协调，其考虑的因素相对要少，且主要是公司内部的因素，执行职能的过程及其结构的复杂程度较低。基层管理人员负责作业现场的计划安排、人员组织、工作及其成果的检查，相比之下则更简单、单纯一些。

管理者在管理职能上的差异，说明不同层次的管理者应具有不同的技能和素质。

第四节　公司管理者的技能和素质

管理者通过管理职能进行管理。而管理者能否成功地履行管理职能，实现有效的管理，在很大程度上取决于他们是否具有作为管理者所应该具有的管理技能和素质。

一、管理者的技能

美国著名的管理学家罗伯特·卡茨指出，每一个成功的管理人员，根据他所处的管理地位，不同程度地具有三种基本技能，即技术技能、人际技能和概念技能。判断有无技能的主要标准，是看一个人能否在不同的条件下作出有效的行动。各种技能包括了相关的观念、知识以及在实践中灵活运用并有效工作的能力和技巧。

1. 技术技能

技术技能是指管理人员在其所管辖范围内，必须了解、掌握、熟知并能运用有关的专业知识、方法、程序、工具和技巧等，具有在专业范围内的分析能力和解决问题的能力。如机械制造厂的车间主任和工长，必须了解其所制造机械的性能、结构、制造工艺，了解其生产设备的特点、操作方法和维护保养的要求；会计主管必须懂得如何记账，如何提供和说明有关的财务数据等。否则,管理者就不可能有效地指导下级做好工作。

技术技能对于有效率的生产经营是不可缺少的。现代工商企业的许多巨大进步都应归功于技术技能。但在不同的管理层次中,技术技能的相对重要性则有所不同。一般来说,在基层管理中,它的重要性最大。基层管理者要直接组织、指导、检查、监督作业者的工作,因此,他们必须熟知自己所管辖业务的有关事项,包括专门知识、专业范围内的分析能力,特别是有关工作的做法、方法、过程、程序、手续以及工具和技巧等,并能够灵活、熟练地加以运用。管理的阶梯越向上走,离作业现场和实际操作越来越远,技术技能的重要性也变得越来越小。对高层管理人员来说,其技术技能的需要还因公司规模的大小及经营特点的不同而不同。在大公司中,主要行政负责人下面有大批的助理人员和干练的、有经验的专业技术人员帮助他解决特殊的业务或技术方面的问题,他可以不需要具备多少技术技能;而在小公司,没那么多的技术专家,主要负责人就需要具有较多的技术技能。

2. 人际技能

人际技能简单地说是与人合作共事的能力。这种技能又可以分为两个方面:一是在管理人员自己的单位中建立同心协力工作的氛围,充分发挥部下的积极性和潜在的能力;二是处理好与相关单位和部门之间的关系,建立起与同级或上级的充分合作关系的能力。管理者的人际技能表现在以下方面:

(1) 能够了解每个人对他人和群体的态度、思考方式和信念,并了解这些因素的影响、作用结果和界限。

(2) 善于灵活地与人交往和沟通,理解或者接受他人与已不同的观点、信念及言行,同时,将自己的观点、信念及言行的意图有效地传递给他人。

(3) 了解组织中各下级成员的需要、动机和能力并灵活地采取各种措施,有效地激励下属,发挥每个人的能力和专长。

(4) 创造民主参与管理和激励员工或下级管理人员负起更大责任的环境条件和氛围,实现有效领导。所有这些方面的要求,其核心在于对人持有正确的观念,重视人的因素并在实践中运用这些观念,发挥人的作用和能力。

人际技能对于各个层次的管理者来说都是重要的,各个层次的管理人员不仅应有自知之明,而且必须要有对他人、对人与人之间关系的敏感性和正确理解。但对于不同层次的管理者,其着重点不同。对于较低层次的或中层的管理人员来说,他们同下级人员直接接触的次数和频率多,因此,妥善处理单位内部的人际关系,调动下属的积极性,形成通力合作的团体氛围的能力极其重要。在较高的管理层次上,处理单位或部门之间关系的技能就变得更加重要了。

3. 概念技能

概念技能概括地说是指管理者能够全面地认识在他的工作中或与其工作相关的各种因素及各因素之间的相互关系,综合分析并判断不同因素的相对重要性和地位,并从整体出发,在相互冲突的价值观、目标和因素间寻求平衡的技能。具体来说,这种技能表现为:

(1) 管理者把公司或者其管辖下的组织看成一个有机整体的能力。包括能够识别组织中的彼此互相依赖的各种职能和活动;他们之间存在怎样的相互关系;一个局部的变化怎样影响其他部分。如把销售、生产、研究与研发、财务、人事理解为构成整体经营的互相依存、互相作用的基本职能,当销售政策有重大改变时,要充分考虑到这种改变对生产、科研、财务以及所涉及的人产生的影响。这种考虑至关重要。

(2) 能够正确分析和理解外部环境的各种因素与公司经营的关系,预见环境的发展变化趋势,当将要发生或发生了某种新变化时,能迅速把握这种情况,并能判断其可能对其他方面产生的影响。

(3) 当为解决问题而提出某种方案、政策或措施时,管理人员必须能够全面地考虑和预计实施中可能遇到的问题,及其可能产生的后果。

(4) 管理者所采取的每一项重要决策,都必须在互相冲突的价值观、目标和标准中求得平衡。管理者必须能够发觉这种冲突,识别其相对重要性和优先顺序,提出或选择使用于全局的可行性的解决方案。概念技能对各级管理者都是必要的,但对于较高层的管理人员来说具有更加重要的意义。在公司的最高层,概念技能成为所有能力中最重要的一种。高层管理者概念技能的强弱,关系到公司的成败。

总之,有效的管理取决于三种基本技能,所有管理人员都需要在三种技能的每一种技能上具有某种程度的本领。即使最底层级的管理人员,也必须经常使用这三种技能。但这三种技能的相对重要性,随着各级管理责任的不同而有所不同。越是较低的管理层次,技术技能的重要性就越明显。随着管理层次的提高,技术技能会变得相对不太重要,同时对概念技能的需要却迅速增加。在公司的最高层,概念技能成为所有成功管理者的最重要的技能。人事技能对于所有层次的管理者都是同等重要的,但不同层次管理者又具有不同侧重点。

二、管理者的素质

现代公司管理者应具备下列几方面的素质。

1. 政治素质

政治素质是公司管理者政治观点、政治立场、思想品德、道德修养、工作态度的总和,是公司管理者素质的核心。作为公司管理者,应当具备以下几个方面的政治素质:

(1) 具有正确的世界观、人生观和价值观。由于现代公司的经营和管理活动是创造性的思维活动,是开拓性的复杂劳动,只有树立科学正确的世界观,坚持辩证唯物主义的认识论和思想方法,才会勇于探索、善于开拓、积极进取、永不懈怠。人生观从属于世界观,它是一定世界观在考察人生问题时的应用和表现。正确的人生观是正确的世界观的重要组成部分。作为公司管理者,应以正确的世界观为指导,站在人类社会发展的高度,对人生意义、价值、目标和态度给予正确的回答,立志为公司的生存和发展贡献毕生经历和智慧。一个人为社会进步和为人民谋利益的责任心越强,效果越大,时间越长,那么他的人生价值就越大。公司管理者人生价值的实现,就是他们对社会所作出的贡献。

(2) 具有强烈的事业心。公司在前所未有的经济环境里从事着前所未有的事业。这是一项艰巨而又光荣的任务。这不仅需要管理者有渊博的知识、经营能力、领导艺术,而且需要有专注于事业的热情。只有当公司管理者首先对自己所经营的事业倾注全部心血及热情,才能驱动他去努力追求他的经营目标,才能在困难面前百折不挠、勇于创新,使公司不断发展。

(3) 密切联系群众,发扬民主作风。公司管理者要有群众观点,要依靠职工群众,关心职工群众。工作上要走群众路线,把全体职工的积极性充分调动起来,共同完成任务。生活上要关心群众,与群众同甘共苦。同时,还要能够发扬民主作风,坚持民主集中制原则,集思广益,作好各项决策。

(4) 作风正派,办事公道。作为公司的管理者应做到坦率诚恳,不言过其实;坚持原则,不搞特殊化;克己奉公,不谋私利;言行一致,以身作则;任人唯贤,不计个人恩怨;办事公道,树新风正气。

2. 知识素质

公司管理者的知识素质,是取得事业成功的基础。现代公司只能由具有现代化知识的人领导。公司管理者的知识素质,很大程度上决定了他的能力,同时也影响着他的政治素质。因此,从总体上讲,知识素质必须与科学技术的发展、经济管理水平的提高保持一致,这是公司管理者能够跟上时代的关键。公司管理者应当掌握的基本知识,包括以下几个方面:

(1) 应当懂得现代市场经济理论。主要是关于现代市场经济运行中的价值规律、供求规律和竞争规律。管理者懂得一定的市场经济理论,才能站得高、看得远,有助于更好地领会、制定本公司的政策。

(2) 应懂得国家的政策法令,特别是有关经济方面的法令、条例、规定和制度。

(3) 应懂得公司经营管理的基本原理和方法。

(4) 应熟悉本公司生产业务知识。一个现代公司的管理者,最好是一个技术专家。懂得本公司和本行业的最基本的技术知识;懂得本行业的生产和技术状态在国内外同行业中所处的地位;懂得本行业科技发展动向和方向,以及本公司技术改造的重点、关键和步骤等。只有这样,才能使管理者充分发挥他的经营艺术和管理才能。

(5) 具有新的意识和观念。作为一个管理者,除了必须具有各种知识外,还必须不断更新自己的意识和观念,努力转变战略思想和经营管理思想,以适应新的更高的要求。

3. 技能素质

技能是人的才智在实际操作中的具体表现,是管理者发现问题、提出问题、制定目标、完成任务、获得成功的本领。技能素质是公司管理者一切素质的集中反映。

技能素质是一种综合性的能力,是多种能力的集合体。从公司管理者应具备的突出特点来看,应着重包括能够使公司不断前进的创新能力;运筹帷幄的决策能力;维持关系的协调能力;以及知人善任的用人能力。管理者的能力素质来自长期的锻炼,来自于理论与实践的结合,因此,已具有良好的政治素质和知识素质的公司管理者,应当勇于实践,不怕挫折和失败,并且勤于思索,善于总结经验,从而培养出多方面的思维能力和工作能力。

4. 心理素质

管理者的心理素质,是指管理者在个人身上所表现出来的本质的、经常的、稳定的个性心理特征。管理者良好的心理素质是实现公司经营目标、提高公司绩效的重要条件之一。它包括的内容比较广泛,对于公司管理者来说,应当具备以下三个方面的心理素质:

(1) 心理行为上的主导型。按照人与人之间心理行为的传递、接收和互相影响来划分,可分为主导型和依附型。凡主导型人才,思维能力强,勇于创新开拓,善于学习,办法见解多,在人群中往往是举足轻重的角色。而依附型人才属于角色的接收者,这种人表现的是一种顺势的行为。公司管理者的心理行为应以主导型为特征。如果管理者是依附型人才,是唯唯诺诺的顺势者,这个公司就不会有生气,开拓不了新局面。

(2) 人格心理上的外向型。人格心理特征可分为内向型、外向型、中间型。典型的内向型者爱沉思,喜欢独处,不喜欢与外界交往。典型的外向型者则开朗乐观,善于交际,敢于冒险,喜欢变化。一般人总是二者兼而有之,只是侧重不同。公司管理者的人格心理特征应以外向型为特征。因为公司是庞大的社会的一个细小的组成部分,在外界环境的挑战下,适者生存,不适者则被淘汰,所以,公司管理者必须以绝大部分精力应付挑战。外向型的管理者在处理每一件事情时,能专注于客观环境的变化,能着眼于未来的挑战,能尊重客观事实,准确地判断信息对公司生产经营的影响,及时调整措施和策略,使公司在激烈竞争中处于不败之地。

(3) 心理品质的果断顽强型。管理者的首要任务是决策,从决策者的心理特征分析,其素质类型大致有果断顽强型和多虑型两种。果断顽强是指能把经过深思熟虑后的选择,迅速、明确地表达出来,并为实现既定的目标鼓起勇气,动员全部力量坚定不移地执行下去。多虑型决策者的特征除了具有深思熟虑和沉着稳健的优点外,还有优柔寡断或犹豫不决,容易丧失良机,在十分紧要时刻容易导致失败的弱点。管理者的心理品质应以果断顽强为主导特征。在市场经济竞争十分激烈的条件下,既要求管理者要随机应变,又要求管理者在风险决策时果断稳健。在决策前多征询别人的意见,博采众长;决策后一旦遇到风浪,要置个人得失于不顾,勇往直前,与下属同舟共济。

5. 生理素质

生理素质即身体素质。具有良好的身体素质是人们从事事业应有的本钱。随着科学技术的飞速进步,公司管理者的工作变得越来越复杂。据统计,美国、德国、日本等国家的公司经理,每天的工作时间基本上都在 11 ~ 14 小时。我国的厂长经理每天的工作时间绝不低于上述数字。对于身担重任和工作如此繁忙,既用脑力又用体力的公司管理者来说,没有良好的身体素质是难以胜任的。因此,在培养、提高其他方面素质的同时,公司管理者还必须身体健康,具有强壮的体质、健全的神经、乐观的性格、充沛的精力。

思考与练习

1. 简答公司管理者的含义、特征及层次。
2. 简述股东大会和董事会在公司管理中的不同作用。
3. 简述公司组织管理体制的基本内容。
4. 公司管理者的基本职能包括哪些方面?
5. 简答公司管理者应具有的技能与素质。

第六章　公司决策管理

【内容提要】

决策是公司管理工作的核心。正如决策学派的代表人物H·A西蒙所说:“管理就是决策,决策就是管理。”可见,决策在公司管理工作中的重要性。本章介绍了决策的概念、决策的要素、决策的类型等决策的基本理论;重点介绍了定性决策方法和定量决策方法。如头脑风暴法、德尔菲法、决策树法等。

第一节　公司决策的基本理论

公司管理者在决策时离不开信息。信息的数量和质量直接影响决策水平。适量的信息是决策的依据,信息量大固然有助于提高决策的质量,但对公司而言可能不经济。而信息量过少则可能使公司管理者作出错误的判断。决策渗透到公司管理的各项职能工作中。要作出正确的决策,必须遵循一定的决策理论和程序,并选择适当的决策方法。在实际的公司管理工作中,既要了解决策的一般理论,也要掌握决策的定性与定量方法,只有定性决策与定量决策相结合,才能作出科学的判断。

一、公司决策的概念

所谓公司决策是指公司为了实现一定的目标,在两个或两个以上的备选方案中进行的分析判断过程。对于公司决策的概念可作如下理解:第一,公司决策是有目的的活动,公司决策的目的是解决问题和利用机会的过程。第二,公司决策必须有两个或两个以上的备选方案,只有一个方案可选就不是决策。多个方案才可以进行对比,分析每个方案的优缺点,最后作出判断。第三,公司决策需要一定的分析判断,其中有定性的分析,也有定量的计算。定性分析和定量计算结合使用才能作出正确的公司决策。第四,公司决策的本质是一个过程,这一过程由多个步骤组成,包括确定公司决策的目标,制定备选方案,分析评价备选方案,作出判断,执行方案并反馈。公司管理中所谓的决策不仅仅是作判断而是整个过程。

二、公司决策的要素

公司决策本身可看成一个系统。从静态角度看,公司决策系统一般由决策者、决策对象、决策环境、决策方法与技术、决策结果及决策方案等要素组成;从动态角度看,公司决策是由一系列前后相继、相互关联的工作过程组成,如明确问题、确立目标,拟定出若干可执行方案以作为对比的对象,综合抉择方案等。

公司决策的要素包括五个方面:

(1) 公司决策的主体,是决策最基本的要素,为最终决策结果负责的人。公司决策者可能是个人、团队或群体,处于公司决策系统核心地位的领导者,其素质、能力、水平如何将直接影响决策活动的成败。

(2) 公司决策对象是指公司决策所要达到的目的或需要解决的问题,决策对象的确立是科学决策的起点,它为选择行动方案提供了衡量标准,也为决策实施结果是否符合公司要求提供了比较标准。

(3) 公司决策环境是支持决策的外部条件,一个公司决策是否正确,能否顺利实施,它的影响效果如何,不仅取决于公司决策者和决策方案,而且直接取决于公司决策所处的环境和条件。

(4) 公司决策的方法和技术,即发掘备选方案、提供决策依据、补充决策思路的手段,决策者通过决策技术和方法从多种方案中选"优"。

(5) 公司决策结果是指一项决策实施后所产生的效果和影响,一切决策活动都是为了取得决策的结果。对每一备选方案的实施进行客观、公正的预测和评价,是方案择优的最终依据之一。公司决策后果要通过实施决策方案的形式来实现。

三、公司决策的类型

公司决策按不同的标准可以进行不同的分类。

1. 按决策影响的时间长短分,可把公司决策分为长期决策、中期决策与短期决策。

公司长期决策是指有关公司5年以上的发展方向的长远性、全局性的重大决策,又称战略性决策,如公司投资方向的选择、公司人力资源的开发和公司规模的确定等。公司中期决策是指1年以上5年以内的公司中期经营决策,如公司各部门的生产、技术、营销发展战略。公司短期决策是为实现中长期战略目标而采取一年以内的策略手段,又称战术性决策,如公司日常营销、物资储备以及生产中资源配置等问题的决策。

2. 从决策在公司中的重要性看,可把公司决策分为战略决策、战术决策与业务决策。

战略决策对公司最重要,通常包括公司目标、方针的确定,公司机构的调整,公司产品的更新换代,公司技术改造等,这些决策牵涉公司的方方面面,具有长期性和方向性。

战术决策又称管理决策,是在公司内贯彻的决策。公司战术决策旨在实现公司中各环节的高度协调和资源的合理使用,如公司生产计划和销售计划的制订、设备的更新、新产品的定价以及资金的筹措等。

业务决策又称执行性决策,是公司日常工作中为提高工作效率而作出的决策,牵涉范围较窄,只对公司产生局部的影响。属于公司业务决策范畴的主要有公司工作任务的日常分配和检查、生产进度的安排和监督、岗位责任制的制订和执行、库存的控制以及材料的采购等。

3. 按公司决策主体人数的多少,可把公司决策分为个人决策和集体决策。

个人决策是整个过程中只由一个人来完成的决策。个人决策具有反应快速、效率高和责任明确等优点。但是个人决策受到决策者的能力、学识、经验、性格以及动机、习惯、偏好等因素的影响,这些影响因素可能会对决策的有效性产生负面作用。

集体决策是决策过程的某一环节或整个过程是由两人以上的集体完成的决策。在一个正式的公司中,集体决策的数量往往多于个人决策的数量。这是因为集体往往比个人拥有更广泛的知识、经验和信息,有利于产生更加丰富多样的备选方案、提供更完整的信息,同时在决策执行的过程中,集体决策因为参与者增加,其代表性更大,因而能为更多的公司成员所接受。但集体决策也有一些缺点,如花费较多的时间、产生"从众现象"以及责任不明等。

4. 从公司决策所涉及的问题看,可把决策分为程序化决策与非程序化决策。

公司中的问题可分为两类:一类是公司例行问题;另一类是公司例外问题。公司例行问题是指那些重复出现的、日常的管理问题,如产品质量、设备故障、现金短缺、供货单位未按时履行合同等问题;公司例外问题则是指那些偶然发生的、新颖的、性质和结构不明的、具有重大影响的问题,如公司结构变化、重大投资、开发新产品或开拓新市场、重要的人事任免以及重大政策的制定等问题。公司程序化决策涉及的是例行问题,而非程序化决策涉及的是公司例外问题。

5. 从公司环境因素的可控程度看,可把公司决策分为确定型决策、风险型决策与不确定型决策。

确定型决策是指一个方案执行下去只会出现一种可能结果。它是在确定的条件下进行决策,掌握完整的信息,可以对所有决策方案的结果进行清晰的界定,公司决策者只需要对不同方案的结果进行直接比较就能甄选出较优方案。确定型决策的核心意思有二:一是提供公司决策选择的每个方案中,自然状态(影响决策的因素在客观上存在的可能情况)是完全确定的;二是每一备选方案目标能否实现是完全可以预见的,一个方案只能出现一个结果。由于方案本身与结果之间有着必然的对应关系,这类决策并不复杂,只需比较各个备选方案结果就知孰优孰差,就可作出抉择。

风险型决策是指一个方案执行下去将会出现几种不同的可能结果。它是在不确定的条件下进行的决策,可供公司决策选择的每个备选方案中,存在着两种或两种以上的自然状态,哪种状态会出现是不确定的,但公司决策者可对他们发生的概率作出大致的预计。这类决策结果也只能按某种概率出现。风险型决策中的风险来自于决策者,在可供选择的方案中对自然状态缺乏控制的能力,这类决策目标能否实现只能用概率来加以评估。

不确定型决策是一个方案执行下去将会出现几种不同的可能结果。它也是在不确定的条件下进行的决策,可供公司决策选择的每个备选方案中,也存在着两种或两种以上的自然状态,哪种状态会出现也是不确定的,但公司决策者对他们发生的概率没有客观估计,只能作主观预计。不确定型决策的不确定性在于公司决策者对未来自然状态的主观判断及所持的决策标准。

四、公司决策的模式

公司决策模式隐藏着决策最一般的活动规律。

1. 理性决策模式

理性决策模式最初由亚当·斯密提出，主要盛行于20世纪50年代以前。理性决策模是一种理想状态下的决策，是指公司决策者运用完整的理性决策程序作决策，在公司决策的整个过程中努力占有和理解所有与公司决策相关的信息，最后要得到的是最优的公司决策方案。其假设是：人是完全理性的经济人，经济人有完整的信息，具有完成特定目标而采取各种措施的能力，能够寻找到达成目标的所有决策方案，明确每个决策选择方案的收益与费用比例，准确把握每个方案的价值和优劣性以及优先顺序，然后从中选择出最有效的决策方案。

但事实上，实际公司决策中理性模式的运用是有难度的。一是经济人是理想状态下的假设，现实中难以具有完全理性及认知能力的人，所作出的公司决策未必是所有方案中最佳选择；二是影响公司决策的各种因素的复杂性难以预测，公司决策者不可避免地要受到知识、能力、资源、时间及其他环境因素的制约，追求最优化的目标使之在理论上具有一定的局限性；三是公司决策者有不同的价值观，是不同的利益的代表者，会从各自的利益看待决策问题，不同的人会有不同的认识与看法，对待同一问题选择方案往往也有很大差别。完全理性决策的实现难度较大，但是在追求尽善尽美中可以发现新方法、创造新事物，无限接近理性决策。

2. 有限理性决策模式

以西蒙为代表的管理学家认为，决策者受到决策环境、认知局限和个人价值偏好的影响，不可能是绝对理性的，因此提出了“有限理性”决策模式。西蒙认为人的理性介于完全理性和非理性之间，即人是有限理性的，这是因为在高度不确定和极其复杂的现实决策环境中，人的知识、想像力和计算力是有限的。决策者在识别和发现问题中容易受知觉上的偏差的影响，而在对未来的状况作出判断时，直觉的运用往往多于逻辑分析方法的运用。所谓知觉上的偏差，是指由于认知能力的有限，决策者仅把问题的部分信息当作认知对象。

由于受决策时间和可利用资源的限制，决策者即使充分了解和掌握有关决策环境的信息情报，也只能做到尽量了解各种备选方案的情况，而不可能做到全部了解，决策者选择的理性是相对的。在风险型决策中，与经济利益的考虑相比，决策者对待风险的态度起着更为重要的作用。决策者往往厌恶风险，倾向于接受风险较小的方案，尽管风险较大的方案可能带来较为可观的收益。决策者在决策中往往只求满意的结果，而不愿费力寻求最佳方案。正是由于理性有限，决策者不可能达到如理性决策模式所要求的那么完善，只能在有限的且力所能及的范围内，对可能找到的备选方案作出“满意的”或是“够好的”决策，因此，实际决策的模式只能是有限理性决策模式，即人们在决定过程中寻找的并非是“最大”或“最优”的标准，而只是“满意”的标准。

3. 直觉决策模式

公司管理者通常还运用直觉来帮助他们制定决策。直觉过程是人脑高速分析、反馈、判别、决断的过程，体现为敏锐的洞察力。直觉决策是一种基于公司决策者的阅历、能力以及知识积累的判断的潜意识的决策过程。直觉决策法是一种定性决策方法。直觉是客观事物在人们头脑中迅速留下的第一印象，是在极短的时间内，对突如其来的、超越逻辑的情况的顿悟和理解。一个问题的出现有很多种可能，解决这个问题自然也就要有很多办法，作为一个公司决策者在众多的可能性面前很可能就直接抓住一种可能，深信它的正确性并应用之于决策，这就是直觉。没有生活积累就不会有直觉，积累得越深厚直觉的正确性就越高。在公司的日常管理中，绝大多数决策是用直觉决策法得出的，但直觉决策法往往得不到管理者的重视，甚至被认为是一种鲁莽的、粗暴的决策方式，这主要是由于决策者经验不足或者出现某种幻象所致。

4. 现代决策理论

现代决策理论的核心是决策贯穿于整个管理过程，决策程序就是整个管理过程。

公司是由作为决策者的个人及其下属、同事组成的系统。整个决策过程从研究公司的内外环境开始，继而确定公司目标、设计可达到该目标的各种可行方案、比较和评估这些方案，进而进行方案选择，最后实施决策方案，并进行追踪检查和控制，以确保公司预定目标的实现。这种决策理论对决策的过程、决策的原则、程序化决策和非程序化决策、公司机构的建立同决策过程的联系等作了精辟的论述。

对当今的决策者来说，在决策过程中应广泛采用现代化的手段和规范化的程序，应以系统理论、运筹学和电子计算机为工具，并辅之以行为科学的有关理论。现代决策理论把完全理性决策理论和有限理性决策理论有机地结合起来，它概括的一套科学行为准则和工作程序，既重视科学的理论、方法和手段的应用，又重视人的积极作用。

五、公司决策的过程

公司决策是解决公司问题的过程。公司管理人员每天要解决的问题很多，问题的难度和特点也会不一样，如果能够找到解决问题的共同思路，不仅有助于问题的解决，还有助于提高管理工作效率。公司决策过程的研究就是为了达到这种目的。典型的公司决策过程包括以下五个阶段。

1. 明确公司决策目标

决策目标是制定和实施决策的基础，确定的目标只有含义明确、内容具体，才能对控制和实施决策起到指导和依据作用。明确决策目标要注意决策目标应有特定的内涵，切忌含混笼统。要明确决策目标是否有附加的约束条件。要确定衡量目标实现程度的具体标准。无论决策目标的内容和性质如何，其衡量标准都应尽量用数量指标表示，以利于监督、控制和检查评价。对于确实难以用数量指标表示的标准，则应在质的分析基础上尽可能加以精确描述。确定决策目标,不仅应根据管理需要,还要考虑可能。因为需要只是决策者的主观愿望,是希望解决的问题,但是这需要结合客观实际条件才能实现,即主观愿望必须切合实际,才有可能实现。因此,只有将主观需要与客观条件提供的可能性结合起来,决策目标才更有利于实现。

2. 拟定备选方案

在研究了现状取得了相关信息资料和确定的决策目标之后,接下来的步骤是寻找解决问题的可供选择的方案。公司决策者应该尽可能多地考察可供选择的方案,因为可供选择的方案越多,解决办法越完善。过去的经验、创造性管理方面的最新实践都有助于拟定备选方案。

备选方案产生的过程大致可分为以下步骤:首先,在研究环境和发现不平衡的基础上,根据公司的宗旨、使命、任务和消除不平衡的目标,提出改变的初步设想;然后,对提出的各种改进设想加以集中、整理和归类,形成内容比较具体的若干个可以考虑的初步方案;最后,在对这些初步方案进行筛选、修改和补充以后,对留下的可行方案作进一步完善处理,并预计其执行的各种结果,如此便形成了有一定数量的可替代的决策方案。可供选择的替代方案数量越多,备选方案的相对满意程度就越高,决策质量就越有保障。

3. 评价和选择方案

备选方案拟定以后,公司决策者应从自己内心对每一个方案的可应用性和有效性进行检验。公司决策者必须想像如果这些方案正在实施的话,结果将会怎么样。公司决策者必须对每一个备选方案所希望的结果和不希望的结果出现的可能性进行检验。可运用一些标准对方案进行比较。此外公司决策者不能只考虑备选方案的优越性,还必须在选择最佳方案时考虑到公司可利用的资源。

4. 决策方案的实施

选择出最佳方案后,公司决策过程还没有结束,公司决策者还必须使方案付诸实施。决策者必须设计所选方案的实施方法。一些决策者擅长于发现、确定备选方案和选择最佳方案,但却不善于将他们的想法付诸实施。一个优秀的公司决策者必须具备这两种能力:既要能作出决策,又要有能力转化决策为有效的行动。实施选定方案直接影响着决策的结果,因而需要制定实施选定的方案和配套措施,最基本的就是确定决策的执行者以及确保决策得以执行的资源。绝对优秀的公司决策是没有的。人们对决策对象及其环境的认识,总是有一定距离的。即使决策方案本身比较优秀,在执行中也可能遇到新的问题,出现新的情况。

5. 监督和评估

一个方案可能涉及较长的时间,在这段时间形势可能发生变化,而初步分析建立在对问题或机会的初步估计上。因此,公司管理者要不断对方案进行修改和完善,以适应变化了的形势。由于组织内部条件和外部环境的不断变化,公司管理者要不断修正方案来减少或消除不确定性,根据新的情况,建立新的分析程序。具体来说,职能部门应对各层次、各岗位履行职责情况进行检查和监督,及时掌握执行进度,检查有无偏离目标,及时将信息反馈给公司决策者。公司决策者则根据职能部门反馈的信息,及时追踪方案实施情况,对与既定公司目标发生部分偏离的,应采取有效措施,以确保既定公司目标的顺利实现;对客观情况发生重大变化,原先公司目标确实无法实现的,则要重新寻找问题或机会,确定新的公司目标,重新拟订可行的方案,并进行评估、选择和实施。

六、公司决策的影响因素

公司决策受到以下因素的影响。

1. 环境因素影响

环境对公司决策的影响是双重的。首先,环境的特点影响着公司的活动选择。公司决策要面临的环境包括公司经营的微观环境和宏观环境。微观环境是指与公司产、供、销、人、财、物、信息等直接发生关系的客观环境,这是决定公司生存和发展的基本环境。宏观环境是指对公司的生存发展创造机会和生产威胁的各种社会力量,包括人口环境、经济环境、自然环境、技术环境、政治和法律环境以及社会和文化环境。其次,对环境的习惯反映模式也影响着公司的活动选择。即使在相同的环境背景下,不同的公司也可能作出不同的反应。而这种调整公司与环境之间的关系模式一旦形成,就会趋向固定,限制着人们对行动方案的选择。

每个公司都与总体环境的某个部分相互影响、相互作用。公司的相关环境总是处于不断变化的状态之中。公司得以生存的关键在于它在环境变化时所拥有的自我调节能力。环境发展趋势基本上分为两大类:一类是环境威胁,另一类是市场机会。所谓环境威胁,是指环境中一种不利的发展趋势所形成的挑战,如果不采取果断的决策,这种不利趋势将伤害到公司的市场地位。所谓市场机会,是指对公司有吸引力或公司拥有竞争优势的领域。任何企业都面临着若干环境威胁和市场机会。

2. 过去决策影响

今天是昨天的继续,明天是今天的延伸。历史总是要以这种或那种方式影响着未来。在大多数情况下,公司决策不是在一张白纸上进行,而是对初始决策的完善、调整或者改革。公司过去的决策是目前决策过程的起点;过去选择的方案的实施,不仅伴随着人力、物力、财力等资源的消耗,而且伴随着内部状况的改变,带来了对外部环境的影响。过去的公司决策对目前公司决策的制约程度,主要受他们与现任公司决策者的关系的影响。如果过去的公司决策是由现在的决策者制定的,而决策者通常要对自己的选择及其后果负管理上的责任,决策者一般不愿对公司活动进行重大调整,而倾向于仍把大部分资源投入到过去方案的执行中,以证明自己的一贯正确。相反,如果现在的主要公司决策者与公司过去的主要决策者没有很深的渊源关系,则会易于受重大改变。

3. 决策者对风险的态度

外来条件不总能事先预料。现实生活中,许多管理决策都是在风险条件下作出的。所谓风险是指那些决策者可以估计某一结果或者概率的情形。如何对各种各样的行动方案进行概率估价呢? 如果情形相似的话,决策者可以依靠过去的经验或是对二手资料的分析。但是在公司运作中,没有两种情形是完全相同的。如果只根据过去的经验对预期结果进行概率估计,那么这种概率被称为客观概率;如果根据主观感觉对预期结果进行概率估计,则被称为主观概率。主观感觉是指一个人对问题及解决问题的行动方案的主观直觉,并不完全依赖过去的经验。对不同的行动方案估计概率并没有什么经验法则可以遵循。无论用哪一种方法,在风险条件下进行决策时,决策者所持的态度是一个关键因素。一些决策者是勇于冒险者,而另外一些决策者却是风险回避者。具有一定承担风险的能力是成功的管理者必不可少的,因为人们不是对过去的事作决策,决策必然是为将来而做,而将来总是包含着不肯定的因素,所以,那种有百分之百把握,不冒任何风险的决策,不但因为它过于保守不符合管理的需要,而且客观上也是很少有的。一般来说,那些看上去越是可能获得高收益的方案,包含的风险因素也越大,这已成为一种常识。因此,对公司决策者来说,一方面,基本的要求是要敢于冒风险,敢于承担责任,也就是说,要求公司决策者要有胆识,要有勇气;另一方面,公司管理决策不是赌博,敢于冒风险不等于蛮干。公司决策者必须清醒地估计到各项决策方案的风险承担;估计到最坏的可能性并拟定出相应的决策,使风险损失不致因其灾难性的不可挽回的后果。必须尽量收集与决策的未来环境有关的必要信息,一边作出正确的判断,同时还应考虑到是不是到了非冒更大风险不可的地步。

4. 组织文化的影响

文化通常是指人们在社会历史实践过程中所创造的物质和精神财富的总和。它是一种历史现象,每一个社会都有与其相适应的文化,并随着社会物质生产的发展而发展。一个公司的文化是由若干要素构成,并在不同程度上受到每个要素的影响。其中,对公司文化影响较大的要素有共同的价值观、行为规范。共同的价值观是指公司成员分享着同一价值观念。当公司观念灌输到公司中的时候,公司就会存在独特的同一性。行为规范是指公司所确立的行为标准。公司为了做到独具特色,需要规范自己的行为,影响公司的决策与行动。为此有的人认为组织文化是“一种非正式规则的体系,指示人们在大部分时间内应如何行动”。由此,可以看出行为规范的重要性。

公司的高层管理就是要开发与培育公司的文化,按照所期望的方式影响公司成员的行为。公司的管理人员在把握这些特征的同时,还应思考从公司决策的角度研究组织文化与公司决策的关系。特别是在实施一个新决策时,公司内部的新旧文化必须相互适应相互协调,这样才能为公司决策获得成功提供保证。虽然,决策时要考虑所作决策尽量与公司文化相适应,不要破坏公司已有的组织文化,但是,当公司环境发生重大变化时,公司应考虑到自身长远利益,不能为了迎合公司现有的组织文化,而将公司新的决策修订与现实公司文化标准相一致。

5. 决策时间影响

公司决策具有及时性,要受时间的制约。公司决策是在特定的情况下,把公司的当前情况与使公司步入未来的行动联系起来,并旨在解决问题或把握机会的管理活动。这就决定了公司决策必然受到时间的限制,一旦超出了时间的限制,情况发生了变化,再好的决策也不可能达到预期的目标。这类决策的重点在于抓住可利用的机会,制定长期决策,所以在制定和选择方案时,时间上相对宽裕,并不一定要求非得在某一日期以前完成。但是,也可能出现这样的情况,外部环境突然发生了难以预料、难以控制的重大变化,这种变化会对公司造成重大的威胁。这时,公司如果不迅速作出反应,改变原来的战略决策方案,则可能出现生存危机。这种时间压力可能限制人们能够考虑的备选方案数量,也使人们在得不到足够的评价方案所需信息的情况下仓促作出决策。面对这种难以预料与控制的变化,启用备用方案是一种更有效的对策,因为它能将方案考虑和准备与快速的应变有机地结合起来。

第二节　公司定性决策方法

公司定性决策方法主要是凭借公司决策者的知识、经验、阅历而进行的决策。其中又可分为个人决策与群体决策。一般来说公司群体决策优于个人决策。但公司群体决策往往发挥不了群体的作用,有些群体是形式上的,还是少数人说了算,没有发挥群体内每个人的作用。阿希试验证明了这一点,大多数人都存在从众心里,对此开发了一些克服从众心理的群体决策方法。要研究定性决策方法,我们先从个体决策与群体决策的比较分析开始。

一、群体决策与个体决策的比较分析

在公司中,群体决策的应用范围日益扩大,但这并不意味着群体决策一定比个体单独决策优越。在许多情况下,群体决策是无法取代个体决策的。群体决策与个体决策各有其特点和优势,也各有不足,它们在不同的管理情境下可以发挥各自不同的作用。

(一) 群体决策的优点

群体决策和个体决策各有优势,但不是可以适用于所有环境。与个体决策相比,群体决策有下面一些主要优点。

1. 决策质量高

群体决策可以通过综合多个个体的资源,汇集更多的信息和更为广泛的知识、经验与创造性,增加观点的多样性,可以对问题进行更精确的诊断并提出更丰富的备选方案,从而给决策带来更多的异质性。这样可以使决策考虑得更全面,减少了产生漏洞的可能性,因此决策质量相对较高。由于一个人的信息、知识、经验、创造性一般比不上群体,有时容易片面,除非决策者有极其丰富的经验和敏锐的直觉,一般情况下个人决策的质量比不上群体决策。

2. 决策的一贯性强

个体目标取向是动态的,处在不断的改变之中,个体决策尝试一种下意识的自然的思维活动,不一定会依照科学的决策程序进行。因此,个体决策可能变化无常,甚至前后矛盾。群体中虽然每个个体的目标取向也是动态的,但多元目标综合起来就会稳定得多,而且群体决策一般采用比较合理的决策程序,相对理性,所以决策的一贯性也比较强。

3. 决策可接受性高

许多决策在作出之后,因为不为人们接受而夭折。但是,如果那些会受到决策影响的个体和将来要执行决策的人能够参与到决策过程当中,他们就会获得较多的信息与信任,增强对决策的认同感和责任感,也就更愿意接受决策,并会自觉鼓励他人也接受决策,这样,决策就能获得更多的支持,执行决策的员工满意感也会增强。而如果采用个体决策的方式,就需要耗费许多时间和精力向组织成员解释决策,实施时也可能因为利益关系等原因而遇到阻力。

4. 增加决策合法性

群体决策过程与人们的民主理想是一致的,因此,被认为比个体决策更合乎法律要求。如果个体决策者在进行决策之前没有征求其他人的意见,决策者可能会被认为是独断专行的,这自然也会影响决策的实施。

(二)群体决策的缺点

当然,群体决策的缺点也是明显的,由于参与决策的群体成员倾向于把保持群体和谐一致作为目的,所以往往不能理智地分析各种备选方案,而表现出群体空想症。主要表现在以下几个方面。

1. 责任不清

群体决策常常会造成责任分散,在决策过程中个体喜欢分析情况、提出方案,但倾向于规避决策责任。有时会滥用表决权,将责任推给大家,造成决策结果无人承担责任的局面,特别是决策失误或决策失败时。

2. 决策成本高

组织一个群体需要时间。群体产生以后,群体成员之间的相互作用往往是低效率的,这样,群体决策所用的时间与个体决策所用的时间相比,往往要多得多,从而限制了管理者在必要时作出快速反应的能力。而且,群体决策所用的费用一般比个体决策多。

3. 从众压力大

群体中存在社会压力,群体成员希望被群体接受和重视的愿望可能会导致不同意见被压制,在决策时使群体成员都追求观点的统一。特别是在由不同层级的人员组成的群体中,下级往往不能真正参与决策,甚至会表现出为迎合上级意图而不提出自己真正意见的倾向。

4. 少数人控制

群体讨论可能会被一两个人所控制,如果这种控制是由低水平的成员所致,群体的运行效率就会受到不利影响。

(三)决策效果与效率比较

群体决策与个体决策究竟孰优孰劣,实际上取决于衡量决策效果的标准,并不存在绝对的优劣之分。就决策的准确性,或者说可靠性而言,群体决策更有优势。研究表明,群体决策比个体决策科学性更强。但就速度而言,个体决策优势较大。如果对决策的创新性要求比较高,那么群体决策更有效。如果最终方案的可接受性很重要,那么群体决策也比个体决策更适合。

但是任何决策都不能不考虑决策效率问题。就这一点来说,群体决策一般不如个体决策,只有很少的例外情况,即当进行一种决策需要了解多方面的信息,而这种信息的收集需要决策者花费大量的时间时,采用个体决策的形式可能会变得不如群体决策效率高。因为群体可以包括来自多个领域的成员,他们了解多方面的信息,寻求信息所花费的时间成本就可以大大减少。但是,群体决策在效率方面的优势,毕竟只是例外情况。因此,在决定是否采用群体决策时,应仔细权衡一下群体决策在决策效果上的优势能够超过它在效率上的损失。如果在效率上的优势不能替代其在效率上的损失,那么采用群体决策方式就会变得毫无意义,比如,将那些并不值得花费很大代价的次要问题也采用群体决策的方式。

群体为决策制定过程中的许多步骤提供了出色的工具,它使所收集的信息在深度和广度上有很大的优势。如果群体成员来自于不同背景,他们就能想出更多办法,作出更深刻的分析。当最后决策作出时,会得到更多人的支持,有更多的人来执行这个决策,但是群体决策这些优势可能被消耗的时间所抵消,比如,群体决策浪费时间,容易引发内部冲突和导致从众压力,压制不同观点。

为了帮助个人决策者进行有效的决策,可以考虑以下几个步骤。

1. 明确需求和目标

决策的动力来自于需求和满足需求之后的目标,这一步是所有决策的起点,与一般决策过程的第一步没有区别。

2. 作出是否征求员工想法的判断

个人决策的制定过程可以由决策者一人完成,也可以寻求员工的支持,征询员工的想法。

3. 比较各项选择方案

个人决策在比较选择方案的时候容易陷入的误区是对于过去经验的依赖,这时需要决策者再次回顾决策的目标,审慎的对各选择方案进行再次比较。

4. 评估负面情境

再好的决策条件也不能完全忽视可能出现的负面情境,必须随时考虑负面情境发生的可能性。因此,决策者应提前根据各种可能性,制定好防范措施。

5. 选择最佳决策方案

完成前面四个步骤后,决策者已经对各方案做到心中有数,这时候个人决策者最需要避免的是犹豫和自我怀疑,在决策者已经不能选择更好决策的情况下,决策者必须果断地作出决策。

二、群体思维与群体转移

从上面的分析中我们知道,群体决策的效果一般是优于个体决策的,但是如果处理不当,也会出现某些不良倾向,它们可能影响群体客观地评估各种方案和达成高质量决策的能力,因而受到了研究者们的高度重视。

(一) 群体思维

群体思维与群体规范有关,它是这样一种情况:由于群体中从众压力的存在,群体对决策中出现的不同寻常的、少数人的或不受欢迎的观点不能作出客观的评价。或者说,由于参与到一个统一群体中的人们倾向于一味保持所谓的思想上的一致性,而忽视了现实的各种可能行动方案的重要性。在这样的群体中,成员认为保持群体的统一,创造和谐的气氛具有特殊意义。由于把这样的目标摆在首位,往往不能理智地分析各种可能的备选方案,使决策质量受到很大影响。群体思维是伤害许多群体的一种疾病,它会严重损害群体绩效。

有过会议经历的人经常会发现这样一种现象:当会议召集人提出了一个方案后,要求参会的人提出问题时,场上往往会发生沉默。当召集人催问"有没有不同意见"时,也没有人吱声。这时,如果需要表决,召集人可能会催说"那我们举手表决吧",在场的绝大多数人可能会举手,这个方案就此通过了。但在会后,你却经常可以听到有的参会者其实心里有不同的意见,只是在会上没有说出来。

实际上,这样情况不仅在正式会议上、在课堂里或者非正式群体中也是经常出现的。有的人其实自己有想法,但最终往往会放弃表达出来。这多半是因为严重的群体思维倾向所致。这一现象一般发生在群体成员追求群体意见一致性的情况下,群体中寻求一致性的规范使群体无力采取行动来客观地评估待选方案,不落俗套、少数人的和不受欢迎的观点难以充分地表达出来。群体思维是个体在群体压力的作用下,在心智效率、对事实的认识和道德判断上出现了恶化。

作为群体的一个成员,肯定渴望被群体接受,这样就会倾向于按照群体的规范做事。事实表明,群体规范,尤其是非正式群体规范,比较强烈地受到模仿、暗示、顺从等心理因素的制约。研究显示,群体能够给予其成员巨大压力,使他们改变自己的态度和行为,与群体标准保持一致。

个体当然不会接受他们所在的所有群体给予他们的压力。他们只遵从自己认为重要的群体的规范,这些群体可能是他们现在已经参与的,也可能是他们希望以后能够参与的。这种个体认为很重要的群体,是参照性群体,其特点是:个体了解群体中的其他人;个体认为自己是这个群体的一员或者渴望成为这个群体的一员;个体感到群体中的成员对自己很重要。从这里也可以看出,不是所有的群体都能给予其成员相同的从众压力。

社会心理学中把个体的这种因群体压力而产生的行为改变叫做从众。群体对于成员的从众压力,及其对于成员个人判断和态度的影响,在美国心理学家阿希(Solomon Asch)的一个经典实验中得到了证明。阿希把7~9个被试者编成一组,让他们坐在教室里看两张卡片(见图6-1),一张卡片上画着一条直线,另一张卡片上画着三条直线。让大家比较三条直线的卡片上哪条直线与另一张卡片上的直线长短相等,在正常情况下被试者都能判断出 $X = B$,错误的概率小于1%。但阿希对实验预先作了布置,在9人的实验组中对前面8个人依次要求他们故意大声喊出一致的错误判断。例如,$X = C$。然后让事先并不知情的第9个被试者最后作判断。

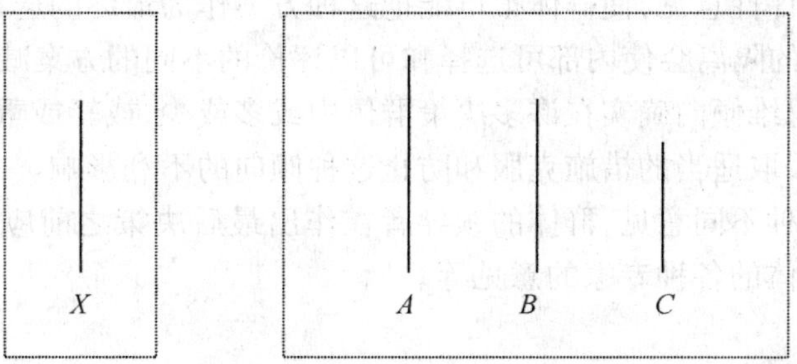

图6-1　阿希试验所用卡片举例

在经过许多组实验之后，阿希得到了这样一个统计结果：大约有85%的被试者选择了与群体中其他成员一致的回答。也就是说，他们知道自己的答案是错误的，但这个错误答案与群体其他成员的回答是一致的。

阿希实验的结果表明，群体规范能够给群体成员形成压力，迫使他们的反应趋向一致，人们都渴望成为群体的一员，而不愿与众不同。这个结论进一步推演开来：如果个体对某件事情的看法与群体中其他人的看法很不一致，他就会感到有很大的压力，这种压力会驱使他与其他人保持一致。

在阿希的实验之后，一些心理学家进一步分析了导致从众现象产生的因素。这些因素包括环境方面和个性方面。从环境方面来看，如果某一群体是一个人的参照群体，群体的意见一贯比较一致，群体比较团结，那么这个人就容易在群体的压力下产生从众行为；从个性方面来看，如果一个人的能力较差，情绪容易波动，自信心不足，在群体中经常要依赖他人，也容易产生从众行为。

群体思维现象似乎与阿希的比较线段实验的结论完全一致。如果个人的观点与出于控制地位的大部分成员的观点不一致，在群体压力下，他就可能屈从退缩或修正自己的真实想法或观念。作为群体的一员，人们会发现，与群体保持一致，即成为群体中积极的一分子，比成为干扰力量对自己更有利，即使这种干扰对于改善群体决策效果是必需的。

总之，群体思维一方面可能会提高群体的凝聚力和群体成员的自我满意感；另一方面也可能会降低群体决策的质量，使群体决策的效果比个体决策的效果更差。

当然，并不是所有的群体都容易受到群体思维的损害。研究发现，下列四种情形会对群体思维产生影响。

(1) 凝聚力强的群体内部讨论较多，能够带来更多信息，但这种群体是否鼓励群体成员提出反对意见，尚难确定。

(2) 如果群体领导公正无私，鼓励群体成员提出自己的意见，群体成员会提出更多的解决问题的方法，并进行更多的讨论。

(3) 群体领导在讨论初期，应该避免表现出对某种方案的偏爱，因为这样做会限制群体成员对这个问题提出批评性意见，使群体很可能把这种方案作为最终的选择方案。

（4）群体与外界的隔离会使内部可选择和可以评价的不同的方案减少。

尽管如此，群体思维倾向确实在许多决策群体中或多或少、或轻或重地出现。这提醒我们要注意这种倾向，并采取适当的措施克服和防止这种倾向的不利影响。一般来说，在组织群体活动时应鼓励发表各种不同意见，群体的领导者在作出最后决策之前应持中立态度，此外，还可以听取不属于本群体的各种专家的意见等。

（二）群体转移

一般认为，群体决策由于集思广益、博采众长，比个人决策更为合理、更为有效。但是研究表明，群体决策与个人决策相比，往往更倾向于冒险。群体转移就是指这样一种情况，即在讨论可选择方案、进行决策的过程中，群体成员倾向于夸大自己最初的立场或观点。在某些情况下，谨慎态度又可能占上风，形成保守转移。但是，在大多数情况下，群体容易向冒险转移。所以，群体转移常常也被称作冒险转移。

最近几十年来，有近百项实验研究了这种情况。这类研究一般都是把个体决策与群体决策的冒险水平加以比较。比如，将实验对象分为两组：第一组记录个人决策的冒险水平；第二组是由 3 ~5 人组成的决策小组。选择最佳决策方案，一般都要求全组作出一致同意的决策。

大量的研究表明，群体转移现象是相当普遍的，在大学生群体以及领导群体中都观察到这种现象。群体转移现象的发现令人感到意外，因为传统的观点一般认为群体决策应更小心谨慎，也更倾向于保守，但科学研究却证明群体行为有相反的趋向。因此，这个问题引起许多管理学者对探求群体转移原因的兴趣。综合起来，群体转移主要有下述四种原因：

1. 责任分摊

每一种包括风险的决策都与一定的责任相联系。责任往往引起决策人的情绪紧张，焦虑不安，不敢贸然采取有较高风险的决策。而群体之所以采取有更大风险的决策，是因为对决策后果的责任可由群体全体人员分摊，万一决策失败，追究责任时也不至于独自承担，这样就减轻了个人的心理负担。

许多研究证实了责任分摊的看法。首先，有些素来顾虑重重的人在群体讨论时竟然提出有很大风险性的决策意见；其次，当决策后果的责任由群体成员平均承担时，群体转移倾向更高；第三，凝聚力高的群体比凝聚力低的群体表现出更高的冒险精神。

2. 领导作用

在群体中总会有领袖或有影响的人物，他们在群体活动中起着特殊的作用。他们为了显示自己的才能与胆略，往往会采取冒险水平较高的大胆决策。同时，由于对群体成员具有较大的影响力，在决策中有较大发言权，他们会用各种方式证明他们采取的决策是有根据的，因而他们的决策会被群体所接受，变成群体的决策。

3. 社会比较作用

在许多群体内，提出有根据的冒险决策往往会得到好评。因此群体中的个人提出自己的决策意见时，往往要与别人的意见进行比较。如果个人的意见在冒险水平上低于群体其他成员的平均水平，则会感到不安，担心群体可能对他有不良的印象。比如，被认为思想保守、胆小怕事等。基于这种考虑，个人在参加群体决策时提出意见的冒险水平往往要高于单独决策时的冒险水平。这就是说，群体内成员的相互比较可能产生群体转移现象。

4. 文化放大

这种观点认为，若一个国家或社会的文化中占主导地位的价值观是崇尚冒险，则这种价值观会被"放大"，从而扩散且反映到该文化中的群体决策时，就可能会激励成员向他人表明自己至少与同伴一样愿意冒险。不过，在我国对文化中有关冒险还是慎重的价值观及群体与个体决策的冒险水平都还需进一步研究。

综上所述，这些特征都能够对群体转移倾向作出程度不同的解释，但也都不能解释所有现象。原因可能在于，造成群体转移倾向的因素是复杂多样的，在不同的情况下，可能有不同的因素在起主导作用，因此每一种解释都有其特定意义，它们应该是相互补充的。值得一提的是，虽然群体决策中具有群体转移倾向，但却不能据此认为群体决策向冒险方向转移是必然的规律。实际上，如果群体成员有较高的水平，凝聚力较强，目标一致，信息充分等，一般会作出适当的决策。而且，近年来决策理论研究又发现，群体决策也有向保守方面转移的倾向。所以有人提出应该用两极化倾向的概念代替群体转移，即群体决策会使群体成员的观点朝着更极端的方向转移，从而使保守的更保守，激进的更冒险。

总之，从实践的角度看，组织或群体中的管理者应该认识到，群体决策容易放大每个群体成员最初的观点，使之朝着更极端的方向转移。至于是转移到更保守的方向还是更冒险的方向，则要取决于群体成员个人在群体决策前的倾向。不过比较而言，群体决策的过分冒险倾向，在管理实践中更应加以注意和预防。

三、集体决策方法

（一）头脑风暴法

头脑风暴法是比较常用的定性决策方法，便于产生创造性建议，因此主要用于收集新设想。通常是将对解决某一问题有兴趣的人集合在一起，在完全不受约束的条件下，敞开思路，畅所欲言。头脑风暴法的创始人是英国心理学家奥斯本（A. F. Osborn），他为该决策方法的实施提出了四项原则：

1. 对别人的建议不作任何评价，将相互讨论限制在最低限度内。

无论发言多么离奇、不合理，都不许相互攻击、批评。会议不允许有对任何人的见解进行批评的行为，对任何提议、设想都不下结论。为了本原则得以实质性的贯彻，在会上也禁止溢美、吹捧之言。这样做的目的，就是为了让与会人员无所顾忌地畅所欲言。禁止批判是第一重要的原则，下列几条原则能否发挥它们的作用，直接取决于这条原则的落实情况。

2. 建议越多越好，在这个阶段，参与者不要考虑自己建议的质量，想到什么就应该说出来。

这条原则鼓励与会人员尽可能发挥自己的想像力、联想力，尽可能地多因素、多角度、多变量、多层次地考虑问题，摆脱传统思维习惯和陈规旧论的束缚，使自己的思维处于一个活跃、自由、独立的状态，尽力捕捉大脑闪现的思想火花。

3. 鼓励每个人独立思考，广开思路，想法越新颖、奇异越好。鼓励参与者海阔天空尽量发挥，见解提得越多越受欢迎。

会议对与会者所表达的想法是否成熟、是否深刻没有要求，只要求多提供思想的量与点。会议能集聚到更多的见解、主张、理解、看法，就为生成优质的解决问题的思想、方案提供一个扎实的基础。

4. 可以补充和完善已有的建议，以使它更具说服力。

与会者除了提出自己的意见外，还可以在吸收别人思想的基础上，从中提出更多的补充性思想，这有益于引起他人对原先提出的思想进行再思考。利用头脑风暴法要达成的就是这种思想碰撞与连锁反应的效果。

头脑风暴法的目的在于创造一种畅所欲言、自由思考的氛围，诱发创造性思维的共振和连锁反应，产生更多的创造性思维。这种方法的时间安排应在 1 ~ 2 小时，参加者以 5 ~ 6 人为宜。头脑风暴法有诸多一般会议讨论所起不到的作用，但也有一些局限性，主要表现在与会者素质可能参差不齐，所产生信息、思想的数量与质量受到他们的经验、知识、业务水平、思维能力水平等多方面的限制。主持者水平高低也是一个重要的影响因素。

在头脑风暴法的基础上，又出现了一种反向头脑风暴法，它也称质疑头脑风暴法。具体做法是：在召开头脑风暴法会议的基础上，召开第二次会议。这次会议的任务只对第一次会议提出的各种点子、见解、方案等进行质疑性评论，要尽量挑毛病，甚至达到吹毛求疵的地步。通过召开这样的质疑性会议，重新考虑决策性构想，使之完善。

（二）名义群体法

名义群体法是指在决策过程中对群体成员的讨论或人际沟通加以限制，小组成员互不通气，也不在一起讨论、协商，从而小组只是名义上的。这种名义上的小组可以有效地激发个人的创造力和想像力。像召开传统会议一样，群体成员都出席会议，但群体成员首先进行个体决策。具体步骤如下：

（1）主持者向与会者通知开会地点与时间，但不告知议题，而是在与会者到场后，再当场宣布议题。一般每次只讨论和解决一个问题，时间通常限制在 2 小时以内。

（2）在进行讨论之前，主持者宣布全体成员进行“沉默准备”，发给每人纸和笔，并规定时限（10 ~ 20 分钟），让每个成员写下自己对于解决这个问题的看法或观点。在此时限内成员不允许互相交谈，每人埋头就议题准备意见。据统计，在同样人数条件下，就同一议题，传统常规决策法一般可得到 7 ~ 8 项意见或方案，该法则可得到 17 ~ 21 项。

（3）在这个安静阶段之后，每个成员都要向群体中的其他人报告自己的观点，一个人挨一个人地进行,每个人每次只允许表达一种观点,并由记录员将发言要点记在大家可见的记录纸或记录板上。每轮发言的起点及顺序可由主持者随机指定,直到所有要表达的观点都被记录下来为止。这种做法可使每个人获得均等发言机会,不致或不易产生个别人控制会议等弊端。

(4) 群体开始讨论每个人的观点,对不明白之处提出疑问,并由原提议者解释澄清。

(5) 接下来每个群体成员根据自己的判断,独立对所有观点进行排序,如果被选意见过多,主持者可限定选取方案的数量。最终决策结果是排序最靠前,成员选择最集中的那个观点。如果是拟定解决某问题的措施,则主持者可酌情决定人选标准,如超过半数(或2/3,1/3)的备选方案即入选。名义群体法的主要特点,是允许群体成员正式地聚在一起,但是又不是互动群体那样限制个体的思维。

(三) 德尔菲法

德尔菲法最早是由兰德公司提出的,它是通过综合专家们独立表达的意见来对方案作出评价、选择的集体判断法。德尔菲法进行决策的过程是:选择专家。参与这种性质的活动,一要事先征得专家本人的同意,二要在专家的人选构成上充分考虑专家的各方面特质,达到合理匹配。向邀请的专家递送方案的背景资料、要求,所设计的调查表要简明扼要,所提的问题不能模棱两可。每位专家至少有一次以上地修改自己主观意见的机会。

1. 德尔菲法的具体实施过程

(1) 工作小组将征询的问题书面递交给专家,同时,提供问题背景材料、要求。每个专家之间彼此不联系,独立进行研究;专家将自己的意见以无记名的方式填于表内。

(2) 工作小组对第一轮征询的结果进行汇总整理,并将处理后意见分布和要询问的问题在第二轮征询表中加以反映。将此轮的征询表分送给各位专家,要求对所有的结果进行评价并说明理由。

(3) 收回并综合归纳,汇总整理第二轮对专家的征询结果。

(4) 根据情况再设计第三轮征询表,由各位专家继续填写,再次要求评价并陈述其理由。

(5) 汇总整理第三轮征询结果。如果意见较集中,就可结束这次决策问题的征询活动;若需要,还继续下轮的征询。

(6)分析处理最后一轮的专家意见,写出总结报告,报交决策者。

2. 德尔菲法的主要特点

(1)匿名性。参加决策的专家独立地作判断,互相不沟通,这可使专家较客观地发表意见。

(2)集体性。专家可从工作小组人员的反馈中得知集体的总体意见,并据此作出自己新的判断,最后得出的调查结论是集体意见的集中。

(3)规范性。运用统计学方法对专家们的意见进行定量分析处理。

3. 德尔菲法的优点

(1)避免迷信权威或以权威自居。被询问的专家是以匿名的方式被征求意见,互不见面,各抒己见。

(2)防止劝说性效应。避免口头表达能力强的人能够简明而有说服力地陈述自己的观点,影响到表达能力弱的人阐述自己的观点,或虽然掌握更有价值的观点和更有说服力的论据,却在前者面前止步。

(3)防止潮流效应。在背靠背的情况下,带有突破性的新观点不会因为是少数而放弃,而公开场合会由于各种原因或许隐藏起自己的观点,或不愿争论下去。

这种方法也有一些缺点,对所征询的问题基本上只能作直观分析,专家个人和综合而来的集体意见的论证程度可能都不够高。

(四)电子会议法

最新的一种群体决策方法是名义群体法与复杂的计算机技术的混合,我们称之为电子会议法。只要技术条件具备,这个概念就很简单了。50 人左右围坐在马蹄形的桌子旁,面前除了一台计算机终端之外,一无所有。问题通过大屏幕呈现给参与者,要求他们把自己的意见输入计算机终端屏幕上。个人的意见和投票都显示在会议室中的投影屏幕上。

电子会议法的主要优势是匿名、可靠、迅速。与会者可以采取匿名形式把自己想表达的任何想法表达出来。参与者一旦把自己的想法输入电脑,所有的人都可以在屏幕上看到。与会者可以表现自己的真实态度,而不用担心受到惩罚。而且这种决策方法迅速,因为没有闲聊,讨论不会离开主题,大家在同一时间可以互不妨碍地相互"交谈",而不会打断别人。

表 6-1 给出了上述四种方法与传统的群体互动决策方法的比较,这有助于我们更好地理解这些方法的特点。

表 6-1 群体决策效果的评价

效果标准	互动群体法	头脑风暴法	名义群体法	德尔菲法	电子会议法
观点的数量	低	中等	高	高	高
观点的质量	低	中等	高	高	高
社会压力	高	低	中等	低	低
财务成本	低	低	低	低	高
决策速度	中等	中等	中等	低	高
任务导向	低	高	高	高	高
潜在的人际冲突	高	低	中等	低	低
成就感	从高到低	高	高	中等	高
对决策结果的承诺	高	不适用	中等	低	中
群体凝聚力	高	高	中等	低	低

四、公司战略决策方法

管理者有时需要对公司或公司某部门的经营活动方向进行选择,可以采用下列的“经营单位组合分析法”和“政策指导矩阵法”。

(一) 波士顿矩阵图法

波士顿矩阵图(Boston Consulting Group (BCG) Matrix)由美国波士顿咨询公司创立,其目的是为了确定公司某项业务的经营状况,并对业务的发展方向进行决策。

1. 波士顿矩阵图的划分及内容

波士顿矩阵图法认为一项业务的经营现状主要依据两项指标,一项指标是销售增长率,一项指标是相对市场份额。销售增长率的高低表明该项业务的发展潜力大小,市场占有率高低表明该项业务的市场地位和获得资金的能力。

根据销售增长率的高低和相对市场份额的高低,可以把某一个市场中的所有产品分成四个类别,如图 6 - 2 所示。

该法由美国波士顿咨询公司建立,其基本思想是,大部分公司都有两个以上的经营单位,每个经营单位都有相互区别的产品和市场,公司应该为每个经营单位确定其活动方向。

在确定每个经营单位的活动方向时,应综合考虑企业或该经营单位在市场上的相对竞争地位和业务增长情况。相对竞争地位往往体现在公司的市场占有率上,它决定了公司获取现金的能力和速度,因为较高的市场占有率可以为公司带来较高的销售量和销售利润,从而给公司带来较多的现金流量。

业务增长率对活动方向的选择有两方面的影响:(1)它有利于市场占有率的扩大,因为在稳定的行业中,公司产品销售量的增加往往来自竞争对手市场份额的下降;(2)它决定着投资机会的大小,因为业务增长迅速可以使公司迅速收回投资,并取得可观的投资报酬。

根据上述两个标准——相对竞争地位和业务增长率,可把公司的经营单位分成四大类,如图 6 - 2 所示。公司应根据各类经营单位的特征,选择合适的活动方向。

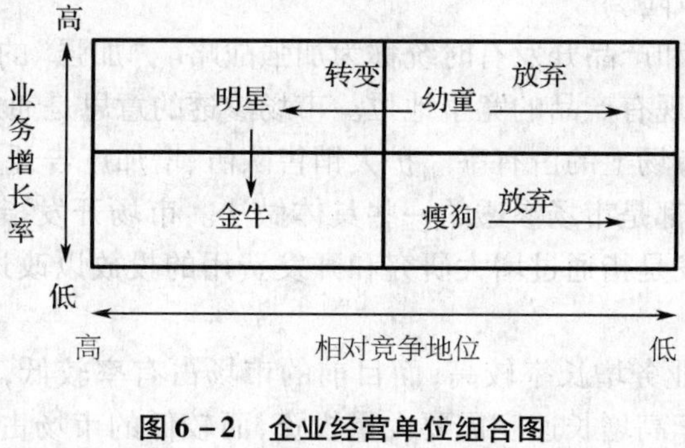

图 6 - 2　企业经营单位组合图

“金牛”业务的特征是低增长率和高市场份额。在市场中具有主导地位,这样的业务一般是公司现在的主要业务,具有投入少、产出高的特点。由于销售增长率低,公司不必大量投资;高的相对市场份额说明它是市场中的“领导”型业务,因而它具有规模经济和能够创高边际利润的优势。之所以被称为“金牛”是因为其创造的资金超过其所需要的资金,“金牛”的业务往往用来支付账款并支持“问题”业务、“明星”业务和“瘦狗”业务对资金的需要,它是被“揩油”的对象。很多今天的“金牛”就是往日的“吉星”,应设法维持或稳定其业务发展,以便保持其优势地位。对于强势“金牛”业务,可确定产品开发和集中的多元化经营作为发展的战略选择。当该业务变为弱势时,可视时机适当加以收缩或剥离。

“明星”经营单位的市场占有率和业务增长率都较高,因而所需要的和所产生的现金都很多。因而是公司最佳长期发展和有获利机会的支柱业务,关系着公司的长期发展和盈利能力。“吉星”业务的投入和产出都较大,根据这一特点,公司在对“吉星”业务的发展方向进行决策时,要敢于果断地追加投资,扩大规模,加强其在市场中的地位。“明星”经营单位代表着最高利润增长率和最佳投资机会,因此公司应投入必要的资金,增加它的生产规模。

对这类业务可采取的战略包括:前向一体化、后向一体化、横向一体化,市场渗透,市场开发,产品开发及合资经营。

所谓一体化包括后向一体化、前向一体化和水平一体化。后向一体化和前向一体化有时被一并称为纵向一体化。后向一体化,即沿着与企业当前业务的输入端有关的业务向上延伸。前向一体化沿着与企业当前业务的输出端有关的业务向下延伸,如获得分销商或零售商的所有权或对其加强控制。企业的多元化经营或多角化成长,一般有两个含义:一是指一家企业同时在两个或两个以上行业中进行经营,如矿山、机械等;另一个是指企业同时生产或提供两种或两种以上的产品或服务。多样化经营有三种基本类型:集中化多元经营、横向多元经营和混合式多元经营。集中化多元经营是指增加新的,但与原有业务相关的产品与服务,如一家报纸出版商收购电视和电报业的多媒体公司。向现有顾客提供新的、与原有业务不相关的产品或服务,是所讲的横向多元经营的意思。由于企业对现有顾客比较了解,这种战略不像混合式多元经营那样具有很大的风险。

市场渗透、市场开发和产品开发有时统称为加强战略。“加强”的意思是指它们要求加强努力的程度,以提高公司现有产品的竞争地位。市场渗透的意思是通过更大的营销努力,提高现有产品或服务在现有市场上的占有率。扩大销售队伍、增加广告开支、采取多样化的促销措施、加强公关宣传活动等都是市场渗透的一些具体做法。市场开发指将现有产品或服务打入新的地区市场。产品开发是指通过增大研究和开发费用的投放以改进和改变产品或服务,以达到扩大销售的目的。

“幼童”经营单位的业务增长率较高,而目前的市场占有率较低,这可能是公司刚刚开发的很有前途的领域。由于高增长速度需要大量投资,而较低的市场占有率只能提供少量的现金,要分析其增长的原因和市场的前景,必须慎重考虑。对有前途的“幼童”业务要敢于投入,对于增长潜力有限的业务要尽早收割,压缩规模。这样的业务可能是公司所有业务中大部分业务的类型。

“瘦狗”经营单位的特征是市场份额和业务增长率都较低。由于市场份额和销售量都较低,甚至出现负增长,“瘦狗”经营单位只能带来较少的现金和利润,而维持生产能力和竞争地位所需的资金甚至可能超过其所提供的现金,从而可能成为资金的陷阱。因此,对这种不景气的经营单位,公司应采取收缩或放弃的战略。

从四种业务的特点可以看出,四种业务的状态并不是稳定不变的,在一定的市场环境和公司决策作用下会有所改变。比如“明星”业务发展到一定程度增长率会放慢,从而成为“金牛”业务;“金牛”业务的市场地位被取代,市场份额显著降低,就会成为“瘦狗”业务;“幼童”业务的方向最不确定,持续增长的“幼童”业务会成为“明星”业务,增长后劲不足的“幼童”业务就会成为“瘦狗”业务。

2. 波士顿矩阵图法作用及注意事项

波士顿矩阵图法对于业务的归类直观清晰,便于操作,提供一个分析公司业务组合是否合理的决策方法,有利于管理者以前瞻性的眼光看待企业的发展问题,为公司调整业务组合、投资方向提供了一个新的视野。为每个业务确定工作对策——发展对策、维持对策、收获对策和放弃对策。没有“金牛”业务的公司,当前的发展缺乏资金来源;缺少“吉星”的业务,在未来的发展中后劲不足;“瘦狗”业务或“问题”业务太多,而“吉星”业务和“金牛”业务较少,说明一家公司的业务组合出现了失衡。

但是波士顿矩阵图法只涉及两个变量,所有的业务都划归于四类,过于简单,而且矩阵中间的业务不宜归类。对于波士顿矩阵图法的使用还有几个须要注意的地方。

(1) 市场份额和销售增长率的高和低都是一个相对概念。比如销售增长率的高和低的确认应当以所在的行业平均增长率为基础,根据决策的需要确定一个增长率的中位数,超出这一数字即为高增长率,否则就是低增长率。市场份额的高低也以相对市场份额来确定,一般可以把该行业所在行业领先者的市场份额作为依据,以行业领先者的市场份额的一定比例(比如50%)为中位数,划分高和低的区域。

(2) 因为波士顿矩阵图法把所有公司业务分成上述四类太简单化,许多位于矩阵中央周围的业务不易被明确归类;涉及的只是两类变量,而忽视了其他变量,容易导致决策不够周密,因而在作出决策时可能会有所局限。例如,在一个长期来看肯定是要萎缩的市场中,如果因为一时的销售增长率和市场份额作出扩大规模、增长产量的决策,是很有可能达不到预期效果的。

(3) 波士顿矩阵图法虽然设计是对某项业务的行动方向进行决策,但是其分析的结果可以被公司的其他职能部门所运用,例如,如果公司的“金牛”业务较多,则表明公司获取资金的能力较强,会影响到公司的资金管理方式、信用评估等方面。

经营单位组合分析法以“公司的目标是追求增长和利润”这一假设为前提。对拥有多个经营单位的公司来说,它可以将获利较多而潜在增长率不高的经营单位所产生的利润投向那些增长率和潜在获利能力都较高的经营单位,从而使资金在公司内部得到有效利用。

(二) 政策指导矩阵

该法由荷兰皇家—壳牌公司创立。顾名思义,政策指导矩阵即用矩阵来指导决策。具体来说,从市场前景和相对竞争能力两个角度来分析企业各个经营单位的现状和特征,并把它们标示在矩阵图上,据此指导企业活动方向的选择。市场前景取决于赢利能力、市场增长率、产品质量和法律法规限制等因素,分为吸引力强、中等、弱三种;相对竞争能力取决于经营单位在市场上的地位、生产能力、产品研究和开发等因素,分为强、中、弱三种。根据上述对市场前景和相对竞争能力的划分,可把公司的经营单位分成九大类(如图 6-3 所示)。

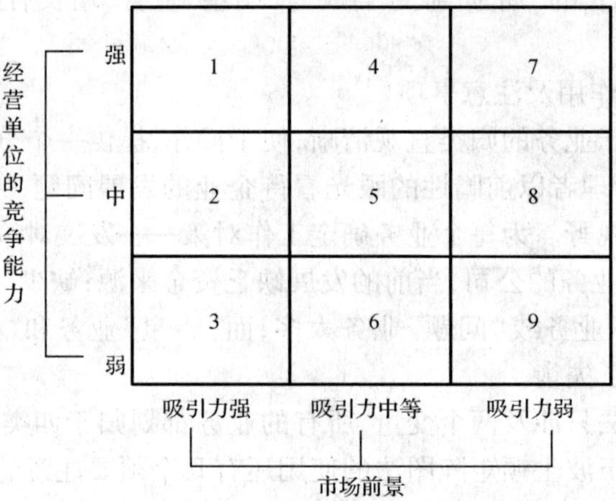

图 6-3 政策指导矩阵

管理者可根据经营单位在矩阵中所处的位置来选择公司的活动方向。

处于区域 1 和 4 的经营单位竞争能力较强,市场前景也较好,业务处于领先地位。应优先发展这些经营单位,确保它们获取足够的资源,以维持自身的有利市场地位。

处于区域 2 的经营单位虽然市场前景较好,但公司竞争力不够——这些经营单位的竞争能力不够强。应分配给这些经营单位更多的资源,以提高其竞争能力。

处于区域 3 的经营单位市场前景虽好,但竞争能力弱。要根据不同的情况,进行筛选,区别对待这些经营单位:最有前途的应得到迅速发展,其余的则需逐步淘汰,这是由于公司资源的有限性。

处于区域 5 的经营单位一般在市场上有 2 ~ 4 个强有力的竞争对手。应分配给这些经营单位足够的资源以使它们随着市场的发展而发展。

处于区域 6 和 8 的经营单位市场吸引力不强且竞争能力较弱,或虽有一定的竞争能力(公司对这些经营单位进行了投资并形成了一定的生产能力)但市场吸引力较弱。应缓慢放弃这些经营单位,以便把收回的资金投入到赢利能力更强的经营单位。

处于区域7的经营单位竞争能力较强但市场前景不容乐观。这些经营单位本身不应得到发展,但可利用它们的较强竞争能力为其他快速发展的经营单位提供资金支持。

处于区域9的经营单位市场前景暗淡且竞争能力较弱。应尽快放弃这些经营单位,把资金抽出来并转移到更有利的经营单位。

政策指导矩阵法与波士顿矩阵法有相似之处,但是,波士顿矩阵法只考虑业务的特点而忽视业务所在市场的前景,而且政策指导矩阵法划分为九个区域,更加有利于业务的归类。不过,政策指导矩阵因为划分区域过多,在一定程度上使得相邻区域的特征不够显著,影响行动方向的选择。

第三节　公司定量决策方法

定量决策方法是指靠数学计算或数学模型进行分析决策的方法。定量决策方法又可分为三类,即确定型决策方法、风险型决策方法、不确定型决策方法。在决定选择哪一个方案时,要比较不同的方案的经济效果。由于方案是在未来实施的,所以公司管理者在计算方案的经济效果时,要考虑到未来的情况。根据未来情况的类别及事件发生的概率进行决策方法的选择。

一、确定型决策方法

在比较和选择活动方案时,如果未来情况只有一种并为管理者所知,则须采用确定型决策方法。常用的确定型决策方法有线性规划、量本利分析法和方程分析等方法。

1. 线性规划

线性规划是在一些线性等式或不等式的约束条件下,求解线性目标函数的最大值或最小值的方法。运用线性规划建立数学模型的步骤是:首先,确定影响目标函数大小的变量;其次,列出目标函数的方程;再次,找出实现目标的约束条件;最后,找出使目标函数达到最优的可行解,即为该线性规划的最优解。

例6-1　某公司生产两种产品A和B,两种产品都需要使用原材料M和N,生产一件A产品需要6个单位的M材料和3个单位的N材料;生产一件B产品需要4个单位的M材料和5个单位的N材料。每个A产品和B产品的利润分别是10元和12元,如果现在有54个单位的M材料和45个单位的N材料,如表6-2所示,应该如何安排生产才能使公司获得最大的利润呢?(假定A,B两种产品市场需求无限)

解:假设在现有条件下,企业生产A,B产品分别为a件和b件时,企业的利润E最大,有以下数量关系

$$\begin{cases}6a+4b\leqslant 54\\3a+5b\leqslant 45\\a,b>0\\E=10a+12b\end{cases}$$

表 6-2　某企业产品和原材料数据表

	A 产品	B 产品	材料数量
M 材料	6	4	54
N 材料	3	5	45
产品利润/元	10	12	

求解这个方程组的解可以使用图解法，如图 6-4 所示。

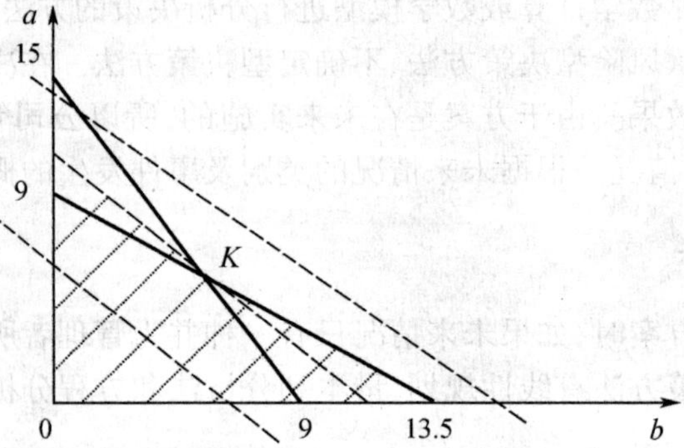

图 6-4　图解法求线性规划方程组

图中阴影部分是由两个约束条件的方程相交形成的区域，a,b 的取值只能在阴影范围内，虚线是斜率与 $E=10a+12b$ 相同的一组直线，当虚线经过 K 点时，E 可取得最大值，K 的坐标为(5,6)，因而当 A 产品生产 5 件，B 单位生产 6 件时，能使企业获得最大的利润。

2. 量本利分析法

量本利分析法又称保本分析法或盈亏平衡分析法，是通过考察产量（或销售量）、成本和利润的关系以及盈亏变化的规律来为决策提供依据的方法。

在应用量本利分析法时，关键是找出企业不盈不亏时的产量，称为保本产量或盈亏平衡产量，此时企业的总收入等于总成本，而找出保本产量的方法有图解法和代数法两种。

（1）图解法。图解法是用图形来考察产量、成本和利润的关系的方法。在应用图解法时，通常假设产品价格和单位变动成本都不随产量的变化而变化，所以销售收入曲线、总变动成本曲线和总成本曲线都是直线。

例 6－2　某公司生产某产品的总固定成本为 60 000 元，单位变动成本为每件 1.8 元，产品价格为每件 3 元。假设某方案带来的产量为 100 000 件，问该方案是否可取？

利用例子中的数据，在坐标图上画出总固定成本曲线、总成本曲线和销售收入曲线，得出量本利分析图，如图 6－5 所示。

从图 6－5 中可以得出以下信息，供决策分析之用：

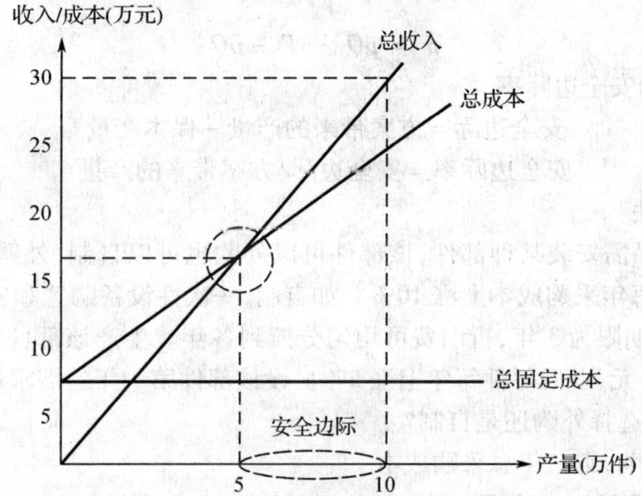

图 6－5　量本利分析图

a. 保本产量，即总收入曲线和总成本曲线交点所对应的产量（本例中保本产量为 5 万件）；

b. 各个产量上的总收入；

c. 各个产量上的总成本；

d. 各个产量上的总利润，即各个产量上的总收入与总成本之差；

e. 各个产量上的总变动成本，即各个产量上的总成本与总固定成本之差；

f. 安全边际，即方案带来的产量与保本产量之差（本例中安全边际为 5 万件）。

在本例中，由于方案带来的产量（10 万件）大于保本产量（5 万件），所以该方案可取。

（2）代数法。代数法是用代数式来表示产量、成本和利润的关系的方法。

假设 p 代表单位产品价格，Q 代表产量或销售量，F 代表总固定成本，v 代表单位变动成本，π 代表总利润，c 代表单位产品贡献（$c = p - v$）。

a. 求保本产量。

企业不盈不亏时

$$pQ = F + vQ$$

所以保本产量

$$Q = F/(p - v) = F/c$$

b. 求保目标利润的产量。

设目标利润为 π，则

$$pQ = F + vQ + \pi$$

所以保目标利润 π 的产量

$$Q = (F + \pi)/(p - v) = (F + \pi)/c$$

c. 求利润。

$$\pi = pQ - F - vQ$$

d. 求安全边际和安全边际率。

安全边际 = 方案带来的产量 − 保本产量

安全边际率 = 安全边际/方案带来的产量

3. 方程分析方法

例 6－3 某产品需安装某种部件，该部件可以外购也可以自制，外购时每件第一年采购成本 1 000 元，以后每年采购成本上涨 10%。如自制，一次性设备购置和安装总投资 3 000 万元，假设设备的使用期限为 3 年，折旧费可均匀分摊到各年。生产该部件每件所用原材料、工资等成本第一年 500 元，以后每件每年上涨 5%。设该部件第一年的需求量为 20 000 件，后两年每年增加 10%，应选择外购还是自制？

解：① 若选择采购，则三年总采购成本

$$\text{外购} = 1\,000 \times 20\,000 + 1\,000 \times (1 + 10\%) \times 20\,000 \times (1 + 10\%) + 1\,000 \times (1 + 10\%)^2 \times 20\,000 \times (1 + 10\%)^2$$

$$= 73\,482\,000 \text{ 元}$$

$$= 7\,348.2 \text{ 万元}$$

② 若选择自制，则

$$\text{自制三年总成本} = 3\,000 + 500 \times 20\,000 + 500 \times (1 + 5\%) \times 20\,000 \times (1 + 10\%) + 500 \times (1 + 5\%)^2 \times 20\,000 \times (1 + 10\%)^2$$

$$= 35\,535\,500 \text{ 元}$$

$$= 3\,553.6 \text{ 万元}$$

③ 总采购成本 > 总自制成本

所以应选择自制。

二、风险型决策方法

风险决策是在有明确目标的情况下，依据通过预测得出的不同自然状态下的经济效果（损益值）及其出现的概率作出的决策。由于自然状态并非决策者个人所能控制，所以决策结果要承担一定风险，故称为风险决策。风险型决策一般用决策树法来解决，决策树法的基本原理是首先根据实际情况画出决策树图，然后采用逆序算法计算出各状态点和决策点的期望值，

作出最终决策。

决策树的构成:□表示决策点,是对几种可能的方案选择的结果,如果所作的决策属于多级决策,决策树图中间可以有多个决策点,以决策树根部的决策点为最终决策方案;○表示状态点,代表备选方案的经济效果,通过对各状态点经济效果的比较,按照一定的决策标准选出最佳方案;▲表示结果结点,每个方案在各种自然状态下取得的收益值均标注于结果结点的右端。

决策树法是用树状图来描述各种方案在不同自然状态下的收益,据此计算每种方案的期望收益从而作出决策的方法。下面通过举例来说明决策树的原理和应用。

例 6－4　某公司为了扩大某产品的生产,拟建设新厂。据市场预测,产品销路好的概率为 0.7,销路差的概率为 0.3。有三种方案可供企业选择:

方案 1,新建大厂,需投资 300 万元。据初步估计,销路好时,每年可获利 100 万元;销路差时,每年亏损 20 万元。服务期为 10 年。

方案 2,新建小厂,需投资 140 万元。销路好时,每年可获利 40 万元;销路差时,每年仍可获利 30 万元。服务期为 10 年。

方案 3,先建小厂,3 年后销路好时再扩建,需追加投资 200 万元,服务期为 7 年,估计每年获利 95 万元。哪种方案最好?

画出该问题的决策树,如图 6－6 所示。

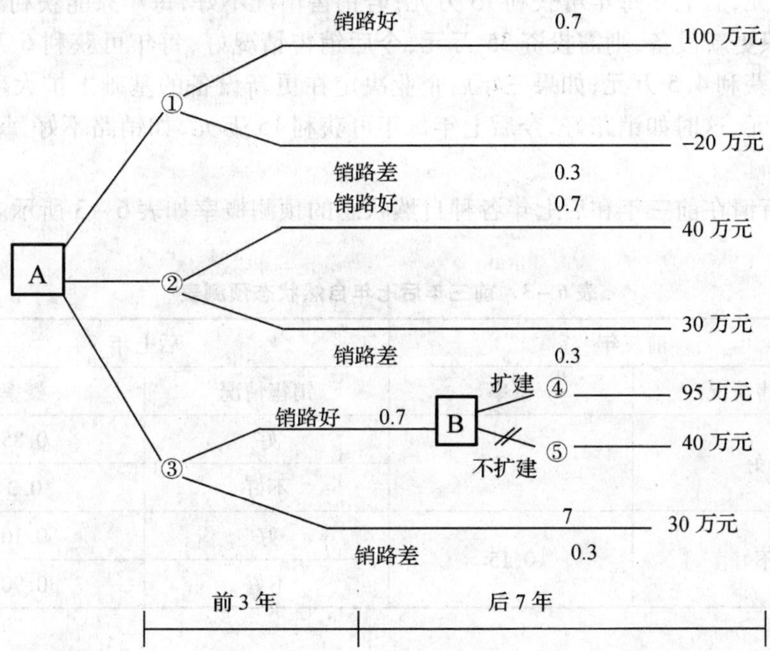

图 6－6　多阶段的决策树

图6－6中的矩形结点称为决策点，从决策点引出的若干条树枝表示若干种方案，称为方案枝。圆形结点称为状态点，从状态点引出的若干条树枝表示若干种自然状态，称为状态枝。图中有两种自然状态：销路好和销路差，自然状态后面的数字表示该种自然状态出现的概率。位于状态枝末端的是各种方案在不同自然状态下的收益或损失。据此可以算出各种方案的期望收益。

方案1（结点①）的期望收益为[0.7 × 100 + 0.3 ×（－20）] ×10－300＝340（万元）

方案2（结点②）的期望收益为（0.740＋0.3×30）×10－140＝230（万元）

至于方案3，由于结点④的期望收益为465（＝95×7－200）万元大于结点⑤的期望收益280（＝40×7）万元，所以销路好时，扩建比不扩建好。方案3（结点③）的期望收益为（0.7×40×3＋0.7×465＋0.3×30×10）－140＝359.5（万元）

计算结果表明，在三种方案中，方案3最好。

例6－5 某公司技术设备上已落后，需要马上更新。公司内有人认为，目前销路增长，应在更新设备的同时扩大生产规模。也有人认为，市场形式尚难判断，不如先更新设备，三年后再根据市场行情决定是否扩大生产规模。所以该公司决策面临了两个方案。决策分析以下列资料为依据：

（1）现在跟新设备的同时扩大生产规模，总共需投资60万元。若销售情况好，前三年每年可获利12万元，后七年每年可获利15万元；若销售情况不好，每年只能获利3万元。

（2）如果只更新设备，则需投资35万元，今后销售情况好，每年可获利6万元，销售情况不好，每年仍能获利4.5万元；如果三年后企业决定在更新设备的基础上扩大生产规模，则需追加投资40万元，这时如销路好，今后七年每年可获利15万元，如销路不好，每年仅能获利3万元。

（3）市场行情在前三年和后七年各种自然状态的预测概率如表6－3所示。

表6－3 前三年后七年自然状态预测表

前三年		后七年	
销售情况	概率	销售情况	概率
好	0.7	好	0.85
		不好	0.3
不好	0.15	好	0.10
		不好	0.90

根据上述资料绘制决策树、计算期望值、比较各方案决策剪枝的结果如图6－7所示。

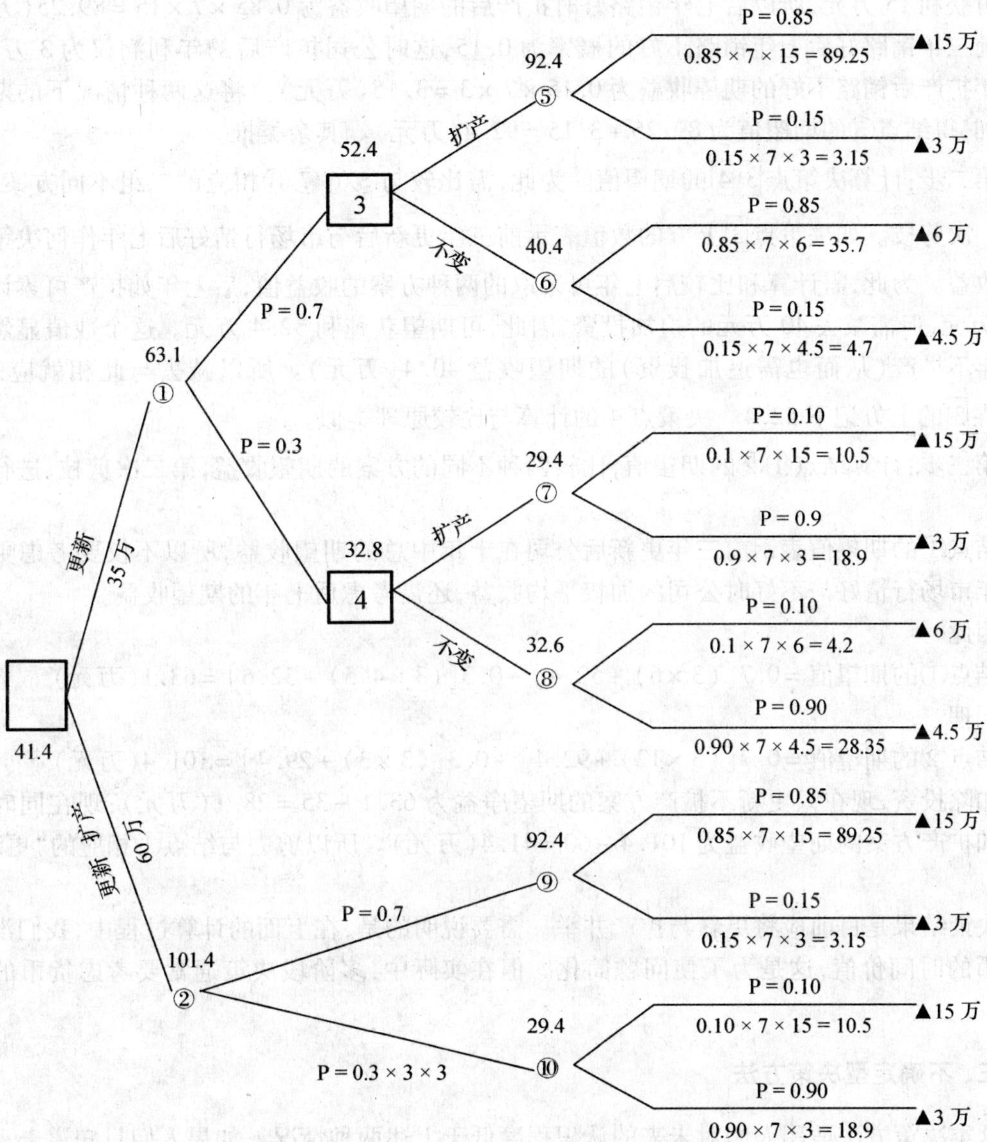

图 6-7 决策树计算图

详细计算步骤如下。

第一步:计算⑤⑥⑦⑧⑨⑩各状态结点的期望值。如结点⑤表示前三年更新设备后市场销路好,公司决定扩大生产规模时的期望值,即后七年公司扩产后市场行情好与不好时收益的加权平均值。由于前三年销路好后七年销路好的概率为 0.85;由于扩产后七年销路好时每年公司可获利 15 万元,所以后七年销路好时扩产后的期望收益为 $0.85\times7\times15=89.25$(万元);由于前三年销路好后七年销路不好的概率为 0.15,这时公司扩产后的年利润仅为 3 万,所以后七年扩产后销路不好的期望收益为 $0.15\times7\times3=3.15$(万元)。将这两种情况下的期望收益相加,得结点⑤的期望值为 $89.25+3.15=92.4$(万元)。其余类推。

第二步:计算决策点3 4的期望值。为此,需比较与⑤⑥⑦⑧相应的二组不同方案,并进行第一次剪枝。如决策点3上方的数值表示前三年更新后与市场行情好后七年作何决策时得到的收益。为此,需计算和比较后七年可采取的两种方案的收益值,后七年如扩产可累计期望 92.4 万元,但需减去 40 万元的追加投资,因此,可期望获纯利 52.4 万元。这个数值显然大于后七年不扩产(从而也需追加投资)的期望收益 40.4(万元)。所以减去与此相就应的“不变”,在3的上方记下 52.4。决策点 4 的计算与比较原理类似。

第三步:计算结点①②的期望值,比较两种不同的方案的期望收益,第二次剪枝,进行最终决策。

结点①的期望值表示前三年更新后公司在十年中总的期望收益,所以不仅要考虑更新后前三年市场行情好与不好时公司的加权平均收益,还需考虑后七年的期望收益。

因此

结点①的期望值 $=0.7[(3\times6)+52.4]+0.3[(3\times4.5)+32.6]=63.1$(万元)

同理

结点②的期望值 $=0.7[(3\times12)+92.4]+0.3[(3\times3)+29.4]=101.4$(万元)

扣除投资,现在只更新不扩产方案的期望净益为 $63.1-35=28.1$(万元);现在同时进行更新和扩产方案的期望收益为 $101.4-60=41.4$(万元)。所以剪去与结点①相应的“更新”方案枝。

决策结果是目前应将更新与扩产并举。需要说明的是,在上面的计算过程中,我们没有考虑货币的时间价值,这是为了使问题简化。但在实际中,多阶段决策通常要考虑货币的时间价值。

三、不确定型决策方法

这类决策方法适用人们对未来的认识程度低于上述两种情况。如果人们只知道未来可能出现多种自然状态,但对其出现的概率,人们全然不知,那么在比较不同方案的经济效果时,就只能根据主观选择的一些原则来进行。

1. 乐观原则

如果人们比较乐观,认为未来会出现最好的自然状态,所以无论采取何种方案均可能取得该方案的最好效果,那么决策时就可以首先找出各方案在各种自然状态下的最大收益值(即在最好自然状态下的收益值),然后进行比较,找出在最好自然状态下能够带来最大收益方案作为决策实施方案。这种决策原则也叫“最大收益值规则”。

例 6－6　某公司为了扩大经营,准备生产一种新产品,有三种方案可供选择:(1)改建原来的生产线;(2)从国外引进一条高效的自动生产线;(3)按专业化协作原则组织“一条龙”生产。未来市场状况可能出现高需求、中等需求和低需求三种,每种情况出现的可能性无法事先估计,但可以根据成本、价格、产量资料测算出每种方案在未来某种自然状态下的损益值表,结果见表 6－4。

表 6－4　各种自然状态下的损益值表

方案 自然状态	改建生产线(Ⅰ)	引进生产线(Ⅱ)	协作生产(Ⅲ)
需求量较高	700	980	400
需求量中等	250	－500	90
需求量很低	－200	－800	－30

根据乐观原则,公司未来会遇到市场需求量较高的情况,每种方案与此相应的最大收益值分别为 700,980,400 万元。其中,最大者为 980 万元,因此决策时选择与此相对应的方案Ⅱ。

2. 悲观原则

与乐观原则相反,决策者对未来比较悲观,认为未来公司会出现最差的自然状态,因此不论采用何种方案,均只能取得该方案的最小收益值。所以在决策时首先计算和找出各方案在各自然状态下的最小收益值(即与最差自然状态相应的收益值),然后进行比较,选择在最差自然状态仍能带来最大收益(或最小损失)的方案作为实施方案。这种方法也叫“小中取大规则”或“最小最大收益值规则”。

在例 6－6 中三种方案在各自然状态下的最小收益值分别为－200,－800 和－30 万元,其中以－30 万元为最大。根据悲观原则,应选择与之相应的“协作生产”为实施方案。因为采用该方案,即使出现最差的自然状态,公司也顶多亏损 30 万元。

3. 折中原则

这种方法认为应在两种极端中求得平衡。决策时,既不能把未来想像得如何好,也不能把未来描绘得多么差。最好和最差的自然状态均有出现的可能。因此,可以根据决策者的判断,给最好自然状态以一乐观系数,给最差自然状态以一悲观系数(两者之和为 1),然后用各方案在最好自然状态下的收益值与乐观系数相乘所得的积,加上用各方案在最差自然状态下的收益值与悲观系数相乘所得的积,得出各方案的期望收益值,然后据此比较各方案的经济效果,作出选择。

在例6－6中，假定乐观系数为0.4，悲观系数为0.6，则

方案Ⅰ的期望收益值＝0.4×700＋0.6×（－200）＝160

方案Ⅱ的期望收益值＝0.4×980＋0.6×（－800）＝－88

方案Ⅲ的期望收益值＝0.4×400＋0.6×（－30）＝142

方案Ⅰ的期望收益值最高，因此根据折中原则，公司应通过改进生产线来开发新产品。

4．最小最大后悔值原则

决策者在选定方案并组织实施后，如果遇到的自然状态表明采用另外的方案会取得更好的收益，公司在无形中遭受了机会损失，那么决策者将为此而感到后悔。最小最大后悔值原则就是一种力求使后悔值更小的决策原则。根据这个原则决策时先算出各方案在各自然状态下的后悔值（用方案在某自然状态下的收益值与该自然状态下的最大收益值相比较的差），然后找出每一种方案的最大后悔值，并据此对不同方案进行比较，选择最大后悔值最小的方案作为实施方案。

根据表6－4的资料，可以计算出各种自然状态下各方案的后悔值，见表6－5。

表6－5　各种自然状态下各方案的后悔值表

方案 / 自然状态	改建生产线（Ⅰ）	引进生产线（Ⅱ）	协作生产（Ⅲ）
需求量较高	280	0	580
需求量中等	0	750	160
需求量很低	170	770	0

从表6－5中可以看到各方案的最大后悔值分别是280，770，580万元。其中最小者为280万元，因而决策时可选用第一方案是一种比较保险的决策。因为无论未来自然状态如何，它们收到的损失（包括机会损失）都是最小的。在需求量较高时，它与收益值最大的第Ⅱ方案相比较，只少收入280万元，而与第Ⅲ方案比较则少收益580万元；在需求量中等时它的收益值最高，可得750万元收益；在需求量很低时，各种方案都亏损，它虽比亏损最少的方案Ⅲ多损失170万元，但方案Ⅱ损失更多，比方案Ⅱ多损失770万元。因此，综合起来看，最小最大后悔值原则决策可以保证在任何情况下收益相对较大，损失相对较小。

思考与练习

1. 试述公司决策的概念、公司决策的类型及公司决策的过程。
2. 试比较集体决策与个体决策的优缺点。
3. 什么是群体思维和群体转移,阿希实验说明了什么?
4. 简述头脑风暴法和德尔菲法主要内容。
5. 简述波士顿矩阵法和政策指导矩阵的理论内涵及应用。

第七章　公司战略管理

【内容提要】

公司战略管理是公司确定战略目标、制定战略决策和实施战略方式的过程。它的核心是对公司现在及未来的整体经营活动实行战略性管理。本章介绍了公司战略的含义和特征;分析了战略管理过程;重点研究了公司总体战略和公司经营战略。

第一节　公司战略管理概述

一、公司战略的概念

"战略"一词源于军事上的术语,原指战场上的指挥员指挥战争的艺术。随着社会的不断发展,人类社会的政治、经济、社会、文化、教育、科学等各个方面都被纳入了战略管理的范畴,因此战略进一步解释为"泛指重大的,带全局性的或决定全局的谋划"。

所谓公司战略是公司在充分了解市场环境和分析自身条件的基础上,为适应未来环境的变化,求得长期发展,对公司发展目标、实现目标的途径和手段进行的总体规划。公司战略在公司各项工作中起着举足轻重的作用。能否认识到战略的地位并科学制定战略,已成为区别传统管理和现代管理的一个重要标志。公司战略能促使公司具有长远发展的基本方向和奋斗目标,使公司的经营活动目的明确;能够促使公司协调各项工作,提高工作效率;能够有效激励和鼓舞员工的士气,统一全体员工思想和行动;能够使公司适应市场变化,在竞争中立于不败之地。

二、公司战略的特点

从上面的定义,我们可以看出公司战略具有如下特征:

1. 全局性

公司战略管理以公司全局为研究对象,确定公司的总体目标,规定公司的总体行动,追求公司发展的总体效果。战略目标和发展方向是一种原则性和总体性的规定,是对公司未来的一种粗线条、框架性设计,是指导整个公司生产经营活动的总谋划。

2. 长远性

公司战略既是公司谋求长远发展意愿的反映,也是公司规划未来较长时期生存与发展的设想。因此,公司战略管理要立足于现在,着眼于未来,是为了谋求公司的长远利益,而不仅仅是眼前利益。管理者对未来的生存环境和自身状况应有足够的预见性。只有具有长远的预见性,公司战略才可能适应未来变化,才可能立于不败之地。

3. 竞争性

公司战略是直接与竞争对手和各种竞争压力相联系的。公司战略是公司在竞争中为战胜竞争对手、迎接环境的挑战而制定的总体规划,主要研究在激烈的市场竞争中如何强化本公司的竞争力量,如何与竞争对手抗衡,以使得本公司立于不败之地。同时在对未来进行预测的基础上,为避开和减轻来自各方面的环境威胁,迎接未来的挑战制定行为规范。公司只有战胜了竞争对手,才可能获得生存和发展。

4. 稳定性

公司发展战略的全局性和长远性决定了经营战略的相对稳定性。经营战略必须具有相对稳定性,才会对公司的生产经营活动有指导作用。如果经营战略朝令夕改,变化无常,不仅难以保证战略目标和战略方案的具体落实,而且也失掉了战略的意义,还可能引起公司经营的混乱,给公司带来不应有的损失。

三、公司战略管理过程

从总体上看,战略管理过程包括战略制定、战略实施和战略评估三个阶段,将三个阶段进行分解可得到七个步骤。如图 7-1 所示。

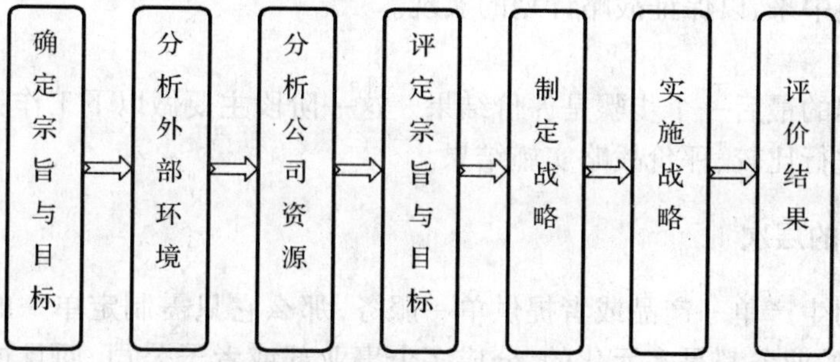

图 7-1 战略管理过程

1. 确定公司当前的宗旨、目标

每个公司都有自己的宗旨或使命,它规定了公司的经营目的,也是公司经营哲学的一种体现。定义公司的宗旨与目标,可以促使管理层仔细确定公司的产品和服务范围。

2. 分析外部环境,发现机会和威胁

环境是管理行动的主要制约因素,环境分析是战略管理过程的关键要素。每个公司在进行战略管理时,必须分析公司外部环境,如了解消费者需求有何变化、市场上竞争对手的动向以及出台的相关行政法规对公司有什么影响等,在很大程度上制约了管理层的选择。管理层需要根据自己所控制的资源,评估有哪些机会可以利用以及公司可能面临哪些威胁。

3. 分析公司的资源,识别优势和劣势

任何公司的资源都是有限的,所以公司在利用外部环境机会之前,必须分析公司的资源与能力问题,必须使自身资源与外部机会达到优化组合,从而能够识别出什么是公司与众不同的竞争能力,也就是公司的优势。

4. 重新评价公司的宗旨和目标

根据环境和公司资源分析,对公司的宗旨和目标进行再评价,看他们是否实事求是,是否需要调整。如果需要改变公司的宗旨和目标,战略管理的过程就要从头开始;如果不需要改变公司的宗旨和目标,管理层就应当着手制定战略。

5. 制定战略

对公司的宗旨和目标重新评价后,接下来的工作就是如何实现战略目标,而要实现战略目标就得制定相应对策,即为实现战略目标应采取相应的措施和手段,从而使公司获得最有利的竞争优势,并使这种优势能长期保持下去。

6. 实施战略

战略实施是战略管理十分重要的步骤,无论战略计划制定得多么有效,如果不付诸实施,或者实施不当,还是不能成功。战略实施要遵循三个原则:适度合理、统一指挥、权变。为贯彻实施战略,就要建立贯彻实施战略的公司机构,配置资源,建立内部支持系统,发挥好领导作用,使公司机构、公司文化均能与公司战略相匹配,处理好公司内部各方面的关系,动员全体员工投入到战略实施中来,以保证战略计划的实现。

7. 评价结果

战略管理过程的最后一个步骤是评价结果。这一阶段主要做以下工作:衡量实际绩效、将实际绩效与标准进行比较、评价战略实施结果。

四、公司战略的层次

如果一个公司生产单一产品或者提供单一服务,那么它只需制定单一的战略计划。事实上,绝大多数公司的业务都是多元化的,分成多个事业部或者子公司,而且这些多元化公司都拥有多种职能部门,如生产设计和质量监督,这些部门为公司的每一种业务提供支持,因此,往往需要开发三个层次的战略,即公司层战略、业务层战略和职能层战略。这三个层次的战略构成了公司的战略体系。

1. 公司层战略

公司层战略也称公司总体战略,是指导整个公司生产经营活动的总谋划。它可以分为增长型战略、稳定型战略和紧缩型战略三种形态。

2. 业务层战略

业务层战略也称公司经营战略,或者是分公司战略。这个层次的战略和主要内容是针对不断变化的外部环境，在各自经营的领域里有效地竞争。它要在公司总体战略的制约下，指导和管理具体经营单位的计划与行动。

3. 职能级战略

职能级战略是公司的各个职能部门为支持经营层战略而制定的战略。它主要解决的问题是如何使公司的不同职能部门，如市场营销、财务管理、研究与开发、人力资源、采购和生产等，能更好地为各级战略服务，从而提高公司的效率。职能级战略是针对范围较狭窄而又密切关联的活动而制定的。例如，市场营销战略包括产品策略、定价策略、分销渠道策略和促销策略等，财务管理战略包括编制预算、会计记账、筹资投资决策等。

公司战略、经营战略以及职能战略构成了一个公司的战略层次、它们之间相互作用，紧密联系。如果公司或者公司整体要想获得成功，必须将三者有机地结合起来。

第二节　公司战略环境分析

战略是在一定的环境下制定和实施的。审时度势才能作出正确的战略决策和公司战略的有效实施。环境分析包括宏观环境、行业环境和公司内部环境。

一、公司宏观环境分析

公司宏观环境是指那些来自公司外部并对公司战略产生影响、发生作用的所有不可控因素的总和。公司宏观环境分析可以大体概括为四类：政治环境、经济环境、社会环境和技术环境。

1. 政治环境

政治环境是指那些制约和影响公司的政治要素的总和。政治是一种十分重要的社会现象，政治因素及其运用状况是公司宏观环境中的重要组成部分。政治环境中对公司起决定、制约和影响作用的因素主要有：政治局势、政党、政治性团体、地方政府的方针政策等。

此外，政治环境中也包括政府制定的一些法律、法规，它们也直接影响着某些商品的生产和销售，对公司的影响具有刚性约束的特征，主要有政府的政策和规定、税率和税法、公司法、关税、专利法、环保法、反垄断法、进出口政策、政府预算和货币政策等。比如在我国已经出台的经济法律、法规有食品卫生法、烟草专卖条例、药品管理法、经济合同法、专利法、工商公司登记管理条例等近400项。这些有关的经济法律、法规对市场销贷需求的形成和实现起了重要的调节作用。

2. 经济环境

经济环境是指构成公司生存和发展的社会经济状况及国家经济政策的多维动态系统。主要由社会经济结构、经济发展水平、经济体制和宏观经济政策四个要素构成。一个公司经营的成功与否在很大程度上取决于整个经济运行状况。对于经济环境的分析，关键是要考察以下几点：

（1）国民经济总体运行情况，即经济周期当前处于哪个阶段，国民生产总值的各项指标变动情况。

（2）某国或某地区的通货膨胀率、银行利率、外汇汇率等经济指标，这些是影响市场和消费水平的重要指标。

（3）经济体制、就业率、失业率、市场机制的完善程度、能源供给与成本等。

3. 社会环境

社会环境是指公司所处环境中诸多社会现象的集合。公司在保持一定发展水平的基础上，能否长期地获得高增长和高利润，取决于公司所处环境的社会、文化、人口等方面的变化与公司的产品、服务、市场和所属顾客的相关程度。在社会环境中社会阶层的形成和变动、社会中的权力结构、人们的生活方式和工作方式、社会风尚与民族构成、人口的地区流动性、人口年龄结构等方面的变化都会影响社会对公司产品或劳务的需求。

社会环境中还包括一个重要的因素就是物质环境。社会生产离不开物质资源，无论生产创造的财富属于哪一个门类，其起始点都必定是物质资源。物质环境包括土地、森林、河流、海洋、生物、矿产、能源、水源等自然资源以及环境保护、生态平衡等方面的发展变化对公司的影响。

4. 技术环境

技术环境是指一个国家和地区的技术水平、技术政策、新产品开发能力以及技术发展动向等。在衡量技术环境的诸多指标中，整个国家的研究开发经费总额、公司所在产业的研发支出状况、技术开发力量集中的焦点、知识产权与专利保护、实验室技术向市场转移的最新发展趋势、信息与自动化技术发展可能带来的生产率提高前景等，都可以作为关键战略要素进行分析。

二、公司行业环境分析

1. 行业性质

行业状况是公司需要面对的最直接、最重要的环境，也可以成为任务环境。公司首先要判断自己所处行业是否存在发展的机会，根据行业寿命周期来判断行业所处的发展阶段，进而判断该行业是朝阳产业还是夕阳产业。

行业的寿命周期是一个行业从出现直到完全退出社会经济领域所经历的时间。行业寿命周期主要包括四个阶段：导入期、成长期、成熟期和衰退期。行业寿命周期曲线的形状是由社会对该行业的产品需求状况决定的。行业是随着社会某种需求的产生而产生，又随着社会对这种需求的发展而发展，最后，当这种需求消失时，整个行业也就随之消失，行业的寿命即告终止。行业的寿命周期长则数百年，短则几十年。行业的寿命周期是在忽略产品型号、质量、规格等差异的基础上对行业整体发展水平予以考察和分析得出的。判断行业处于寿命周期的哪个阶段可以用市场增长率、需求增长率、产品品种、竞争者数量、进入（或退出）行业的障碍、技术变革和用户购买行为等方向作为分析指标。

2. 行业能力分析

行业能力是指某个行业中每个竞争者所具有的能力的总和。行业能力分析主要是对行业规模结构和行业技术状况的分析。

(1) 行业规模结构分析

行业规模结构分析是为弄清行业的发展与社会需求之间的关系,这对于确定公司的经营范围具有重要意义。进行行业规模结构分析的内容有:行业生产产品或提供服务的总量与社会需求之间的关系;行业产品结构与该产品发展趋势之间的关系;行业目前的实际生产能力与设计能力之间的关系;行业内规模能力悬殊型公司和规模能力均衡型公司各自所占的比重;本公司规模与行业规模的发展趋势之间的关系等。

(2) 行业技术状况分析

在科学技术高速发展的当代,技术状况对行业发展的影响越来越重要,只有对行业技术状况进行全面的分析,才能正确地判断行业的发展前景和行业能力的发展水平。进行行业技术状况分析的内容有:行业目前的技术位于技术寿命周期的哪个阶段,行业的总体技术水平如何,行业技术的变化节奏如何,行业技术的发展方向是什么,本公司的技术水平在行业中处于什么地位,等等。

3. 行业竞争结构分析

在某个具体的行业内,公司与公司之间的力量对比构成了行业竞争环境。一个行业的竞争激烈程度取决于行业内的经济结构,行业的经济结构状况又对竞争战略的制定和实施起制约作用。所以,要根据行业内影响公司竞争的经济力量及其发展变化来确定公司的竞争战略,进行良好的行业竞争结构分析是制定优秀的公司战略的基础。

行业竞争结构和竞争强度分析是在行业分析的基础上,进一步回答行业中竞争压力的来源和强度,进而作好对竞争的防范。在对行业中的竞争进行分析时通常采用的方法是波特的五种竞争力模型。

(1) 供应商的议价能力

供方主要通过其提高投入要素价格与降低单位价值质量的能力,来影响行业中现有公司的盈利能力与产品竞争力。供方力量的强弱主要取决于他们所提供给买主的是什么投入要素,当供方所提供的投入要素其价值构成了买主产品总成本的较大比例、对买主产品生产过程非常重要、或者严重影响买主产品的质量时,供方对于买主的潜在讨价还价力量就大大增强。一般来说,满足如下条件的供方集团会具有比较强大的讨价还价力量:

① 供方行业为一些具有比较稳固市场地位而不受市场激烈竞争困挠的公司所控制,其产品的买主很多,以至于每一单个买主都不可能成为供方的重要客户。

② 供方各公司的产品各具有一定特色,以至于买主难以转换或转换成本太高,或者很难找到可与供方公司产品相竞争的替代品。

③ 供方能够方便地实行前向联合或一体化,而买主难以进行后向联合或一体化。(注:简

单按中国说法，店大欺客）

（2）购买者的议价能力

购买者主要通过其压价与要求提供较高的产品或服务质量的能力，来影响行业中现有公司的盈利能力。一般来说，满足如下条件的购买者可能具有较强的讨价还价力量。

① 购买者的总数较少，而每个购买者的购买量较大，占了卖方销售量的很大比例。

② 卖方行业由大量相对来说规模较小的公司所组成。

③ 购买者所购买的基本上是一种标准化产品，同时向多个卖主购买产品在经济上也完全可行。

④ 购买者有能力实现后向一体化，而卖主不可能前向一体化。

（3）新进入者的威胁

新进入者在给行业带来新生产能力、新资源的同时，将希望在已被现有公司瓜分完毕的市场中赢得一席之地，这就有可能会与现有公司发生原材料与市场份额的竞争，最终导致行业中现有公司盈利水平降低，严重的话还有可能危及这些公司的生存。竞争性进入威胁的严重程度取决于两方面的因素，这就是进入新领域的障碍大小与预期现有公司对于进入者的反应情况。

进入障碍主要包括规模经济、产品差异、资本需要、转换成本、销售渠道开拓、政府行为与政策（如国家综合平衡统一建设的石化公司）、不受规模支配的成本劣势（如商业秘密、产供销关系、学习与经验曲线效应等）、自然资源（如冶金业对矿产的拥有）、地理环境（如造船厂只能建在海滨城市）等方面，这其中有些障碍是很难借助复制或仿造的方式来突破的。预期现有公司对进入者的反应情况，主要是采取报复行动的可能性大小，取决于有关厂商的财力情况、报复记录、固定资产规模、行业增长速度等。总之，新公司进入一个行业的可能性大小，取决于进入者主观估计进入所能带来的潜在利益、所需花费的代价与所要承担的风险这三者的相对大小情况。

（4）替代品的威胁

两个处于同行业或不同行业中的公司，可能会由于所生产的产品是互为替代品，从而在它们之间产生相互竞争行为，这种源自于替代品的竞争会以各种形式影响行业中现有公司的竞争战略。首先，现有公司产品售价以及获利潜力的提高，将由于存在着能被用户方便接受的替代品而受到限制；第二，由于替代品生产者的侵入，现有公司必须提高产品质量、或者通过降低成本来降低售价、或者使其产品具有特色，否则其销量与利润增长的目标就有可能受挫；第三，源自替代品生产者的竞争强度，受产品买主转换成本高低的影响。总之，替代品价格越低、质量越好、用户转换成本越低，其所能产生的竞争压力就强。而这种来自替代品生产者的竞争压力的强度，可以具体通过考察替代品销售增长率、替代品厂家生产能力与盈利扩张情况来加以描述。

(5) 同业竞争者的竞争程度

大部分行业中的公司,相互之间的利益都是紧密联系在一起的,作为公司整体战略一部分的各公司竞争战略,其目标都在于使得自己的公司获得相对于竞争对手的优势,所以,在实施中就必然会产生冲突与对抗现象,这些冲突与对抗就构成了现有公司之间的竞争。现有公司之间的竞争常常表现在价格、广告、产品介绍、售后服务等方面,其竞争强度与许多因素有关。

一般来说,出现下述情况将意味着行业中现有公司之间竞争的加剧,这就是:行业进入障碍较低,势均力敌竞争对手较多,竞争参与者范围广泛;市场趋于成熟,产品需求增长缓慢;竞争者企图采用降价等手段促销;竞争者提供几乎相同的产品或服务,用户转换成本很低;一个战略行动如果取得成功,其收入相当可观;行业外部实力强大的公司在接收了行业中实力薄弱公司后,发起进攻性行动,结果使得刚被接收的公司成为市场的主要竞争者;退出障碍较高,即退出竞争要比继续参与竞争代价更高。在这里,退出障碍主要受经济、战略、感情以及社会政治关系等方面的影响,具体包括:资产的专用性、退出的固定费用、战略上的相互牵制、情绪上的难以接受、政府和社会的各种限制等。

行业中的每一个公司或多或少都必须应付以上各种力量构成的威胁,而且客户必须面对行业中的每一个竞争者的举动。除非认为正面交锋有必要而且有益处,例如要求得到很大的市场份额,否则客户可以通过设置进入壁垒,包括差异化和转换成本来保护自己。当一个客户确定了其优势和劣势时(参见 SWOT 分析),客户必须进行定位,以便因势利导,而不是被预料到的环境因素变化所损害,如产品生命周期、行业增长速度等,然后保护自己并做好准备,以便有效地对其他公司的举动作出反应。

三、公司内部环境分析

1. 公司内部环境概述

公司内部环境分析也就是公司内部条件分析,其目的在于掌握公司的内部条件的现状,找出影响公司战略形成与成败的关键因素,辨别公司的优势和劣势,适应环境的变化,创造和获得成功的机会,避免或减少可能遇到的风险。

公司内部环境因素,也称公司内部条件,是指构成公司内部生产经营过程的各种要素,并且体现为公司总体的经营能力,如公司领导的指挥能力、协同能力、应变能力、竞争能力、获利能力、开发创新能力等。公司内部环境因素是可控因素,可以经过努力,创造和提高公司能力;但也可能由于管理不善而失控和削弱公司能力。

2. 公司内部环境因素的分类

公司内部环境因素可从不同的角度分为两大类:

(1) 按构成要素划分

① 人力资源因素。这是构成公司内部环境中最基本和最具活力的因素。它包括领导人员的素质、管理人员和工程技术人员的素质、生产工人的素质。这些人员的素质包含人员的数

量、质量,如人员的文化技术水平、学历、资历、经验等以及人员构成的状况,既包括个人的素质,也包括群体的素质。

② 资金因素。它反映公司的财力状况,包括所拥有的资本金和公积金,资产负债状况,固定资产和营运资金的状况,公司信贷能力和筹资的能力等。

③ 物资因素。它包括两个方面:一是技术装备的素质。这是公司进行生产经营活动的技术基础,包括现有技术装备的数量、技术性能、技术先进程度、技术磨损程度、它们之间的构成和配套状况以及它的生产效率等。二是劳动对象的素质。它包括各种主要原材料、关键零部件和配套件、燃力和动力类物资供应的来源和供应的质量以及公司本身所拥有的资源状况。

④ 技术工艺因素。这是指公司人员所拥有的工艺技术方法,他们的技术水平和先进程度,以及拥有的专利、专有技术、配方等。

⑤ 信息因素。它包括公司所拥有的科技情报资料、技术档案、销售及用户的资料、市场信息,以及信息网络的构成状况等。

(2) 按能力划分

① 经营管理能力。它包括公司的领导能力、协同能力和内部的公司管理能力等,反映公司整个经营机制是否充满生机和活力。

② 应变能力。这是指产品能否适应市场需求变化的能力,包括多角化经营,产品多样化,产品的质量、价格、信誉、产品寿命周期等。

③ 竞争能力。这是指同竞争对手相比较所处的优势和劣势。如市场占有率,产品、成本、服务、销售渠道是否具有比竞争对手更为优越的地位和特色。

④ 创新开发能力。这是指开发新产品,采用新技术、新工艺的能力和所拥有的条件,如新产品开发的数量、质量和速度,投入市场的时机,新技术采用的程度以及科技开发人员、机构及装备水平等。

⑤ 生产能力。包括原有设计的生产规模、生产率、生产技术条件以及可能采取变更生产能力的策略等。

⑥ 销售能力。它包括销售网络、销售人员的数量和质量、运储能力、信息反馈以及所应用的促销策略,反映公司是否具有较强大的经销力量。

四、公司战略的 SWOT 分析

SWOT 分析又称为态势分析法,它是由旧金山大学的管理学教授于 20 世纪 80 年代初提出的。SWOT 分析法就是系统地确认公司所面临的优势 S(Strength)和劣势 W(Weakness)、机会 O(opportunity)和威胁 T(Threat)。其主要目的在于对公司的综合情况进行客观、公正的评价,特别是应将这些因素的发展变化与公司战略结合起来,据此构思、评价和选择公司战略方案,并提出公司战略的一种有效方法。

SWOT 方法的优点在于考虑问题全面,是一种系统思维,常常被用于制定集团发展战略和分析竞争对手情况。在战略分析中,它是最常用的方法之一。进行 SWOT 分析时,主要有以下几个方面的内容。

1. 分析环境因素

运用各种调查研究方法,分析出公司所处的各种环境因素,即外部环境因素和内部环境因素。外部环境因素包括机会因素和威胁因素,它们是外部环境对公司的发展直接有影响的有利和不利因素,属于客观因素;内部环境因素包括优势因素和弱点因素,它们是公司在其发展中自身存在的积极和消极因素,属主动因素。在调查分析这些因素时,不仅要考虑到历史与现状,而且更要考虑未来发展问题。

优势,是公司机构的内部因素,具体包括:有利的竞争态势、充足的财政来源、良好的公司形象、技术力量、规模经济、产品质量、市场份额、成本优势、广告攻势等。

劣势,也是公司机构的内部因素,具体包括:设备老化、管理混乱、缺少关键技术、研究开发落后、资金短缺、经营不善、产品积压、竞争力差等。

机会,是公司机构的外部因素,具体包括:新产品、新市场、新需求、外国市场壁垒解除、竞争对手失误等。

威胁,也是公司机构的外部因素,具体包括:新的竞争对手、替代产品增多、市场紧缩、行业政策变化、经济衰退、客户偏好改变、突发事件等。

2. 构造 SWOT 矩阵

在完成环境因素分析和 SWOT 矩阵的构造后,便可以制订出相应的行动计划。制订计划的基本思路是:发挥优势因素,克服弱点因素,利用机会因素,化解威胁因素;考虑过去,立足当前,着眼未来。运用系统分析的综合分析方法,将排列与考虑的各种环境因素相互匹配起来加以组合,得出一系列公司未来发展的可选择对策,如表 7-1 所示。

表 7-1 SWOT 组合分析法

	优势(S)	劣势(W)
机会(O)	SO 战略 发挥优势 利用机会	WO 战略 利用机会 克服弱点
威胁(T)	ST 战略 利用优势 回避威胁	WT 战略 减小弱点 回避威胁

第三节　公司总体战略

一、公司增长型战略

公司增长型战略是指公司扩大原有主要经营领域的规模,或向新的经营领域开拓的战略。其核心是通过公司竞争优势谋求公司的发展和壮大。增长型战略是一种使公司在现有的战略基础水平上,向更高一级的目标发展的战略。它是以发展作为战略的核心内容,引导公司不断地开发新产品、开拓新市场、采用新的生产方式和管理方式,以便扩大公司的生产规模,提高其竞争地位。

1. 密集性增长战略

密集性增长是指公司在现有业务领域里充分利用在产品和市场方面的潜力来求得成长发展,制定发展战略。首先应审视一下现有产品和市场是否还有可开发的机会。主要有以下三种形式。

(1) 市场渗透

所谓市场渗透是指公司在现有的市场上扩大现有产品的销路,促进公司的发展。办法主要有三个:

① 千方百计使现有顾客增加购买数量,如增设销售网点、拓宽销售渠道等。

② 夺走竞争对手的顾客,这就要求自己的产品质量好、价格便宜、服务周到,以及广告做得好等。

③ 努力发掘潜在的顾客,如采取各种促销活动,激发他们购买产品的兴趣。

这就需要公司在现有产品的质量、价格、包装、服务、品牌、商标等方面下工夫,提高公司信誉,并有效地运用各种促销手段刺激需求,从而求得发展。虽然市场渗透可能给公司带来增加市场份额的机会,但能否采取这一战略不仅取决于公司的相对竞争地位,而且取决于市场的特性。

(2) 市场开发

所谓市场开发是指用现有产品去开发新市场,从而增加销售。市场开发包括进入新的细分市场,为产品开发新的用途,或者将产品推广到新的地理区域等。

能否采取市场开发战略来获得增长,不仅与所涉及的市场特征有关,而且与产品的技术特性有关。在资本密集型行业,公司往往有专业化程度很高的固定资产和有关的服务技术,但这些资产和技术很难用来转成其他产品,在这种情况下公司有特色的核心能力主要来源于产品,而不是市场。因而不断地通过市场开发来挖掘产品的潜力就是公司首选的方案。一些拥有技术诀窍和特殊生产配方的公司也比较适合采用市场开发战略,如“可口可乐”和“百事可乐”,以及“肯德基”等。

(3) 产品开发

所谓产品开发是指公司向现有市场提供新产品,满足现有顾客的潜在需求,增加销售量。这就要求增加产品的规格、式样,使产品具有新的功能和用途等,以满足目标顾客不断变化的要求。

一般说来,技术和生产导向型的公司更乐于通过产品开发来寻求增长,这些公司或者具有较强的研究和开发能力,或者其市场开拓能力较弱。但无论出于何种原因,一旦产品开发获得成功,往往可以给公司带来较丰厚的利润。

然而,成功地进行产品开发并非易事,它往往伴有很高的投资风险。有研究表明,新产品开发的失败率:消费品约为40%,工业品为20%,服务为18%。新产品开发之所以失败的原因固然很多,如市场环境的急剧变化,新技术的出现,以及国际上发生重大政治事件等,但公司在整个开发过程中没有坚持正确的路线和原则也是非常重要的原因。

2. 一体化增长战略

一体化增长战略是指公司充分利用自己在产品、技术、市场上的优势,根据物资流动的方向,使公司不断地向深度和广度发展的一种战略。根据这种战略,公司把自己的经营活动伸展到供、产、销不同环节而使自身得到发展,从而拓展业务,扩大规模。一体化包括三种形式:

(1) 后向一体化

这是一种按销、产、供为序实现一体化经营而获得增长的策略。它是指公司产品在市场上拥有明显的优势,可以继续扩大生产,打开销路,但是由于协作供应公司的材料、外购供应跟不上或成本过高,影响公司的进一步发展。在这种情况下,公司可以依靠自己的力量,扩大经营规模,由自己来生产材料或配套零部件,也可以向后兼并供应商或与供应商合资兴办公司,组合联合体,统一规划和发展。例如,一家服装店过去一直从服装厂进货,现在决定兼并一个服装加工厂;一家钢铁公司过去一直购买铁矿石,现在决定自购矿山,自行开采等,这都是实行后向一体化。

(2) 前向一体化

从物资的移动角度看,就是朝与后向一体化相反的方向发展。即按供、产、销的顺序实现一体化经营,使公司得到发展。一般是指生产原材料或半成品的公司,根据市场需要和生产技术可能的条件,充分利用自己在原材料、半成品上的优势和潜力,决定由公司自己制造成品或与成品公司合并,组建经济联合体,以促进公司的不断成长和发展。例如一个过去只生产原油的油田现在决定开办炼油厂;一家大型养鸡场决定自办鸡肉销售店等,这都是实行前向一体化。

(3) 水平一体化

是指公司以兼并处于同一生产经营阶段的公司或与同类公司进行合资经营,以促进公司实现更高程度的规模经济和迅速发展的一种战略。例如日本资生堂与北京日用化学四厂合资生产化妆品就属于这种形式。

3. 多样化增长战略

多样化经营又叫多元化经营或多角化经营，是指公司通过增加产品种类，跨行业生产经营多种产品和业务，扩大公司的生产范围和市场范围，以实现公司业务的增长。主要有以下几种形式：

(1) 同心多样化增长战略

同心多样化增长战略是指以公司现有的设备和技术能力为基础，开发新产品，增加产品的门类和品种，犹如从同一圆心向外扩大业务范围，以寻求新的增长。例如，一家生产收音机的无线电厂，决定利用现有的设备和技术增加收录音机、电视机的生产。美国先锋电子公司在1984年即采用这种战略，他们先后生产出家庭音响设备、激光唱片、激光音响、电话录音和自动回答机、收录机、双向有线电视机等家庭电子产品。随后，日本的索尼公司、夏普公司、松下电器公司等也都采取了这种战略。

这种多样化经营有利于公司充分利用生产技术、原材料、生产设备的类似性，获得生产技术上的协同效果，风险比较小，易于取得成功。这种战略的缺点是：由于新产品在销售渠道、促销等方面与原产品有所不同，在营销竞争中有时会处于不利地位。

(2) 水平多样化增长战略

即公司针对现有市场(顾客)的其他需要，增添新的物质技术力量开发新产品，以扩大业务经营范围，寻求新的增长。这就意味着，公司向现有产品的顾客提供他们所需要的其他产品。例如，一家农机制造公司，是为农民的农业生产服务的，现在决定增设一个化肥厂，实行跨行业经营，但仍然是为农民的农业生产服务；以生产运动饮料知名的健力宝集团利用其在体育界和爱好运动的消费者中的影响，邀请退役的"体操王子"李宁加盟，建立了李宁体育用品公司，生产和销售包括运动服等在内的一系列体育用品，开辟了全新的领域。

实行这种多样化经营，可以利用原来的分销渠道、促销方法、公司形象及知名度等方面的优势，在市场营销方面获得协同作战的效果。但使用这种战略的公司在不同产品之间存在研究开发、原材料、生产技术、生产设备等方面的差异，不易适应环境的变化，有一定风险，公司应具相当实力。

(3) 集团式多样化增长战略

公司通过投资或兼并等形式，把经营范围扩展到多个新兴部门或其他部门，组成混合型公司集团，开展与现有技术、现有产品、现有市场无联系的多样化经营活动，以寻求新的增长机会。如美国通用汽车公司除主要从事汽车产品生产外，还生产电冰箱、洗衣机、飞机发动机、潜水艇、洲际导弹等；柯达照相器材公司除生产照相器材外，还兼营医疗设备、录像器材、动物饲料、抗衰老产品等；美国国际电话电报公司，主营业务原是电话电报，但它却收购了一家庞大的旅馆集团。这种战略通常适合于规模庞大、资金雄厚、市场开拓能力强的大型公司。发达国家的许多大公司，如美国的通用汽车公司、通用电气公司、杜邦公司、AT8LT 公司、柯达公司、日本的三菱商社、三井物产、伊藤忠商社、住友商社等，早就开始实行多样化经营。

集团式多样化战略的优点:通过向不同的行业渗透和向不同的市场提供服务,可以分散公司经营的风险,增加利润,使公司更加稳定地发展;有利于公司迅速地利用各种市场机会,逐步向具有更大市场潜力的行业转移,从而提高公司的应变能力;有利于发挥公司的优势,综合利用各种资源。

二、公司稳定型战略

1. 稳定型战略的概念

稳定型战略是在公司的内外部环境约束下,公司准备在战略规划期使公司的资源分配和经营状况基本保持在目前状态和水平上的战略,即公司通过投入少量或中等程度的资源,维持现有生产规模,维持现有的销售额和市场占有率,保持现有的竞争地位。其特点是:巩固成果,维持现状,经营安全,不冒太大的风险,公司采用各种措施来防御竞争对手,但不主动出击。

采用稳定型战略的优点:公司的经营风险相对较小;由于经营主要是与过去大致相同,因而能避免因改变战略而改变资源分配的困难;同时也能给公司一个较好的修整期,使公司集聚更多的能量,避免因发展过快而导致的弊端。但是实施稳定型战略是以公司的内外部环境相对稳定为前提的,一旦环境发生变化,而公司没有准确预测的话,会给公司带来很大风险;另外该战略的实施也容易使公司的风险意识减弱甚至惧怕和回避风险,这也同样会影响公司的经营活动。

采取稳定型战略的公司,一般处在市场需求及行业结构稳定或者较小动荡的外部环境中,因而公司所面临的竞争挑战和发展机会都会相对较少。但是,有些公司在市场需求以较大幅度增长或是外部环境提供了较多发展机遇的情况下也会采取稳定型战略。这些公司一般来说是由于资源状况不足以使其抓住新的发展机会而不得不采用相对保守的稳定战略态势。

2. 稳定型战略的类型

(1)无变化战略

实行这种战略公司不进行重大的战略调整,保持原有的战略不变,采用它的公司可能是基于以下两个原因:一是公司过去的经营相当成功,并且公司内外环境没有发生重大的变化;二是公司并不存在重大的经营问题或隐患,因而公司战略管理者没有必要进行战略调整,或者避免由于战略调整给公司带来利益分配和资源分配的困难。采用这种战略的公司除了每年按通货膨胀率调整其目标以外,其他都暂时保持不变。

(2)维持利润战略

维持利润战略是指维持过去的经营状况和效益,实现稳定发展。这是一种以牺牲公司未来发展来维持目前利润的战略。维持利润战略注重短期效果而忽略长期利益,其根本意图是渡过暂时性的难关,因而往往在经济形势不太景气时被采用,但用得不当的话,维持利润战略可能会使公司的元气受到伤害,影响长期发展。美国铁路行业在60年代处于十分困难的状况,许多铁路公司通过减少铁路维修和保养来减少开支,实行稳定型战略,维持分红。然而不幸的是这一困难时期延续到了70年代，铁路的状况十分恶化。最终使得这些铁路公司的经营受到了影响。

（3）暂停战略

暂停战略是指在一段时期内降低公司的目标和发展速度。例如在采用并购发展的公司中，往往会在新收购的公司尚未与原来的公司很好地融合在一起时，先采用一段时间的暂停战略，以便有充分的时间来重新实现资源的优化配置。在一段较长时间的快速发展后，公司有可能会遇到一些问题使得效率下降，这时就可采用暂停战略，从这一点来说，暂停战略可以充分让公司积累能量，为今后的发展作准备。

（4）谨慎实施战略

谨慎实施战略是指公司的某一战略决策要有意识地降低实施进度，步步为营，保持经营的稳定性。如果公司外部环境中的某一重要因素难以预测或变化趋势不明显，比如，某些受国家政策影响比较严重的行业中的公司，在面临国家的一项可能的法规公布之前，就很有必要采用谨慎实施战略，一步步稳固地向前发展，而不是不问青红皂白地大干快上，置未来政策于不顾。实施这种战略可以降低经营风险，使公司持续稳定地向前发展。

三、公司紧缩型战略

1. 紧缩型战略的概念

随着公司经营环境的不断变化，原本有利的环境在经过一段时间后会变得不那么有吸引力了，原来能容纳许多公司发展的产业会因进入衰退阶段而无法为所有公司提供最低的经营报酬，或是公司为了进入某个新业务领域需要大量的投资和资源的转移以及当公司处在一种十分险恶的经营环境之中，或者由于决策失误等原因造成经营状况不佳时，公司不得不面对现实，减少经营领域，缩小经营范围，关闭亏损的工厂，紧缩财务开支。这时就需要采用紧缩型战略来维持公司的生产经营活动。

紧缩型战略是指公司从目前的战略经营领域和基础水平撤退和收缩，且偏离战略起点较大的一种经营战略。紧缩型战略能帮助公司在外部环境恶劣的情况下，节约开支和费用，能在公司经营不善的情况下最大限度地降低损失，能帮助公司更好地实行资产的最优组合。但紧缩型战略也有可能为公司带来一些不利之处。如实行紧缩战略的尺度较难把握，若操作有误可能会扼杀具有发展前途的业务和市场，使公司总体利益受到伤害；此外，由于紧缩战略常常引起不同程度的裁员和减薪，因此，实施紧缩战略会引起公司内部人员的不满，从而引起员工情绪的低落。这些紧缩战略潜在的弊端往往较难避免，在实施过程中应加以考虑。

2. 紧缩型战略的类别

根据紧缩的方式和程度不同，紧缩型战略又可以分为抽资转向战略、放弃战略、依附战略和清算战略。

(1) 抽资转向战略

抽资转向战略是公司在现有的经营领域不能维持原有的产销规模和市场时,不得不采取缩小产销规模和市场占有率,或者公司在存在新的更好的发展机遇的情况下,对原有的业务领域进行压缩投资、控制成本以改善现金流为其他业务领域提供资金的战略方案。另外,在公司财务状况下降时也有必要采取抽资转向战略,这一般发生在物价上涨导致成本上升或需求降低使财务周转不灵的情况下。因此公司通常采取降低成本和投资、减少资产、加速收回公司资产等措施。

抽资转向战略会使经营主方向转移,这有时会涉及到经营的基本宗旨的变化,其成功的关键是管理者明晰的战略管理概念,即必须决断是对现存的公司业务给予关注还是重新确定公司的基本宗旨。

(2) 放弃战略

放弃战略是指将公司的一个或几个主要部门转让、出卖或者停止经营。这个部门可以是一个经营单位、一条生产线或者一个事业部。由于放弃战略的目的是要找到肯出高于公司固定资产价的买主,所以公司管理人员应说服买主,认识到购买公司所获得的技术或资源,能使对方利润增加。

采用放弃战略是一件痛苦的事情,也是一个非常困难的决策,有许多问题需要认真思考。

① 技术或经济结构上的问题。即一个公司的技术特征及其固定和流动资本妨碍其退出。例如卖掉某个下属单位,就会影响公司技术上的成套性和经济结构的合理性,对生产经营不利。

② 公司战略上的问题。公司内部各单位之间的紧密联系和战略依存关系,可能不允许放弃某个经营单位。

③ 管理上的问题。公司管理人员往往会对放弃战略持反对意见,因为这对他们可能会有威胁。

为了解决好上述问题,要求公司负责人选好选准拟放弃的单位,使对公司技术、经济、战略上的负面影响减少到最低限度;改进工资奖励制度,使之不与放弃方案相冲突;还要同放弃单位的购买者充分协商,妥善安排该单位员工包括管理者,使他们能各得其所。

(3) 依附战略

当公司处于困境又想维持自身的生存时,有一种办法就是去寻找一个较大的用户,成为用户的依附者,用以维持公司的生存,这就是依附战略。

在 20 世纪 80 年代,美国的汽车零部件和电子元器件的生产厂商(一般都是小型公司),经受不住经济衰退的冲击,就纷纷采取此战略,投靠到大汽车公司和电子装置公司的门下。这些依附者本身还是独立存在的,但已同其依附的用户签约,规定将其产品的绝大部分供应给他们,在生产技术上也接受他们的指导和监督。

我国鼓励优势公司兼并劣势公司。有些劣势公司被兼并后仍然继续存在,只不过成为优势公司的下属战略经营单位或该集团的一个成员。对这些被兼并而又继续存在的公司来说,也可视为在执行依附战略。

(4) 清算战略

清算战略是指卖掉其资产或停止整个公司的运行而终止一个公司的存在。该战略就是公司按照《破产法》的规定,通过拍卖资产、停止全部经营业务来结束自己的生命。显然这是一个对任何公司都无吸引力的战略,通常只有在其他战略全部失灵时才被迫采用。然而,如已符合破产条件,则及时进行破产清算相比顽固地坚持无法挽回的事业来讲,是较适当的战略。如果不宣布破产,时间越久可清算的资产将越少,员工们的损失将更大。

第四节 公司经营战略

一、公司成本领先战略

公司成本领先战略又称低成本战略,是指公司的全部成本水平低于竞争对手。成本领先战略在20世纪70年代得到日益普遍的应用。成本领先要求全力以赴降低成本,抓好成本与管理费用的控制,以及最大限度地减少研究开发、服务、推销、广告等方面的成本费用。为了达到这些目标,有必要在管理方面对成本控制给予高度重视。尽管质量、服务以及其他方面也不容忽视,但贯穿于整个战略中的主题是使成本低于竞争对手。

采用成本领先战略的公司,首先可以抵挡住行业内现有竞争对手的对抗。通过压低价格来阻止竞争对手的进人,保持较高的市场占有率,即通过规模经济或成本优势建立起进入壁垒,使潜在进入者望而却步;其次当面对强有力的购买商要求降低产品价格的压力时,处于低成本地位的公司在进行交易时握有更大的主动权;再次,当强有力的供应商抬高公司所需资源的价格时,采用低成本战略的公司可以有更多的灵活性来摆脱困境。

赢得总成本最低的地位通常要求具备较高的相对市场份额或其他优势,诸如良好的原材料供应等。或许也可能要求产品的设计要便于制造生产,保持一个较宽的相关产品系列以分散成本,以及为达到批量规模化生产而对所有主要客户群进行服务。由此,实行低成本战略就有可能要有很高的购买先进设备的前期投资,激进的定价和承受初始亏损,以赢取市场份额。高市场份额又可进而引起采购经济性而使成本进一步降低。一旦赢得了成本领先地位,所获得的较高的利润又可对新设备、现代化设施进行再投资以维护成本上的领先地位。这种再投资往往是保持低成本地位的先决条件。

成本降低的主要渠道有两条:一个是对已有的成本支出进行控制,控制成本的重点应放在总成本中所占份额较大成本项目上,或与标准成本偏差较大的成本项目上;二是采用先进的专用设备,提高劳动生产率,实行大批量规模化生产,降低产品平均成本。这需要具有领先于竞争对手的先进专用设备,并且具备足够资金的支持和足够的市场需求支持。

应该注意的是，在追求总成本最低时，一定要用系统的思维全盘考虑整个经营过程。有些公司为了赢得总成本最低，往往要求每个部门、每个环节都以同样比例降低成本。事实上，在公司中有的部门或环节增加投入反而会引起总成本的下降，而有些部门或环节减少投入反而会造成总成本上升。

二、公司差异化战略

公司差异化战略是指在一定的行业范围内，公司向顾客提供的产品或服务与其他竞争者相比独具特色、别具一格，使公司建立起独特的竞争优势。公司实现差异化战略可以有很多方式，如产品设计或品牌形象的差异化、产品技术的差异化、顾客服务上的差异化、销售分配渠道上的差异化等，最理想的情况是公司使自己在几个方面都标新立异，树立自己的特色。

这种特色使得消费者对该公司的产品情有独钟，由此对产品价格的敏感程度下降，愿意为其支付较高的价格。这样，公司可以抵御现有竞争者的攻击，消费者不因竞争者的较低价格而去选购他们的产品。由于产品的独一无二使其难以被替代，也使新进入者很难对其构成威胁。另外，在与经销商和供应商的讨价还价中，由于它的某种特色能帮助它从消费者那里获得较高的利润，公司也处于比较有利的地位并具有较大的回旋余地。当然，差异化战略并不意味着公司可以忽略成本，但此时低成本不是公司的首要战略目标。

为保证差异化战略的有效性，公司必须注意：第一，充分了解自己拥有的资源和能力能否创造出独特的产品或服务；第二，必须深入细致地了解顾客的需求和偏好，及时去满足它们。特别应该注意的是，产品或服务差异化也是暂时的，某种产品在一个时期内是差异化产品，经过一段时间，就会逐渐变为标准产品，需要不断开发新的差异化产品，靠不断挖掘新的差异化优势来占领市场。

但是实现产品差异化有时会与争取占领更大的市场份额相矛盾。它往往要求公司对于这一战略的排他性有思想准备，即这一战略与提高市场份额两者不可兼得。较为普遍的情况是：如果建立差异化的活动总是成本高昂，如广泛的研究、产品设计、高质量的材料或周密的顾客服务等，那么实现产品差异化将意味着以成本地位为代价。然而，即便全产业范围内的顾客都了解公司的独特优点，也并不是所有顾客都愿意或有能力支付公司所要求的较高价格。

三、公司集中战略

公司集中战略也叫公司重点战略，是通过满足特定消费者群体的特殊需要，或者服务于某一有限的区域市场，来建立公司的竞争优势及其市场地位。这种战略的最突出的特征是公司专门服务于总体市场的一部分，即对某一类型的顾客或某一地区性市场作密集型的经营。集中战略的核心是细分市场，即该公司所确定的目标市场与行业中其他细分市场之间具有明显的差异性。

集中战略是主攻某个特定的顾客群、某产品系列的一个细分区段或某一个地区市场。正如差异化战略一样，集中战略可以具有许多形式。虽然低成本与产品差别化战略都是要在全产业范围内实现其目标，集中战略的整体却是围绕着很好地为某一特定目标服务这一中心建立的，它所制定的每一项方针都要考虑这一目标。这一战略的前提是：公司能够以更高的效率、更好的效果为某一狭窄的战略对象服务，从而超过竞争对手。

公司实行集中战略的优点是：由于经营目标和范围集中，管理简单方便，可以集中使用公司的各项资源；能够深入研究与本公司产品有关的各项技术，深入了解市场用户的具体需要；可以在一定程度上提高公司的实力，从而提高公司的经济效益。此外，实行集中战略，公司还可以通过目标市场的选择，寻找现有竞争者的最薄弱环节切入，避免与实力强大的竞争者正面冲突，因此，这种战略特别适合实力相对较弱的那些中小公司。

思考与练习

1. 什么是公司战略，公司战略的特点是什么？
2. 简述公司战略管理的过程和战略层次的划分。
3. 试述公司战略环境分析的主要内容和方法。
4. 试述公司总体战略的类型和主要内容。
5. 什么是公司差异化战略，如何实施差异化战略？

第八章　公司营销管理

【内容提要】

公司营销工作是公司整体工作的重要方面,在市场经济条件下公司的营销管理工作尤其重要。本章概述了市场营销的基本含义和观念转变过程,介绍了市场细分理论和目标市场选择的条件,重点研究了市场营销组合的基本原理,阐述了产品策略、价格策略、渠道策略、促销策略。

第一节　市场营销理论概述

一、市场营销的基本概念

1. 市场营销的概念

市场营销是指公司旨在满足市场需求,实现自身目标所进行的商务活动过程。

它包括:市场调查与预测、营销环境分析、选择目标市场、消费者研究、新产品开发、价格制定、分销渠道抉择、产品储存与运输、产品促销、产品销售提供服务等一系列与市场有关的公司经营活动。

2. 市场营销观念的发展

市场营销观念是公司从事营销活动的指导思想和行为准则,它概括了一个公司的经营态度和思维方式。市场营销观念,一般来说,经历了六个不断演进的过程。

(1) 生产观念

这是一种最古老的经营观念。其基本指导思想是公司以改进、增加生产为中心,公司生产什么产品就销售什么产品,显然生产观念是一种重生产、轻市场营销的指导思想。

生产观念是在市场上商品供不应求的形势下产生的。公司着力于组织所有资源,集中一切力量提高生产和推销效率,增加产量,降低成本,很少考虑顾客的具体需求,其一切经济活动以生产为中心,生产什么就卖什么,这时还谈不上市场营销。

(2) 产品观念

这也是一种古老的经营思想。其基本指导思想为:消费者或用户总是欢迎那些质量高、性能好、有特色、价格合理的产品,公司应致力于提高产品质量,只要做到物美价廉顾客就会找上门,无须大力推销。

产品观念与生产观念从本质上来看还是生产什么就销售什么,但二者又有所不同。产品观念是在产品供给不太紧缺的情况下产生,它强调"以货取胜""以廉取胜"。

(3) 推销观念

这种观念认为:广大消费者一般不愿意购买非必要的商品,但如果公司采取适当的措施,重视和加强推销工作,激发消费者对公司产品的兴趣,有可能扩大产品销售。

推销观念是从"卖方市场"向买方市场的转折过程中产生的。当社会产品日益丰富,市场上出现某些产品供过于求时,许多公司认识到不能只抓生产,还应重视推销工作。推销观念是在生产观念的基础上发展起来的,其本质仍然是生产什么销售什么。即以生产为起点,先生产后推销、以产定销仍然轻视市场营销。

(4) 市场营销观念

它是以公司的目标顾客为中心,集中公司一切资源和力量,适当安排市场营销为手段,以满足目标顾客的需要,扩大销售,获得利润,实现公司目标。

市场营销观念与推销观念不同,推销观念强调公司生产什么就推销什么,很少考虑消费者的需要,而市场营销观念正好把问题的逻辑颠倒过来,公司从目标顾客的需要出发,消费者需要什么产品,公司就应当生产、销售什么产品,实现了公司营销观念的革命性演变。

市场营销观念是在第二次世界大战后,特别是20世纪50年代以后逐渐形成和发展起来的。这一时期,一方面是由于西方发达资本主义国家的市场特别是消费品市场供过于求,买方市场的出现,市场竞争更加激烈;另一方面是战后主要资本主义国家由于科学技术的发展,产品的丰富,人民收入水平和文化生活水平提高,人们的消费需求也出现了多样性的变化。此外,一些发达资本主义国家对管理科学研究的深入,市场营销经验的积累,使得公司在生产经营方面迈出了重大的一步。

(5) 社会营销观念

社会营销观念的基本指导思想是公司提供产品,不仅要满足消费者的需求与欲望,而且要符合消费者和社会的长远利益,公司要关心与增进社会福利。公司在作市场营销决策时,必须全面兼顾公司利益、消费需要、社会利益三方面的统一。

社会营销观念产生于20世纪70年代,由于许多工商公司为牟取暴利,以虚假广告和伪劣产品损害消费者利益;回避了消费者欲望满足、消费者利益和长远的社会福利之间的潜在矛盾;公司奉行"市场营销观念"往往会导致物质浪费、环境污染等弊病。正是在这种情况下,人们对"市场营销观念"进行了修正,提出了社会市场营销观念。

(6) 大市场营销观念

大市场营销观念是指为成功进入和占领某特定市场而综合协调运用经济、心理、政治、公共关系等各方面的手段开展的市场营销活动。所谓特定市场是指壁垒很高的封闭或保守型市场。

进入20世纪80年代后,国际市场中有贸易保护主义,政府干预加强,从而使市场通道受阻。公司仅运用原有市场营销组合手段难以奏效,必须运用大市场营销组合手段,即在产品、价格、渠道、促销四要素之后,再加上权力和公共关系两要素。

总之,以上六种市场营销观念中的前三种可称之为传统营销观念,其出发点是产品,是以卖方的要求为中心的,其目的是将产品销售出去,以获取利润,这可以认为是一种“以生产者为导向”的经营观念;后三种现象又称为新型营销观念,其出发点是消费需求,是以买方的要求为中心的,其目的是从顾客的满足之中获取利润,这是一种以“消费者为导向”的经营销售观念。各种市场营销观念比较见表8-1。

表8-1 市场营销观念比较

市场观念	出发点	方法	目标
生产观念	增加产量	降低成本提高生产效率	在销量增长中获利
产品观念	产量质量	生产更加优质的产品	用高质量的产品推动销售增长
推销观念	产品销售	加强推销和宣传活动	在扩大市场销售中获利
市场营销观念	顾客需求	运用整体营销策略	在满足顾客需求中获利
社会营销观念	社会利益	运用整体营销策略	维护社会长远利益,满足消费者需求
大市场营销观念	市场环境	运用“4P+2P”的整体营销策略	进入特定市场,满足消费者需求

二、市场细分与目标市场选择

在市场营销管理哲学的指导下开展市场营销活动,其首要步骤是制定切合实际的市场营销组合策略。市场营销组合策略是公司经营战略的延伸和细化,由公司目标市场战略、市场营销组合策略和市场营销资源配置优化策略构成。

1. 市场细分

(1) 市场细分的概念

市场细分是指营销者根据总体市场中不同消费者对产品的需求欲望、购买行为与购买习惯的差异,把整个市场划分为不同类型的消费者群体,从而确定公司目标市场的过程。每一个分市场或子市场就是一个细分市场,每个细分市场由具有相似需求的消费者构成。因此,属于不同细分市场的消费者对同一产品和需求存在着明显的区别,而属于同一个细分市场的消费者对同一产品的需求存在着相似性,对相同的营销组合具有相似的反应。

(2) 市场细分的原则

一般而言,成功、有效的市场细分应遵循以下基本原则:

① 可衡量性　包括细分市场的标准是可以具体衡量推算的,公司能够取得体现购买者特点

的确切资料，细分后的消费者市场的人数、购买量、潜在购买力和公司的盈利等应该可以衡量。

② 可接受性　细分化的目标是占领市场，而占领市场需要公司的人、财、物和销售能力等多种因素的支持和配合。如果没有公司自身实力作基础和保障，即使选择了目标市场也无力占领。

③ 有利性　选择的细分市场要具有足够的需求量，使公司获得较高的经济效益。为此，公司既要掌握产品市场寿命周期，也要掌握投入市场的时机。

④ 稳定性　细分市场在一定时期内较为稳定，才有利于公司制定较长时期的市场营销策略，使公司避免因市场需求变化而遭致风险，保证获得稳定的经济效益。

⑤ 动态性　在市场营销过程中，消费者的特征不是一成不变的。如消费者的城乡结构、年龄、教育程度、职业等会随时间变化而变化，他们的消费偏好和消费行为也会随之发生变化。因此，公司必须树立起细分的动态观念，注意对目标市场进行适时调整。

(3) 市场细分的方法

市场细分的因素很多，并且各种因素相互影响、共同起作用。采用什么方法进行市场细分将从根本上决定市场细分的有效性。选择市场细分的方法涉及两个方面，一个是采取哪些细分因素，另一个是采用几个细分因素。市场细分的常用方法有以下几种：

① 单一因素细分法　即根据影响消费者需求的某一个重要因素进行市场细分。如奶粉公司，按年龄细分市场，可分为婴儿、儿童、中老年等奶粉。

② 多个变量因素组合法　即根据影响消费者需求的两种或两种以上的因素进行市场细分。如服装公司，按性别、年龄、收入三个变量细分市场。

③ 系列变量因素细分法　是根据两种或两种以上的因素，且按照一定的顺序，由粗到细依次地对市场进行细分，下一阶段的细分是在上一阶段选定的子市场中进行的。这种方法可使目标市场更加明确具体，有利于公司更好地制定相应的市场营销策略。

2. 目标市场策略

对市场进行细分后，公司要选择最为有利的目标市场，制定符合自身状况和发展需要的目标市场策略。

(1) 目标市场的概念

目标市场是指通过市场细分，被公司所选定的，准备以相应的产品和服务去满足其现实或潜在需求的那一个或几个细分市场。目标市场是一切营销活动的中心点，是公司制定营销策略的基本出发点，选择目标市场必须以市场细分为基础。

(2) 可供公司选择的目标市场策略

① 无差异性市场策略　无差异性市场策略是指公司将整个市场作为公司的目标市场，推出一种产品，实施一种营销组合策略，以满足整个市场尽可能多的消费者的某种共同需求。采用该战略的公司，主要是着眼于顾客需求的共性或同质性，忽略顾客需求的差异性，对市场不进行细分，只求满足大多数顾客的共性需求。

无差异性目标市场营销战略的最大优点在于成本低、经济性好。缺点:首先,忽视了市场要求的差异性,难以满足顾客的个性化需求;其次,容易导致竞争激烈和市场饱和,公司难以保持持久的规模经济效益。

② 差异性市场策略 差异性市场策略是公司在市场细分的基础上,选择多个细分市场作为公司的目标市场,并针对各个细分市场的不同特点,分别设计不同的产品,运用不同的营销组合策略,以满足多个细分市场消费者的不同需求。优点在于:可以更好地满足消费者的多样化需求,提高整体销量;由于公司在多个细分市场上开展营销,一定程度上可以降低投资风险和经营风险。缺点在于:公司生产多种产品,采用多种营销组合,增加了生产成本和营销成本;公司的资源分散在多个领域,导致公司不能集中使用资源,甚至公司内部出现彼此争夺资源的现象,容易失去竞争优势。

③ 密集性市场策略 密集性市场策略是选择一个或少数几个细分市场或一个细分市场的一部分作为目标市场,集中公司全部资源为其服务,实行专门化生产和营销。优点在于:营销目标集中,便于公司深入了解市场需求变化,能充分发挥公司优势;营销组合策略的针对性强,可以节约生产成本和营销费用;生产的专业化程度高;能满足个别细分市场的特殊需求,有利于公司产品在该细分市场取得优势地位,提高公司的市场占有率和知名度。缺点在于:目标市场过于狭小,市场发展潜力不大,公司的长远发展可能会受到限制;公司目标市场过于集中与狭小,产品过于专业化,一旦市场发生变化(比如强大的竞争对手介入、购买力下降或兴趣转移、替代品出现等),会给公司带来极大的威胁。

(3) 公司进行市场策略选择时要考虑的因素

① 公司实力 公司实力是指公司拥有的人、财、物、科技、信息等资源的数量和质量及其所反映的公司生产销售的综合能力。如果公司在生产、销售、科研、管理等方面的实力较强,就可以选择无差异性市场策略或差异性市场策略;若公司实力不足,则应选择密集性市场策略。

② 产品特点 对于那些自身差异小,或者在事实上存在着品质差别、但多数消费者不加区分的产品,如粮、棉、钢铁、汽油等,应采用无差异性市场策略;对于那些特性变化较大的产品,如时装、汽车、家电、食品等,可以采用差异性或密集性市场策略。

③ 市场特征 如果消费者的需求比较接近,即市场是同质的或类似的,则应采用无差异性市场策略;反之,若市场差异程度很大,就应选择差异性或密集性市场策略。

④ 产品的生命周期 产品的生命周期包括引入期、成长期、成熟期、衰退期等四个阶段。一般而言,社会经济越发达,产品的生命周期就越短。公司选择目标市场策略,必须结合产品的生命周期进行。若产品处于引入期,一般应采用无差异市场策略,以探测市场需求和潜在消费者;产品若处于成长期,应采用差异性或密集性市场策略;当产品进入成熟期时,宜采用差异性市场策略,以开拓新的市场;产品进入衰退期,则应采用密集性市场策略,集中力量于最有利的细分市场,延长产品的生命周期。

⑤ 竞争者的市场策略 当竞争对手是一个强有力的公司,并采用无差异市场策略时,本

公司就应考虑到自身的弱点,采取其他市场策略,可以获得一定优势。当然若公司实力较强,在竞争中优于竞争对手,也可以针锋相对,采取与之相同的市场策略。总之,公司在进行市场策略的选择时,必须考虑自己与竞争对手的实力对比,还要注意双方条件的变化,采用适当、灵活的市场策略。

⑥ 竞争者数量　当竞争对手众多时,消费者对产品和品牌的印象很重要。为了使不同的消费者都能对自己的产品品牌留下深刻的印象,增强该产品的竞争力,应当采用差异性市场策略或密集性市场策略;当市场上竞争对手较少时,消费者的需求从本公司产品中就能得到满足,不需要采用成本高的差异性市场策略,可采用无差异市场策略。但在消费者对产品单一、服务简单提出不满时,公司应当适应消费者多样化的需求,可考虑改用差异性市场策略。

第二节　公司市场调研与预测

一、公司市场调研理论

1. 市场调研的概念

市场调研是指公司为了特定的市场营销目标,运用科学的方法,有目的地系统收集市场信息,记录、整理和分析市场情况,了解市场现状及其发展趋势,为市场预测和经营决策提供客观准确的资料。其目的就在于取得过去和现在的市场信息,为市场预测和经营决策提供正确、可靠的信息依据。

2. 市场调研的方法

市场营销调研应根据不同的调研类型,采用不同的方法。其总体上有以下三种方法:

(1) 观察法

观察法是通过观察相关的人、行为和环境来搜集原始数据。例如,某个保健品制造商这样测试他的广告效果:在人们观看过程中测量其眼部运动、脉搏及其身体反应;而一家银行可以通过调查交通状况、周围环境和竞争性分行的位置来评价可能的分行新址。

观察性调研可用于获取人们不愿或不能提供的信息。在有些情况下,观察可能是获得所需信息的唯一途径。反过来说,有些内容是观察不到的,例如感情、态度、动机和私人行为,长期的或不经常性的行为也很难去观察。由于这些局限,调研人员在使用观察法的同时,还要使用其他的数据搜集方法。观察法主要有:

① 直接观察法。就是调查人员直接到调查现场,进行观察记录,搜集信息。例如:某个商场准备采购一批自行车销售,就可派出调查人员到各个自行车停放处,观察行人停放的自行车的品牌、样式、色彩、新旧程度等,再根据观察的统计结果,决定采购的自行车品牌款式。

② 痕迹观察法。就是通过观察记录、收集被调查者在周围环境中所留下的各种实际“痕迹”而获取信息的观察方法。例如:某个公司准备选择一家报刊长期做广告,就可先在各种可

供选择的报刊上同时刊登广告,广告中附有回条,凭回条到公司购买商品享受九折优惠。公司根据回条回收情况,就可知道哪种报刊广告效果最好。

③ 行为记录法。一般是由调查者观察和记录外界对有关被调查者的反应、评价等而获取信息的观察方法。例如:某公司准备在一家电视台做广告,为了弄清哪家电视台节目收视率最高,就可寻找一些家庭作为调查样本,结合日记调查的方式,让这些家庭提供各自的收看情况,然后通过对这些家庭的收视情况,进行统计分析,就可知各家电视台的收视率。

(2) 询问法

这是搜集描述性信息的最佳方式。公司如果想了解人们的知识、态度、偏好或购买行为,往往可以通过直接询问个人来获得答案。

询问式调研是搜集原始数据中使用最广泛的一种方式,而且常常是一项调查研究的唯一方式,询问式调研的主要好处是灵活性强,它可以用来搜集许多不同场合下的不同信息。如果设计得好,它可以比观察性和实验性调查更快、更方便地提供信息。

询问法主要有:

① 面谈调查法。就是调查者书面向被调查者提出问题,以获得所需资料的调查方法。面谈调查既可采用个人面谈,也可采用集体面谈。采用面谈调查法能够当面听取消费者的意见,获取第一手比较直观可靠的资料。同时在面谈过程中,调查人员可根据实际情况,对调查事项进行修改补充,具有较大的灵活性,但采用这种方法费用较高。

② 电话调查法。就是调查者通过电话向被调查者提出问题,以获得所需资料的调查方法。这种调查方法的优点是能迅速获得所需资料,成本较低。它的缺点是不能询问较复杂的问题,不能进行分析讨论,也无法借助样品、图片和广告说明等。

③ 邮件调查法。就是调查者将设计好的调查表邮寄给被调查者,由被调查者按调查表的要求填写后寄回的方式获取所需资料的调查方法。这种调查方法的优点是成本低,调查范围广,同时被调查者有充裕的时间回答问题,但这种调查方法的缺点是调查表的回收率很低,一般仅能回收1%~5%。

④ 日记调查法。就是调查者通过邮寄方法,采用支付一定报酬的形式,同被调查者保持联系,由被调查者持续提供公司所需资料的调查方法。这种调查方法费用很高,但效果良好,调查表的回收率和可靠性高。

(3) 实验法

这个方法最适于搜集因果关系信息。实验涉及挑选适合的目标群体,将他们区别对待,控制无关因素,并检查不同群体的反应。通过这些方式,力图解释因果之间的关系。

实验法中一个关键的问题是设定试验群体,控制试验过程。在复杂的市场环境中要做到这一点有相当的难度。尽管如此,这种方法仍然被大多数公司使用。

① 实验室实验调查法。这种方法是由调查者设制一定的实验条件,直接或间接对调查事项进行观察记录而获取信息的一种调查方法。例如:某商场准备大批量采购一批彩色电视机

出售,在确定采购电视机的品牌、样式前,可在商场会议室进行布置、陈列许多牌子和样式的电视机,邀请部分顾客参观评议,从而确定准备采购的彩电的厂家、样式。

② 实地试验调查法。这种方法是由调查者选择一定的现实环境条件,进行试验获取信息的观察方法。例如:某公司为了了解新产品的市场前景,就可选择有一定代表性的商场或城市开展展销与试销活动,以了解消费者的反映和销售情况。

3. 市场调查问卷及抽样调查技术

问卷是根据调查目的而设计的有关问题的表格、也称为调查表。问卷是进行市场调查,取得第一手资料的技术手段,也是进行资料统计整理分析的基础。

(1) 问卷结构。包括六个部分:前言、调查内容、结束语、样本特征资料、电脑编号、作业证明记载。

① 前言,也称说明词。它是对调查的目的、意义及有关事项的说明,其主要作用是引起被调查者的重视和兴趣,争取被调查者的积极支持和合作。前言包括如下内容:调查人自我介绍;说明本次调查的目的、意义;酬谢方式。如有赠品,应说明馈赠的礼品是什么。书面的前言部分,文字应简洁、准确,语气要谦虚、诚恳、平易近人,要有吸引力及可读性。

② 调查内容。这是问卷的主要部分,设计的优良与否,直接关系到调查的成败。主要内容有:根据调查目的而提出的各种问句;各种问句的回答方式;对回答方式的指导和说明。

③ 结束语。在调查内容完成后,应简短地向被调查者表示谢意。有条件的话也可以征询被调查者对问卷的看法和感受。

④ 样本特征资料。这是问卷所要收集的基本资料,记录样本的各种特征,如个人、家庭、商店、公司;消费者的性别、年龄、婚姻、文化程度、职业、收入等;公司的资本额、营业面积、员工收入等。样本特征的收集应根据调查目的和分析样本资料的需要而定。

⑤ 电脑编号。这是为了对调查结果进行电脑统计处理和分析,而对问卷有关项目预先做好的电脑编码。

⑥ 作业证明记载。用来证明访问作业的执行、完成、访问人的责任等情况,以利于检查、整理、复查、修正。作业证明记载主要应用于访问问卷。主要内容有:受访者姓名(名称)、电话;访问的地点;访问者的姓名;访问的时间。

(2) 问卷设计。在问卷调查表设计中,必须对问题的类型和提问的方式进行精心的设计。

① 开放性问题　是指允许被调查人用自己的话自由回答的问题。

② 封闭型问题　是指事先给定备选答案,被调查者只能从中进行选择。

③ 事实性问题　即要求被调查者回答一些有关事实的问题。

④ 行为性问题　即了解被调查者行为特征。

⑤ 动机性调查　即了解行为的原因。

⑥ 态度性问题　即了解对有关事物的态度、评价或意见。

(3) 抽样调查技术。这是营销调研人员从总消费群体中抽取一小部分样本进行研究,然后得出关于总体的结论。样本是指从总体中挑选的能代表总体的一部分。在理论上,样本应具有代表性,以便调查者能准确地估量总体的思想与行为。

设计样本需要作以下三个决策:

第一,调查对象是谁(抽样单位是什么)。该问题的答案并不一定总是很明确的。例如,为研究家庭购买汽车的决策过程,调查者的询问对象应该是丈夫、妻子、其他家庭成员、经销商的销售人员,是不是所有这些人都应询问,调查者必须决策需要什么信息,以及从谁那里能得到这一信息。

第二,应调查多少人(样本的规模是多少)。大样本要比小样本可靠。没有必要为得到可靠答案而去调查整个目标市场或其中的一大部分。只要选择得当,占总体不到1%的样本就可以提供可靠的答案。

第三,如何选取样本(抽样程序是什么)。使用概率样本,总体中的每个人都有被抽取的机会,而且调查者可以计算可信度,以计算取样误差。不过如果概率抽样成本太高或费时太长,营销人员就会使用非概率样本,如果这样的话,取样误差就无法计算出来了。不同的取样方法有不同的成本和时间限制,其准确度和统计属性也不相同。最佳方式的选择取决于调查项目的需要。

二、公司市场预测理论

1. 市场预测的概念

市场预测是在市场调查的基础上,运用科学的方法和手段,对市场商品的供求发展趋势以及与之相联系的各种因素变化进行调查、分析、预见、估计和判断。

市场预测可以分为以下几种类型:按市场预测的时间长短分,可以分为长期预测、中期预测和短期预测三种;按经营预测的方法来分,可以分为定性预测和定量预测;按照预测对象参照系的不同可分为时间序列预测和相关因素预测。

2. 市场预测的步骤

预测过程包括六个步骤:第一步,确定预测目标。根据社会需求、计划和决策需要,提出预测项目,确定预测要解决的具体问题、预测的内容、预测期限,提出基本假设,拟订预测提纲。第二步,调查、收集、整理资料。获得资料是预测的第二步工作,有些资料是现成的二手资料,但更多资料需要通过调查获得。第三步,选择预测方法。第四步,进行预测。第五步,分析、评价预测结果。第六步,提交预测报告。

3. 市场预测方法

目前,国内外所使用的市场预测方法有很多种,下面介绍几种常用的方法。

(1) 经验判断法

经验判断法主要包括个人判断法、集合意见法、专家征询法等。

集合意见法是指预测者根据预测对象的预测目标,召集公司中的有关人员进行座谈和讨论,对预测对象未来发展趋势充分发挥自己的看法和意见,然后由预测者根据大家的意见进行分析、研究,从中找出预测结果的一种方法。

(2)调查预测法

调查预测法包括典型调查、抽样调查、全面调查、销售调查和定期交换情报预测法等。

调查预测法是指根据市场调查进行预测的方法。它是根据预测对象的预测目标,通过召开产品展销会、订货会及发放用户调查表等方式,征询市场和用户的意见和建议,了解购买倾向和需求量等有关预测的内容,然后进行预测。

(3)数学外推预测法,包括算术平均法、移动平均法、最小二乘法、指数平滑法。

第三节 市场营销组合策略

一、市场营销组合的含义

市场营销组合是公司进行市场竞争的主要手段,是实现公司经营目标的重要基础。

1. 市场营销组合的含义

市场营销组合就是公司为了满足目标市场的需要而采用的可控制的基本因素的组合。麦卡锡把这些因素概括为四个变量(4P),即:产品(Product);价格(Price);销售渠道(Place);促销(Promotion)。这样,4P 内容就构成了市场营销组合的四大基本策略。

2. 市场营销组合的特点

(1)可控性

市场营销组合的诸因素对公司来说是可控的,也就是说,公司可以根据目标市场的需要来确定这些营销手段的运用和搭配。当然,考虑到这些因素也是可变的,在确定市场营销组合策略时,既要把握可控因素,又要适应不可控因素的变化。

(2)动态性

市场营销因素组合是一个多变的动态复合结构,其组合的整体效果是一个函数,这个函数就是 4P 中的每一个项目。公司在制定市场营销组合时,只要改变其中一个因素,就会出现一个新的整体组合效果。进一步说,在选择市场营销组合时,不一定综合调配四个因素,也可以根据产品和市场的特点,有重点地选用几个基本因素的组合。

(3)整体性

市场营销组合的作用,不是每个因素所产生的效果的简单相加,而是为了实现市场营销的目标将各种因素组合起来协同配合,追求市场营销整体效果的优化。

(4)层次性

市场营销的 4P 组合并非只有四个因素,而是每一个因素(P)又包括许多二级因素。如产品 P 是市场营销组合的一个因素,但它又包括产品品种、规格、性能、质量、外观造型等;销售渠道 P 也是市场营销组合的一个因素，但它又包括分配渠道、市场区划、销售渠道的宽广度、公司销售组织、商品储运等许多二级因素。二级因素也可以再往下进行细分。如促销 P 中的二级因素包括广告，广告本身也是一个组合因素，可以细分为电视广告、广播广告、户外广告、报刊广告等各种形式的广告。

二、公司产品策略

公司制定营销策略，首先碰到的第一个问题是公司提供什么样的产品或服务去满足消费者的需求，即首先制定公司的产品策略。

1. 产品的整体概念

市场营销管理中所称的产品，是指一切能够满足消费者需求与欲望的物质或非物质因素，包括三个方面：一是产品的核心部分。它是指产品能为消费者提供某种效用和利益，是购买者需求的中心内容。二是产品的形体部分。它是指产品所具有的质量、式样、特征、品牌、包装等，是消费者在购买时首先关注的因素，反映出消费者的实质要求。三是产品的附加部分。它是指为消费者提供的附加服务利益，如送货上门、帮助安装、维修、提供售后服务等。产品整体概念如图 8－1。

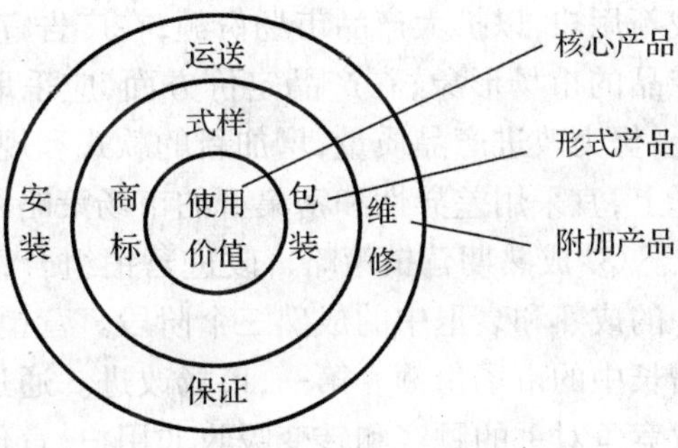

图 8－1　产品整体概念示意图

2. 产品生命周期

（1）产品生命周期的概念

产品生命周期是指产品从试制成功到投入市场开始，直到最后被淘汰退出市场为止所经历的全部时间，即是产品的市场寿命，而不是产品的使用寿命，这段时间称为产品生命周期。

产品生命周期一般可分为四个阶段，即引入期（导入期）、成长期、成熟期、衰退期。为了描述一个产品在市场上从无到有，高速增长，市场饱和，直到被市场淘汰的变化过程，可用一条曲线来表示，该曲线称之为产品生命周期曲线（图 8－2）。

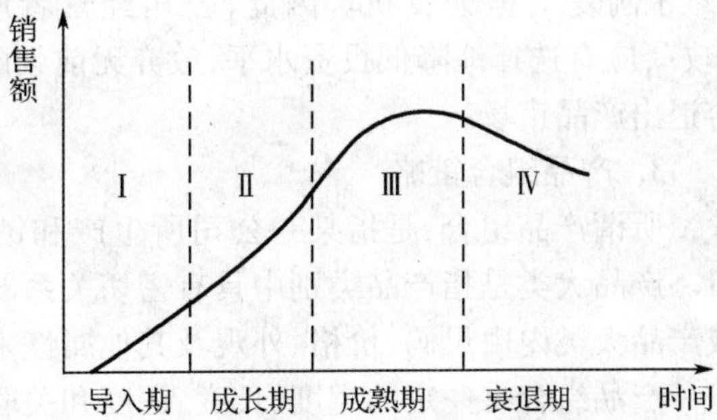

图 8－2　产品生命周期曲线图

（2）基于产品生命周期特点的营销策略

产品生命周期的不同阶段，有着不同的市场机会和市场风险。只有高瞻远瞩，选择与产品生命周期相一致的营销目标和营销策略，才能确保公司的生存和发展。熟悉产品销售的成长规律,把握产品生命的基本特征,理性地确立销售营销目标和动态地制订营销策略,这是延长产品生命,实现产品价值及其增值的基本途径。

① 导入期营销策略　贴近消费者,缩短导入期。在广告宣传方面,应以产品的性能和特点介绍为主,以激发消费者的购买欲望;在产品销售方面,可选用有较高信誉的中间商代销或者采用试用、上门推销、节日推销等方式,以提高品牌知晓率;在产品定价方面,可采取高价策略先声夺人,或采取低价渗透策略,以提高市场占有率;在产品生产方面,应进一步优化设计,以提高产品质量,改善产品性能和降低生产成本;在目标市场的选择上,可采取无差异性的市场策略,以降低营销成本和吸引潜在消费者。

② 成长期营销策略　延长成长期,提高占有率。在产品销售方面,应不断开辟新市场,寻找新用户,以扩大产品市场份额;在广告宣传上,应从产品知觉广告转向产品偏好广告,以树立产品的市场形象;在产品定价方面,应采取降价策略,以吸引价格敏感的购买者;在产品生产上,努力改进产品质量,增加新的款式和规格,以满足潜在消费者的不同需求;在目标市场的选择上,宜采用差异性和密集型的市场策略,以满足不同细分市场的需求,巩固产品的市场地位。

③ 成熟期营销策略　改进营销组合,维护市场份额。成熟阶段包括成长中的成熟、稳定中的成熟和衰退中的成熟三个阶段。营销人员应该系统地考虑市场、产品和营销组合,以维护增长中的市场份额。第一,市场改进。通过差异性和密集性市场策略,进入新的细分市场,争取竞争对手的顾客和转变吸收非用户,宣传产品新的和更广泛的用途。第二,产品改进。包括增加产品新功能(耐用性、可靠性、安全性等)、增加产品新特色(材料、尺寸、口味等)、增加产品美学诉求(颜色、结构、包装等)等。第三,营销组合改进。优化价格、分销、广告及服务组合,注重公司形象设计,增强服务项目,采用赠品等促销工具取代单纯的广告宣传,通过降低销售价格等手段拓展市场空间。

④ 衰退期营销策略　淡出市场,推陈出新。合适的衰退战略取决于行业的相对吸引力和公司在该行业中的竞争力。公司应防止两类错误:一是"仓促收兵",出现新旧产品脱节;二是"难于割爱",坐失良机。因此,公司经营者应该有预见地"转",有计划地"撤",有目的地"攻",应有选择地降低投资水平,放弃无前景的消费群,改变投资热点,及时榨取品牌价值,从容退出产品市场。

3. 产品组合策略

所谓产品组合,是指某一公司所生产和销售的全部产品的总和,包括产品大类和产品项目。产品大类是指产品类别中具有密切关系的一组产品,又称产品线;产品项目是指某一品牌或产品大类内由尺码、价格、外观及其他属性来区别的具体产品。

产品组合有一定的宽度、长度、深度和关联性。产品组合的宽度是指一个公司所拥有的产品大类的数量;产品组合的长度是指一个公司的产品组合中所包含的全部产品项目的总数;产品组合的深度是指产品大类中每种产品有多少花色、品种和规格等;产品组合的关联性是指一个公司的各个产品大类在最终用途、生产条件、分销渠道等方面的相关程度。产品组合如表8-2所示。在表中,产品组合的深度为6,广度为4。由于该产品组合中的各种产品线都属食品类,故关联度较强。

表8-2　产品组合

产品线	产品组合深度						
饮料	A1	A2	A3	A4	A5	A6	产品组合广度
罐头	B1	B2	B3	B4	B5	B6	
糖果	C1	C2	C3	C4	C5	C6	
饼干	D1	D2	D3	D4	D5	D6	

公司在调整和优化产品组合时,一般有扩大产品组合、缩减产品组合和产品线延伸等策略。

4. 品牌策略

品牌是指用来识别商品或劳务的名词、数字、符号、图案、设计、颜色及其组合,包括品牌名称和品牌标志两部分。品牌名称是指品牌中可以用语言来称呼的部分;而品牌标志是指品牌中可以被识别但不能用语言来称呼的部分。商标是指经过登记注册获得专用权并受法律保护的一个品牌或其一部分。公司采用的品牌策略有:

(1) 品牌化策略。即公司决定是否给其产品规定品牌名称。市场上销售的极大多数产品都是有品牌的,但对于不是以生产公司而是以规格划分质量的匀质产品,按实物、样品选购的产品,以及生产简单、选择性不大的小商品,其商标对促销的作用很小,却增加费用开支,可采用无品牌策略,但必须标明厂名,对消费者负责。

(2) 品牌使用者策略。即公司决定使用制造商品牌还是中间商品牌。当公司在新的市场上推销产品而产品商标短时期内难以建立声誉时,采用有一定影响的中间商品牌或同时使用中间商和制造商品牌;待产品有一定市场后再单独使用制造商品牌。

(3) 品牌统分策略。即公司决定所有产品使用一种品牌还是不同产品使用不同品牌。统一品牌可节约费用,新产品也可借原有品牌信誉迅速打开销路,但当其中任何一种产品质量波动时也会给其他产品带来不良影响。产品采用不同品牌的营销费用大,但便于发展高、中、低档各种类型的产品,可以减少市场风险。

5. 包装策略

包装是产品策略的重要内容,日益成为市场竞争的重要手段。包装的主要作用在于保护商品,方便运输、携带和保存,向消费者传递信息,介绍商品,美化商品,促进销售等。具体的包装策略主要有:相似包装策略、差别包装策略、组合包装策略、复用包装策略、附赠品包装策略等。

三、公司定价策略

价格是市场营销组合中一个十分敏感的重要因素,也是唯一能产生收入的因素。价格的变化直接影响着市场对产品的接受程度,影响着市场需求和公司的效益。公司的定价策略要有利于补偿成本、促进销售、获取利润,当然也要考虑顾客对价格的承受能力,这就使定价具有了买卖双方定价的特征。

1. 影响定价的因素

(1) 成本。产品成本是公司定价的下限。产品价格必须能够补偿公司生产经营过程的所有费用及为产品承担风险的代价。因此,成本的大小及成本的构成均对产品定价产生重要影响。

(2) 市场需求。产品的最高价格取决于产品的市场需求,而需求又受价格和收入变动的影响。公司制订的价格高低会直接影响产品的销售,因此公司定价必须掌握某产品需求的价格弹性。在市场上没有替代品或没有竞争者,购买者对较高价格不在意或即使提价也不会很快改变消费习惯的情况下,需求往往缺乏弹性。

(3) 竞争。产品最终售价还取决于市场的平均价格水平。公司必须采取适当方式,了解竞争者所提供的产品质量和价格,才能准确地制订本公司产品价格。

(4) 物价政策法规及其执行机构。这些政策法规,有的明确规定了产品的具体价格,有的规定了产品价格的上下限,还有的只规定了定价的原则。

2. 定价方法

(1) 成本导向定价法。以产品总成本为中心来制订价格,主要包括成本加成法、目标利润法等。

(2) 需求导向定价法。根据买方对产品价值的理解和需求的强度来定价,主要包括认知价值定价法、“倒扒皮法”等。

(3) 竞争导向定价法。这是以竞争者的售价为定价依据来确定自身产品在市场中的售价的一种定价法。具体有随行就市定价法、投标定价法和倾销定价法等。

3. 定价策略

运用各种定价方法,公司可以制订出产品的基础价格,在此基础上,根据供求和竞争的具体情况,运用各种定价技巧来确定产品的最终价格。

(1) 新产品定价策略。公司的创新产品投入市场,有两种定价方法,即撇脂定价和渗透定价。撇脂定价是指把价格定得很高,以攫取最大利润。当市场需求较大,竞争不激烈,需求缺乏弹性时,宜采用此方法。渗透定价是指把价格定得相对较低,以吸引大量顾客,提高市场占有率。这种方法适用于价格需求弹性较大的产品。

(2) 折扣与折让策略。为了鼓励顾客及早付清货款及大量购买、淡季购买,还可以酌情降低其基本价格,这种价格调整叫价格折扣与折让。主要有现金折扣、数量折扣、中间折扣、季节折扣、以旧换新折让等。

(3) 心理定价策略。利用顾客的心理因素来定价。对于高档商品或名牌商品,利用消费者仰慕心理定为整数或高价;而对一般商品,其价格有一定尾数,使消费者觉得商品定价是经过认真核算才产生的,并对此产生信任感。

四、公司分销策略

在现代市场经济条件下,生产者与消费者在时间、地点、数量、品种、信息、产品估价和所有权等多方面存在着差异和矛盾。公司产品生产出来后,必须通过适当的分销渠道在适当的时间、地点,以适当的价格供应给广大的消费者或用户。

1. 销售渠道的概念

所谓分销渠道,是指产品或服务从生产者向消费者转移过程中,所经过的由各中间环节联结而成的路径。它由直接组织商品流通(如各中间商)、辅助商品流通(如储运、银行、保险公司等)以及为商品流通服务(如广告公司、咨询公司、信息公司、技术服务公司)的组织和个人组成。生产者是销售渠道的起点,消费者是销售渠道的终点。销售渠道是否畅通,关系到商品销售是否顺利;销售渠道中间环节的多少,关系到商品价格的高低和流通时间的长短。由于各类产品的产销特点和产品本身特性的不同,形成了不同的销售渠道。

2. 选择分销渠道的策略

(1) 普遍渠道策略。这是一种宽渠道策略,是公司选择大量的批发商、零售商经销其产品的一种策略。由于广泛分销,能方便消费者购买,及时满足消费者需求。这种策略适用于人们经常需要的日用品的销售。

(2) 专营性分布策略。这是一种窄渠道策略,是公司在特定市场中只选择有限数量的中间商经销其产品的一种策略。它的极端形式是独家经销。这种策略能使公司同经销商之间形成密切的协作关系,相互为对方承担义务,使经销商更积极地推销。一般来说,高档耐用品及使用方法复杂或需承担较多今后服务的产品宜采用此种策略。

(3) 选择性分布策略。这是公司有选择地确定一些愿意使用且条件较好的中间商经销自己产品的一种策略。这种策略能较好地利用较多的中间商经销产品,占领较大的市场,同时又可以避免因产销之间过分依赖而使一方失利另一方也受牵连的情况。另外,还可以形成产销之间的密切配合关系,增强应变能力。这种策略适用于所有产品,尤其是对顾客在购买时需比较后才能决定购买的产品更为适宜。

3. 选择分销渠道应考虑的因素

(1) 产品特点。即根据产品特点选择适当的分销渠道。如笨重的物品、价值高的产品、易腐烂变质的产品、技术性强而又需要售后服务的产品,应尽量减少流转环节。

(2) 市场因素。市场范围大小,顾客的集中程度,市场供求和购买情况,市场需求的季节性,以及竞争者产品的分销渠道、策略等都会影响到分销渠道的选择。

五、公司促销策略

1. 广告

广告是公司付出一定的费用,利用适当的媒介,向可能的购买者传递公司产品或服务信息,以增加影响、扩大销售的一种手段。

(1) 广告的分类。广告可分为两大类,即公关广告与商业广告。前者是指以树立良好的形象,提高组织的声誉,融洽组织与社会公众之间的关系,增进公众对组织的信赖和支持为目的,从而促进组织机构实现其整体目标的一种方式。后者是指直接以公司的产品或服务为宣传内容的广告形式。

(2) 广告媒介。现代社会中,广告媒介种类繁多,且各具特色,主要有以下三大类。

印刷媒介:包括报纸、期刊、样本、资料、包装纸、张贴传单、推销信函等。

视听媒介:包括广播、电视、电影、网络、幻灯和霓虹灯等。

实物模型媒介:包括产品陈列、橱窗宣传、时装表演等。

(3) 广告设计的原则。广告是一门科学,也是一门艺术。广告的设计从内容到形式,必须运用多种学科的知识。一般来说,良好的广告设计应当注意真实性、针对性、吸引性、简洁性、创造性、美感性和联想性等。

2. 人员推销

人员推销是指公司派出销售人员与购买者面谈,作口头陈述,以推销商品,促进和扩大销售。

(1) 人员推销的特点。注重人际关系,有利于与顾客建立友谊;具有较大灵活性;针对性强,销售人员总带有一定的倾向性访问顾客,无效劳动较少;有利于公司了解市场,提高决策水平;成本费用较高,对销售人员素质有一定要求。

(2) 人员推销决策的内容。对多数顾客来讲,销售人员是公司的象征,反过来,销售人员又从顾客那里得到有关市场的信息和资料。公司在进行人员推销决策时,必须确定销售人员的任务、规模、报酬方式等。

3. 营业推广

营业推广是指为了刺激消费者即时或大量购买某种产品而采取各种短期促销方式的总称。营业推广的对象及方式主要有以下几种:

(1) 对消费者推广。鼓励老顾客,争取新顾客,引导顾客改变消费习惯,购买新产品等。其主要方式有赠送样品、减价出售、有奖销售、赠送优待券、提供消费信用等。

(2) 对中间商推广。由生产者向批发商、代理商和零售商推广,使之经销本公司产品,目的是鼓励他们大量进货、增加储存。其主要方式有批量折扣、现金折扣、交易会、商业信用、人员培训等。

（3）对制造商推广。制造商采购物品和劳务的最终目的是为了获得盈利，因此对制造商推广的主要方式有服务促销、业务会议、互惠促销等。

（4）对推销人员推广。通过对推销人员进行各种物质和精神的鼓励，激发他们的推销积极性。其主要方式有奖金、提成、推销竞赛、表扬、提工资等。

4. 公关宣传

公关宣传是指公司为实现销售目标，免费在媒体上进行的报道或展示，以刺激目标顾客需求的活动。公关宣传作为一种有力的促销工具，对公司改善形象，提高知名度，起着十分重要的作用。与广告及其他促销工具相比，公关宣传具有许多优势，具体表现在以下几点：

（1）无须支付费用，一旦得到媒体的支持，即可获得收益。

（2）在顾客看来，新闻报道具有客观性和真实性，体现了公司外部公众的利益和看法；而广告则属于公司主观提供的信息，影响效果不同。

（3）公关宣传更容易与除消费者之外的其他公众保持良好关系，得到公众认可，促进公司发展。

思考与练习

1. 什么是市场营销，市场营销观念转变分为几个阶段？
2. 什么是市场细分，公司如何对目标市场进行选择？
3. 试述公司市场调研与市场预测工作的过程与内容。
4. 什么是整体产品，产品策略包括哪些内容？
5. 什么是营销渠道，营销渠道有哪些基本类型？

第九章　企业电子商务管理

【内容提要】

电子商务是企业信息化管理的高层阶段，电子商务的发展是以网络经济的不断深层化为基础的，并成为网络经济的主体形式。巨大的潜在效用将使电子商务成为重要的经济活动。本章介绍了电子商务的概念、电子商务的类型、电子商务的发展过程；重点研究了客户关系管理含义、发展阶段和系统功能；分析了供应链管理系统的组成和销售链管理的实际应用，并对企业资源计划的功能与实施进行了研究。

第一节　电子商务概念

一、电子商务的概念

对于很多人来说一提到电子商务就想起在互联网上购物。但电子商务的业务领域并不局限于网上购物，它包括很多商业活动。欧洲委员会对电子商务的定义是：电子商务就是以电子方式进行商务交易。它以数据的电子处理和传输为基础，包含了许多不同的活动，它涉及产品和服务、传统活动与新活动。

对于电子商务的概念我们可以从以下几个方面来理解：

（1）从对外联络的角度看，电子商务是通过电话线、计算机网络或其他方式实现的信息、产品、服务或结算款项的传送。

（2）从工作流程的角度看，电子商务是实现业务和工作流程自动化的技术应用。

（3）从服务的角度看，电子商务能更好地满足企业、消费者和管理者的愿望，如降低服务成本、改进商品的质量、提高服务水平。

（4）从营销的角度看，电子商务是提供在互联网和其他联机服务上购买和销售产品或服务的能力。

总之，电子商务强调了新业务机会的产生和利用，用更流行的话来说，就是“创造新价值”“把复杂的变简单”或“用更少的钱办更多的事”。电子商务的广泛发展，将有利于企业缩短生产周期，减少交易成本，增加就业机会，提高市场竞争力。

二、电子商务发展史

互联网的应用使很多企业和个人的在线购物成为可能,但从更广泛的意义上讲,电子商务已经存在多年了,他们需要有效地应用计算机技术以改善顾客关系,业务流程和信息交换。正是这一需求才使得电子商务从无到有,逐步发展到今天的规模。按照各个时期不同代表性的技术,可以将电子商务的发展历程划分成四个阶段。

第一阶段:EFT 时代

20 世纪 70 年代,银行间电子资金转账开始在专用网络上推出。它改变了金融业的业务流程。这时它以电子方式提供汇款信息,从而使电子结算实现了最优化。这是电子商务最原始的形式之一,也是最普遍的形式。今天,EFT 已发展出多种形式,如在零售店的收款处使用的借记卡,企业给员工的工资直接存入银行账户等。

第二阶段:EDI 时代

从 20 世纪 70 年代后期到 80 年代初期,电子数据交换在企业中得到推广。企业和其他企业交换的许多单据都和商品运输有关,另外,企业花费了大量的时间和金钱向计算机输入数据并打印出来后,交易的对方又要重新输入这些数据。虽然每笔交易中发票、订单、提货单的大部分内容都是一样的,如商品代号、名称、价格和数量,但每张书面单据在表述这些信息时又有自己独特的格式。电子数据交换使企业能够以标准化的电子格式与供应商之间交换商业单证。例如,如果将电子数据交换与准时化生产相结合,供应商就能将零件直接送到生产现场,节约了企业的存货成本、储存成本和处理成本。

多年来,EDI 已经演进成了几种不同的技术,在零售业的商品品种管理中,电子数据交换的应用尤为成功。商品品种管理是将适当的产品,以适当的价格和适当的数量,摆放在商店货架适当的位置以满足顾客的需求。商品品种经理根据这些特征对某一品种的所有商品进行管理,采购人员也不再是购买价格最低的产品,而是利用购买模式的信息,采用 EDI 技术,争取在购买最热销的商品时实现最大程度的节约。这种技术使购买行为更先进了,并降低了制造商和零售商双方的成本。

第三阶段:联机服务时代

在 20 世纪 80 年代中期,联机服务开始风行,这为互联网用户创造了一种虚拟社区的感觉。同时,信息访问和交换的成本已大大降低,范围也空前地扩大,全世界的人都可以相互沟通。

第四阶段:Internet 时代

从 20 世纪 90 年代中期到现在,互联网的应用是电子商务的转折点。Internet 的最主要特点是具备实用的标准图形界面,即使那些对计算机不精通的人也可以访问大量的网上资源。Internet带来的规模效应降低了业务成本,它所带来的范围效应则丰富了企业的业务活动,Internet也为小企业创造了机会,使他们能够与资源雄厚的跨国企业在平等的技术基础上竞争。

三、电子商务的类型

电子商务的类型主要有企业与消费者间的电子商务；企业间的电子商务；企业内部的电子商务。

（一）企业与消费者间的电子商务

企业对消费者的电子商务是企业在国际互联网上开设电子商场，消费者通过网络购买商品和服务。其中无形商品和服务的交易可以完整地通过网络进行，而有形商品和服务的买卖则不能完全在网上实现，要靠传统手段配合才能完成。

1. 无形商品和服务的电子商务

无形商品和服务一般包括信息、计算机软件、视听娱乐产品等，这些商品和服务可以通过网络直接提供给消费者。主要有以下几种模式：

(1) 网上订阅。这种模式是消费者通过网络订阅企业提供的无形商品或服务，如信息，杂志等，并在网上直接浏览和消费，对于这种模式，消费者一般都要付出一定的费用。当然，也有部分商品和服务是免费的，这主要是为了提高网站的访问率。

(2) 广告支持。这种模式是服务商免费向消费者提供在线服务，其营业收入完全靠网站上的广告收入来获得的，这种模式虽然不直接向消费者收费，但却是目前最为成功的一种电子商务。

(3) 网上赠与。这种模式通常被软件企业用来赠送软件产品，一些软件企业将测试版软件通过互联网向用户免费发送，用户则通过网络自己下载使用。用户意见也可以通过网络反馈给软件企业，当正式版本通过网络发布时，参加测试的用户可以享受一定的优惠。采用这种方法，不仅可以降低成本，还可以扩大测试群体，改善测试效果，提高市场占有率。

2. 有形商品和服务的电子商务

这种电子商务模式是指产品和服务的查询、订购、付款等活动在网上进行，但最终交付还需使用传统的办法来完成，而不能通过网络来实现，有形商品和服务的网上销售，使企业扩大了销售渠道，增加了市场机会。网上商店不必像实际的商店那样保持很多库存，如果是纯粹的虚拟商店，他们甚至可以直接从厂家和批发商处订货，从而大大节省了库存成本。

在企业与消费者间的商务中，顾客可通过电子出版物来了解产品。通过电子结算系统购买产品。并通过网络接收信息商品。从消费者的角度看，电子商务的作用有以下几点：

(1) 使消费者能通过电子邮件、视频会议相互交流。

(2) 使消费者能用在线金融服务工具管理投资事物和个人理财。

(3) 使消费者能找到介绍各种产品和服务的在线信息。

（二）企业间的电子商务

企业间的电子商务，是指企业之间通过 Internet 或各种商务网络进行订货、付款等交易行为,在这种模式中,企业采购的产品多为原材料、零部件等中间产品。企业间的电子商务是最具增长潜力的电子交易,这是因为它是过去商务关系和商务活动的延续,而这一商务关系是构筑在高信用度和商务合同基础上的,而且企业对企业的大宗交易能够更大限度地发挥电子商务的潜在效益,并通过供应的集中、采购的自动化、配送系统的的高效率而得以实现。更重要的是,企业间的电子商务会彻底改变企业之间的关系,对生产性企业而言,通过开展电子商务能够有效地缩短供货时间和生产周期,简化订货程序,降低库存,而生产企业与消费者的直接沟通将使两者的关系更加密切,降低交易成本和进入门槛,使得大型企业和中小型企业拥有了参与电子商务的均等机会,从而能够有效地改变和改善企业组织结构和市场竞争结构,使经济的运行效率显著提高。

从企业的角度来看,电子商务的商业应用主要有:

1. 供应商管理

企业间电子商务的应用可帮助企业减少供应商的数量,这些应用可以降低订单处理成本、缩短处理周期、减少处理人员并同时提高处理的订单数量,加强业务伙伴关系。

2. 存货管理

企业间电子商务的应用缩短了订购、运输、结算的周期。如果企业的大部分业务伙伴都建立了电子连接,那么以前用传真或邮件传送的信息现在就能通过网络立即传输。企业还可以确认所传输的文件,以确保文件已被对方收到。

3. 配送管理

企业间电子商务的应用简化了运输单证的传送,如提货单、采购订单、提前运输通知和载货单等。电子商务能确保单证的数据更为准确,从而改善了资源管理。

4. 渠道管理

企业间电子商务的应用可快速将经营信息传递给贸易伙伴。过去传递技术信息、产品信息和定价信息主要通过打电话来解决,消耗很多人力和时间,现在则可以把这些信息贴在电子公告牌上,企业可将生产信息以电子方式传递给分销网,不但减少很多工人和时间,而且可以确保业务伙伴能共享到准确的信息。

5. 结算管理

企业间电子商务的应用可将企业与供应商和分销商连接起来,使结算能以电子方式发送和接收。电子结算减少了单证错误,提高了企业处理发票的速度,并且降低了交易费用。

(三) 企业内部的电子商务

企业内部的电子商务是在企业内部进行的电子商务,其目的在于帮助企业维持各种关系。这类电子商务应用的重点是将企业内各种职能进行整合,它包括以下应用:

1. 工作组通信

这种应用使管理者能够通过电子邮件、视频会议和公告牌与员工进行交流,其目的是利用信息技术来提高信息的传送速度,使员工能够掌握更多的信息。

2. 电子出版

这种应用使企业能够运用 Internet 等工具来组织、出版和分发人力资源手册、产品规格和会议纪要等信息。

3. 销售信息交流

这种应用提高了信息在生产部门和销售部门之间、企业和顾客之间的流动速度。企业可将销售队伍和其他部门更好地组织起来,从而迅速获得更多关于市场和竞争者的信息,制定出更好的战略决策。

在企业内部的电子商务中,增长最快的领域就是企业内部网的开发。企业建立内部网的主要目的是出版和访问重要的企业信息,这些信息包括人力资源信息、员工沟通、产品开发和项目数据管理、内部商品目录、销售支持数据、企业数据库等。

第二节　客户关系管理

随着市场态势从卖方市场向买方市场的转变,消费者的消费行为越来越成熟,消费期望越来越高,如何建立与客户的良好关系显得至关重要。客户关系管理是一种旨在改善企业与客户之间关系的新型管理机制,他应用于企业市场营销、服务与技术支持等企业外部资源整合领域。

一、客户关系管理的含义

当今世界,各行各业都面临着竞争加剧、经济全球化、争取客户的成本不断提高及客户流失率高等问题,散发宣传单或者开展买一赠一活动的古老手段根本没有效果。企业在竞争中取得胜利的唯一途径就是认真地了解客户需求。电子商务提高了客户的期望,这种期望又提出了对客户服务的更高要求,客户不在意你的企业收集、存储、处理信息的方式,他们只想得到最好的服务。客户关系管理要求整个企业协同工作来满足客户的需求。客户关系管理实际上就是整合营销和服务的战略。这种业务模式的目标有以下几点:

1. 利用现有的客户关系增加收入

了解企业客户的概貌,通过连带销售来加强客户同企业的关系;通过识别、吸引和维系重要客户来提高利润。

2. 利用整合的信息提供优质服务

利用客户信息更好地满足客户的需要,包括节省客户的时间和减少客户的挫折感。

3. 导入易重复的销售业务流程和程序

随着与客户接触渠道的增加,企业更多的员工会参与销售工作。企业要想长久成功,必须提高客户管理和销售活动的一致性。把个别人成功的销售工作变成每一个人都能做到的销售模板,提高全体人员的销售能力。

4. 创造新价值并培养忠诚客户

让潜在客户和现有客户都认识到企业能够对他们的需求作出反映,并可使之满意,这就是企业的竞争优势,因为客户认为企业是值得他们信赖并保持忠诚度的企业。

5. 贯彻积极解决问题的策略

整个企业都要以客户为中心,要在问题发生之前尽可能消除它,要从被动地收集信息变为主动地监管客户关系,在问题初见端倪时就解决它。

以客户为中心不仅意味着要改善客户服务,而且要同客户进行一致的、可靠的、方便的交互。客户关系管理是一种整体的业务战略,实施客户关系管理战略意味着必须采用一套整合的应用系统来满足各种需求,如客户自助服务、现场服务。

二、客户关系管理的三个阶段

在人际交往中,只要双方都努力,彼此之间的理解和亲密程度就会随着时间的推移而加深。商务网也是如此。客户关系管理分三个阶段:

1. 争取新客户阶段

企业通过提高产品和服务对客户的价值而吸引新客户,这种高价值可能是更好的质量或者是购买更多的便利。

2. 加强现有客户关系阶段

这个阶段就是要提高现有客户为企业带来的利润,企业可通过连带销售等来加强同客户的关系。

3. 维系获利客户阶段

留住客户的关键在于服务的针对性。当今很多成功的企业更关注留住老客户,而不是吸引新客户。

客户关系管理的三个阶段是相互关联的。即便最优秀的企业也很难同时将这三个阶段都做得很好。企业通常需要选择某个阶段作为重点,选择一个阶段并不意味着放弃另外两个阶段,而是指选择自己的定位。

三、客户关系管理系统

(一)客户关系管理系统的功能

传统企业管理的着眼点往往在后台,例如,企业怎样实现内部商业流程的自动化,提高生产效率等。而对于哪种产品最受欢迎、哪些客户是最赚钱的客户、售后服务有哪些问题等前台问题,企业重视不够,从而导致大规模的客户流失。CRM 系统就是一种专门管理企业前台业务的系统,它提供了一个收集、分析和利用各种客户信息的系统,帮助企业充分利用客户关系资源,也为企业在电子商务时代从容自如地面对客户提供科学手段和方法。

数据库营销和一对一营销等新兴营销方式均可纳入 CRM 系统的范畴。通过使用数据库,企业能够找出最忠实的顾客;能够确定顾客最倾向于购买哪些产品,能够识别原来属于竞争对手的哪些顾客可以被争夺过来。一对一营销是数据库营销的变革,企业对客户信息进行细分,通过分析客户对每次营销活动的反映来分析顾客的个人偏好,并利用数据库来协调促销活动。

(二) 客户关系管理系统的内容

客户关系管理系统主要包括三个内容:销售力量自动化、营销自动化和客户服务。

1. 销售力量自动化

销售力量自动化是 CRM 系统的关键功能,它包括账户管理、合同管理、定额管理、销售管理、盈利与损失分析等。

2. 营销自动化

营销自动化是 CRM 领域新发展起来的功能,其着眼点在于通过设计、执行和评估市场营销行动和其他活动,赋予市场营销人员更强的业务能力。它作为 SFA 的补充,提供一些独有的功能,主要有促销宣传管理、内容管理以及数据分析和商业智能工具。具体来讲,包括基于网络的和传统的市场营销宣传行动策划、执行和分析;客户需求的产生和管理;预算和预测;宣传品制作和市场营销材料管理。

3. 客户服务

在很多情况下,维系客户和获利能力依赖于提供优质的服务,因为客户只需轻点鼠标或一个电话就可以转向企业的竞争对手,因此客户服务和支持是极为重要的。在 CRM 系统中,客户服务与支持主要是通过呼叫中心和互联网实现的,在满足客户的个性化需求方面,他们的速度、准确性和效率都令人满意。CRM 系统中的强有力的客户数据使得通过多种渠道(如互联网、呼叫中心)的纵横向销售变得可能,当将客户服务与支持功能同销售、营销功能比较好地结合起来时,就能为企业提供很多的机会,向已有的客户销售更多的产品。客户服务与支持的典型应用包括:客户关怀、纠纷处理、次货处理、订单跟踪、现场服务、问题及其解决办法的数据库、维修行为安排和调度、服务协议和合同等功能。

四、呼叫中心

呼叫中心(Call center)也称为客户服务中心(Customer service center)。传统的呼叫中心是集中处理呼叫业务的场所。随着自动语音应答设备(VRU)的出现以及 Internet 的迅速发展,呼叫中心的定义有了新的内涵。现在的呼叫中心是一种基于 CTI 技术(计算机网与通信网集成)的一种新的综合信息服务系统。它是由若干成员组成的工作组,它们通过网络进行通信,共享网络资源,为客户提供交互式服务。

(一) 呼叫中心的类型

呼叫中心起源于 30 年前的民航业,其最初目的是为了能更方便地向乘客提供咨询服务和有效地处理乘客投诉。呼叫中心有电话呼叫中心、电脑电话整合呼叫中心和现代呼叫中心三种类型。

1. 电话呼叫中心

即单纯运用电话、传真、网站及电子邮件的方式来为客户服务，处理简单的呼叫流程，属于小型的呼叫中心。

2. 电脑电话整合呼叫中心

随着电脑电话整合（Computer Telephone Integration，CTI）系统的导入，便出现了一些规模较大的呼叫中心以及复杂的呼叫流程。运用 CTI 增加了许多呼叫人员，拥有足够的资讯来处理客户来电，自动话务分配可用来平均分配呼叫人员的话务负荷，互动式语音可运用电脑语音来回答一些基本的咨询，不需呼叫人员直接来服务客户。

3. 现代呼叫中心

随着全球网络技术，特别是 Internet 技术的迅猛发展，呼叫中心又迎来了它的一次革命性的变化。呼叫中心系统逐渐由普通电话走向了网络技术，其通信手段是传统电话、IP 电话、网络站点和电子邮件的集合。目前，常见的现代化呼叫中心主要有 Internet 呼叫中心（Internet Call Center，ICC）；多媒体呼叫中心；可视化多媒体呼叫中心等。

（二）呼叫中心的功能

客户关系管理的新趋势是呼叫中心和网站等新型的客户联系点的出现。呼叫中心由人和通信设备组成，为客户提供支持、咨询和交易等服务。网站则属于客户自助服务的渠道。呼叫中心的功能主要有以下几种：

1. 倾听客户的声音

呼叫中心和网站应该成为了解客户所关心问题的前哨，而且一定要选择正确的客户群。如果听取了错误的客户群对产品和服务的反馈信息，就会给企业造成损失。比如，如果选择的调查对象都是自己忠诚的客户，则可能收集不到一些有益的改进建议，最终损失惨重。正确的做法是应重视从竞争对手的客户那里获得反馈信息。

2. 提高客户忠诚度

现在的客户有更多的选择，他们也越来越了解你企业和竞争对手的产品，也逐渐变得认真考虑如何用呼叫中心来帮助建立客户的忠诚。我们应当经常思考这样一些问题：呼叫中心能为客户提供怎样的服务？客户是否对我们的服务感到满意？

3. 提升客户的购物体验

呼叫中心技术无疑可以很好地满足客户的要求，而且在每个接触点都能够提供优质的、一致的服务。比如，当你拿不定主意买什么样的汽车时，到网站上浏览一下最新车型和价格，你点击按钮，开发商的销售代表立即给你打来电话，回答你的问题并安排看车时间。

4. 满足客户更高的服务期望

随着技术的进展，客户期望更好的服务，一些以前被认为属于额外的服务现在也被客户当作是理所当然的，客户希望企业能提供更多的服务，对服务水平的要求也越来越高了。因此企业要认真考虑呼叫中心能为客户提供哪些高质量的服务。比如，当你打电话到一家保险企业询问财产保险单情况时,呼叫中心接待人员应能立即从有关的系统中查出你是谁,直接叫出你的名字向你问好,在屏幕上显示出你的保险单,熟练地回答你的问题,并根据你的具体情况推荐一种新的汽车保险,你同意购买这种保险并准备告诉对方你的地址时,接待人员回答知道你的地址,有关资料会在当天邮寄给你。

第三节　供应链管理

随着自动化和信息技术在制造业中的应用,制造加工技术提高产品竞争力的潜力开始变小。为了进一步挖掘降低产品成本和满足顾客需要的潜力,人们开始从产品生命周期中供应环节和整个供应链系统中寻找突破,供应链(Supply Chain)管理随之出现。

一、供应链的含义

传统的供应链是指企业从原材料和零部件的采购、运输、加工制造、分销直至最终送到顾客手中的这一过程。供应链概念是从扩展的生产这一概念发展来的,它将企业的生产活动进行了前伸和后延,通过计划(plan)、获得(obtain)、存储(store)、分销(distribute)、服务(serve)等活动在顾客和供应商之间形成一种衔接(interface),从而使企业能够满足顾客需求。供应链管理就是对整个供应链系统进行计划、协调、操作、控制和优化的过程。

供应链概念的进一步发展是注意了供应链的外部环境,认为供应链管理是通过前馈的信息流和反馈的物流及信息流,将供应商、制造商、分销商、零售商,直到最终用户连成一个整体的模式。这一概念强调了供应链中所有成员操作的一致性。最新的供应链概念更加突出了核心企业及在此基础上形成的网络关系,突出了供应链中的战略伙伴关系。

供应链管理的研究和实践表明,增加供应链节点企业间的联系与合作,提高信息共享程度,用覆盖整个供应链的决策系统代替缺乏柔性和集成度差的决策系统,使整个供应链各个环节都能清楚地观察物流、资金流、信息流和工作流,以降低供应链成本,降低各环节的迟滞时间,消除信息扭曲现象,是实现供应链管理的关键。

二、供应链管理的层次

就目前的发展状况来看,供应链管理可以分为三个层次:

1. 企业内部供应链管理

它是将企业内部经营的所有业务单元如订购、采购、库存、计划、生产、质量、运输、市场、销售、服务等,以及相应的财务活动、人事管理等均纳入供应链进行统筹管理。这种供应链管理将企业各个业务环节连接在一起,使得各种业务和信息能够实现集成和共享。

2. 产业供应链管理

它是将企业内部供应链管理延伸和发展为面向全行业的产业链管理,管理资金从内部扩展到外部。

在这种供应链的管理过程中，首先要在整个行业中建立一个环环相扣的供应链，使多个企业能在一个整体的管理下实现协作经营和协调运作。把这些企业的分散计划纳入整个供应链的计划中，实现资源和信息共享，从而大大增加了该供应链在大市场环境中的整体优势，同时也使每个企业均可以最小的个别成本和转换成本来获得成本优势。在供应链统一的计划下，上、下游企业可最大限度地减少库存，使所有上游企业的产品能够准确、及时地到达下游企业，这样既加快了供应链上的物流速度，又减少了各个企业的库存量和资金占用，还可以及时地获得最终消费市场的需求信息，使整个供应链能紧跟市场的变化。

其次，在市场、加工或组装、制造环节与流通环节之间，建立一个业务相关的动态企业联盟。它是指为完成向市场提供商品或服务等任务而由多个企业相互联合所形成的一种合作组织形式，通过信息技术把这些企业连成一个网络，以更有效地向市场提供商品和服务来完成单个企业不能承担的市场功能。

供应链管理通过 Internet、电子商务把过去分离的业务过程集成起来，覆盖了从供应商到客户的全过程，包括原材料供应商、外协加工和组装、生产制造、销售分销与运输、批发商、零售商、仓库和客户服务等，实现了从生产领域到流通领域一步到位的业务全过程。

3. 全球网络供应链管理

这是一种基于 Internet 的开放式的全球网络供应链。在全球网络供应链中，企业的形态和边界将产生根本性改变，整个供应链的协同运作将取代传统的电子订单，供应商与客户之间的信息交流更为直接、透明。

三、供应链管理系统的组成

常见的供应链管理系统可分为计划系统和执行系统。计划系统涉及需求预测、库存仿真、分销、运输、生产计划和调度，主要目标是提高预测的准确性、优化生产计划、减少库存成本、缩短订单周期、减少运输成本并提高客户服务水平。执行系统涉及整个供应链中产品的采购、生产和分销，主要目标是确保以最佳运输路线将产品送到正确的地点。

（一）供应链计划系统

供应链计划系统可分为五大模块：

1. 订单支持模块

该模块可实现提供从原材料、库存到生产订单履行全过程的详细信息。

2. 生产计划模块

该模块能使生产和供应活动进行细节的协调。

3. 需求计划模块

该模块能整理、合并所有业务单位的需求预测，提供各种统计和预测工具。

4. 分销计划模块

该模板可支持后勤部门制定工作计划。该模块可与需求计划模块和生产计划模块一并运用,制订订单,履行作业计划。

5. 运输计划模块

该模块支持运输资源的分配,能实现货位、车辆、总载荷、运输工具及承运商等的最佳组合,保证原材料和成品以最低的成本在正确的时间到达正确的地点。

要满足客户的各种需求,就要求供应链应有一定的灵活性,应将各种计划模块高度整合起来。例如,一个重要客户下达(或更改)了一个订单,指明所需产品的颜色、规格、型号和数量,这就会对企业的业务产生大范围的影响:定价会因产品现货情况而更改;生产部门收到新的生产要求,为此得改变生产安排;采购部门需要订购新的原料,这又会影响原料供应商;运输商则需要在特定日期安排好车辆。

供应链计划系统通过对生产计划和配送计划进行必要的调整来满足这些要求,还要保证供应链上受影响的每个环节都能了解到变化的信息。如果没有供应链计划系统,生产部门、销售部门与运输部门就无法知晓彼此的计划,从而不可能进行有效的协调。

(二)供应链执行系统

供应链执行就是以及时、经济、有效的方式满足客户的特殊需求,它是提高竞争力的关键因素。供应链计划系统可通过精简采购和生产流程来降低成本。供应链执行系统则通过保证企业按承诺交货以提高客户对企业的满意度。

供应链执行系统由订单计划、生产、补货和分销等模块组成。

1. 订单计划模块

供应链执行系统的目标是在现有的运输和生产条件下最大程度地落实客户的需求,于是企业就得根据客户的重要性和订单履行时间的要求来制订订单履行计划,计划要考虑到供应链的各种限制因素,如运输卡车的载重量及卡车运输的产品型号等。

2. 生产模块

随着模块化设计的兴起,生产逐渐变成在特定场所进行的组装,包括装配、包装及贴标签等活动。一般以最后装配的时间要求来决定各部件的生产计划,因此,制造资源计划(MRP)系统可根据成品的生产计划制订在何时何地组装多少产品及所需的各种零部件的计划。

3. 补货模块

零部件补货策略的目标是最大程度地减少流水线的库存。仓库的及时补货也很重要,因为客户不能容忍长时间缺货。

4. 分销管理模块

分销管理是对产品从制造商到配送中心再到最终消费者的整个过程管理。新的分销管理都同运输管理整合使用。运输管理负责管理整个运输过程,并保证客户能随时了解货物的位置。

5. 逆向后勤

逆向后勤负责将客户退回的货物送回给制造商或销毁。

第四节　销售链管理

随着 Internet 的发展,信息技术也在企业销售部门得到广泛应用。销售链应用的目的是加速买卖双方之间的流动以支持买方的购买决策。

一、销售链管理的含义

销售链管理就是订单获取的整合战略,其广义的定义是用信息技术支持从客户初次联系到交货的整个销售过程。

实施销售链管理要求企业放弃目前将分散的任务(如销售渠道管理、产品配置或产品定价等)自动化的做法,构造支持订单获取完整流程的销售链应用结构。

企业要从客户的立场出发,把订单获取看作是业务流程而不仅是职能部门的活动。也就是说,应将销售链管理应用作为工具来整合企业获取订单的一系列活动。

大多数企业已经明显感觉到销售环境越来越困难了,产品生命周期越来越短、竞争越来越激烈、客户的要求越来越苛刻、订制的要求越来越多,定价、促销、佣金及其他销售因素又进一步加剧了问题的复杂性,企业还必须为客户提供更多的价值,更快、更好的服务,同时又要降低成本。因此,在现代信息社会,销售链管理就显得更加重要。

传统的企业销售业务流程常见的问题有:

1. 营销信息彼此矛盾或者过时;

2. 销售人员把大量精力花在事务性工作上,脱不开身;

3. 没有完整的订单支持系统,使客户在下单后不得不同多个部门联系以了解订单的履行情况;

4. 销售应用不够灵活;

5. 系统没有整合,订单需要重复输入。

这些问题对企业及客户都有影响,不仅提高了成本、降低了质量,而且还降低了客户满意度。销售链管理的目的就是在互不相连的销售职能之间建立起实时的连接,从而形成一个从客户初次联系到完成付款的完整的销售过程。

假设你是一个企业的销售代表,当客户问到:"你们能在什么时候能将修改过的产品交货?经过这些改动的产品报价是多少?"你可能无法立即回答这些问题,因为企业的产品配置很复杂,还有各种定价和折扣的组合。你可能要回到企业花大量精力算出报价单,同生产部门和销售部门协调后确定交货期,然后再给客户答复时发现客户已经被行动迅速的竞争者夺走了。

销售人员可能在此之前做了大量工作才接触到这个客户，但因为不能迅速回答客户的问题而失去了客户。因此，必须为销售人员提供整合的应用解决方案，使销售人员能够及时访问到产品的定价及现货状况等信息，以便能够迅速、圆满地回答客户的问题，争取当场达成交易。

过去，销售人员需要询问生产部门能否按客户要求改动产品、询问工程部门某种方案能否满足客户的需求、询问配送部门某种产品能否及时交货，得到这些信息很费时间，但没有这些信息又不行，订单错误（如延迟）风险很大，会使企业失去客户。根本的原因是没有通过销售链管理将整个业务流程进行整合。

二、销售链管理的应用

企业要开发销售链应用结构应将订单获取流程的关键环节自动化，包括产品目录和销售配置系统、定价系统、销售激励系统及订单管理系统等，然后将这些应用连接并整合。整合可以让销售队伍共享诸如定价、客户联系历史等信息，也有助于管理销售活动，包括确定下次会面的时间、了解买方的决策者及其态度、了解会面对购买决策者的影响及确定销售队伍随后的行动。下面是订单获取应用的关键环节。

1. 产品目录

方便产品信息的访问是销售应用的基本要求。以前目录销售的成功就是因为客户可以从产品目录里很容易找到产品信息。现在客户可以用电话或互联网得到产品的详细信息，不必亲身去产品展示场所同现场销售人员交谈。

2. 销售配置系统

在传统的产品销售过程中，准备报价到产品制造及运输的所有环节都必须了解客户的各种要求，销售人员由于缺少必要的工具和信息来准确、详细地回答客户的询问而不得不同总部不断地商讨，导致工作效率低下。新的应用系统不仅要检查产品配置问题，还需要了解客户需要，支持销售人员在现场、网站或其他销售点迅速为客户提供销售方案并立即报价。

3. 定价的维护、发布和配置

企业一般都有很复杂的定价和折扣系统，经常需要根据销售领域或渠道伙伴进行灵活定价，不同的客户合同不同，定价也不一样。价格如果不能及时发布会使企业陷入困境。现在，许多企业面临的难题是无法对市场的变化及时调整价格，这是由于定价周期过长、效率过低或者价格发布能力很弱等原因造成的，这些问题会导致市场份额减少、利润降低或库存增加。

企业的定价取决于销售战略，如客户等级、渠道类型、有效期限及定价者的权限等，这就需要定价配置系统，它可以帮助企业制定、管理和推行复杂的价格和折扣系统。

4. 标书和报价生成系统

标书和报价生成系统的目标是支持企业为客户提供直观和专业的报价和标书，该系统包括内容：

（1）创造和跟踪商机。支持销售人员根据客户和时间来保护和查找报价和产品配置的历史记录。

（2）交互式需求评估。帮助销售人员和客户明确采购标准和采购方案。

（3）自动生成报价单。即根据产品配置直接生成报价，并允许增加配件、打折、选定货币类型、根据地理位置等因素加价或给予折扣、附加运输和包装处理。

（4）标书辅助工具。根据产品配置、需求评估和报价直接生成标书，减少了标书准备的时间和精力。标书和报价生成系统还应该为销售人员提供每个客户的特殊信息，如促销对此客户的影响等。

5. 销售激励和佣金管理

销售激励和佣金管理系统对提高销售效率作用显著，大企业通常都需要销售激励和佣金管理系统的支持，此系统包括三个核心模块，即激励设计、激励处理和激励分析。

第五节　企业资源规划

企业资源规划这一概念是20世纪90年代初，由美国著名IT分析公司提出来的。该公司根据计算机信息处理技术的发展和企业供应链管理的需要，在对未来制造业管理信息系统的发展趋势和即将发生的变革进行预测的基础上提出了企业资源规划的概念。

一、企业资源规划的功能

企业资源规划（ERP）不是一个单独的系统，而是一个应用系统的框架，它包括管理应用系统（如财务系统、会计系统）、人力资源管理系统（如工资系统、福利系统）和制造资源规划系统等，也就是说，它把关键的业务流程（包括订单处理、财务、工资、生产等）的应用软件模块整合到一个统一的软件包里。

ERP的根本指导思想是将企业的业务流程看作一个紧密联结的供应链，其中包括供应商、制造工厂、分销网络和客户等；将企业内部划分成几个相互协同作业的支持子系统，如财务、市场营销、生产制造、质量控制、服务维护。

企业资源规划的基本功能主要有以下几种：

1. 一个面向供应链管理的管理信息集成

该系统除了传统的制造、供销功能外，还增加了运输管理、仓库管理；支持在线分析处理、售后服务及质量反馈；支持生产保障体系的质量管理、实验室管理、设备维修管理等。

2. 具有较强的事前控制能力

该系统可以支持售后服务及质量反馈，将设计、制造、销售、运输等通过集成为同时进行的相关的各种作业，提高了企业对质量、适应变化、满足顾客、提高绩效等关键问题的实时分析。

3. 系统功能模块化

ERP系统能运用应用程序模块来对供应链上的所有环节实施有效的管理。

4. 可实现信息的高度共享

网络通信技术的应用和信息的高度共享是 ERP 系统的又一个显著特点。ERP 系统除了已经普遍采用的诸如图形用户界面技术、结构化查询语言、关系数据库系统等技术之外,还要实现更为开放的不同平台之间的操作,以适应不同行业用户需要。

5. 与企业业务流程密切相关

信息技术的发展加快了信息传递的速度和实时性,扩大了业务的覆盖和信息的交换量,对企业进行信息的实时处理和作出相应的决策提供了极为有利的条件。为了使企业的业务流程能够预见并响应环境变化,企业的内外业务流程必须保持信息的快捷和通畅。

总之 ERP 系统更多地带有整合式管理和集成式管理的特点,支持精益生产、同步工程和敏捷制造,体现全过程的计划与有效控制,它要求在每个流程业务处理过程中,最大限度地发挥每个人的工作潜能与责任心,强调人与人之间的合作精神与团队精神,促进企业管理由"垂直式"组织结构向"扁平式"组织结构转变,因而可以极大地提高企业对市场的适应能力。

二、企业资源规划的实施

成功企业的经验是首先要了解自己的业务流程。再努力简化业务流程,然后导入自动化;失败的企业往往是开始就安装企业资源规划软件,以为自动化工作本身就可以提高效率,结果反而将不合理的业务流程永久化了。在实施企业资源规划系统时,管理人员要注意以下几点。

1. 战略思考

首先要确定企业资源规划方案的选择和实施是否符合业务战略。如果选择错误的系统,就注定要失败。

2. 业务流程重组

应用企业资源规划系统时会完全改变企业现有的业务规划和流程,这时会遇到企业内部极大的抵制。不进行业务流程重组就无法实施企业资源计划。

3. 实施复杂性的管理

企业资源规划系统的实施异常复杂,很多项目的实施不是远远超出了预算就是不断拖延工期,有些企业投资了数百万却只利用了系统很小一部分功能。出现这些问题的主要原因一般都是由于缺乏协作管理。许多公司选择由外部咨询公司负责实施,这时,对外部公司的有效监督就至关重要了。

4. 变革的管理

实现平稳过渡,平息员工的抵抗是企业资源规划系统实施成功的重要因素,及时有效地完成了业务流程重组,系统也可能失败。一般人把责任归咎于负责实施的咨询公司和企业资源规划软件公司,软件公司夸大了系统的功能,咨询公司拖延了实施工作。但实际上责任往往不在咨询公司或软件公司身上,用户通常会低估员工对变革的抵制。因此,管理人员应该设法让员工了解变革对公司的意义,让他们参与实践,设法消除他们的恐惧和抵触情绪。

三、企业资源规划的实施步骤

确定了实施策略后，具体的实施步骤是：

（1）项目准备阶段　召开项目动员会，组织项目小组，确定项目资源、成本、各项活动的起止日期。

（2）蓝图阶段　咨询人员记下企业的需求和业务流程的设计要求。

（3）试验阶段　配置软件以符合新的业务流程，技术人员制定新系统的数据接口和整合计划。

（4）最后阶段　巩固以前的所有工作，进行最后的系统测试和用户培训，将数据转到新系统里，检查所有的转换和接口程序，最后进行用户接收测试。

（5）评估阶段　复查系统是否满足公司的所有要求，包括检查业务流程、应用结构、访谈最终用户交流，以了解是否满足其要求。最后评估新系统的价值和技术的投资回报。

思考与练习

1. 什么是电子商务，电子商务的基本类型有几种？
2. 简述客户关系管理的含义、客户关系管理系统的功能。
3. 简述供应链的含义、供应链管理系统的组成。
4. 简述销售链管理的含义、销售链管理的应用。
5. 什么是企业资源计划，企业资源计划有什么功能，如何实施企业资源计划？

第十章　公司人力资源管理

【内容提要】

公司人力资源管理，就是在公司内部做人的工作，对人进行管理。它是公司有关人力资源方面的一系列管理职能与管理过程的总称。本章介绍了公司人力资源管理的特点和职能；介绍了人力资源管理的基本原则；重点研究了公司的组织设计和人事政策等人力资源管理方法；分析了员工招聘、教育培训、绩效考核、劳动保护等人力资源管理过程的特征。

第一节　公司人力资源管理的特点与职能

一、公司人力资源管理的特点

1. 公司人力资源管理的重要性

在构成公司诸要素中，人是最重要的、最活跃的要素。公司的任何一项活动，都必须由人来进行、由人来完成。公司中"人"这一要素的状况、素质与行为，从根本上讲，决定着公司的经营成败，决定着公司的生死存亡。市场上不同公司之间的竞争，实际上就是人的竞争。一般来说，当代市场竞争中各个公司的物资、技术设备条件总是相差无几的。竞争公司之间绩效的差别，主要是由不同公司之间人员素质的差别造成的。即使是同一家公司，在物资、技术设备条件不变的情况下，人员素质的变化也将引起公司经营状况的变化。在公司管理中，通常为人们所重视的是生产管理和销售管理。从传统观念出发，公司通常总是将主要的精力用于生产管理，力图以最充足的资金、最强的技术设备、最低的成本、最大的数量来生产最好的产品。这就是公司经营管理中的所谓"生产观念"。近代公司经营管理已趋向于由"生产观念"向"销售观念"或"市场观念"转化。也就是人们常提到的公司管理观念中的"生产中心论"和"销售中心论"。受这种观念的影响，人们常常是就生产谈生产，或者是就销售谈销售，往往忽略了生产问题或销售问题后面所隐藏的人的因素，忽视了人力资源管理所能带来的巨大潜力。在公司的高级管理层中，最为引人注目的通常是生产经理与销售经理，人力资源经理常常被置于次要的位置。其实，无论是以生产为中心，还是以销售为中心，公司的成功与否都取决于公司中的"人"。公司要成功地进行生产经营活动，首先要招聘员工，以保证生产经营中对劳动力的需要；要在分工和协作的基础上把劳动力合理地组织起来，以协调生产经营活动；随着科学技术的发展,需要不断地对劳动者进行培训,使其具备一定的科学技术知识与技能,以适应生产经营活动的需要;要制定集体劳动中需要劳动者共同遵守的劳动纪律,以保证生产经营活动的顺利进行;要对劳动者进行督促与激励,维持劳动者的士气和对公司的向心力,以提高生产经营活动的效率;要合理地确定劳动者的报酬,改善劳动条件和劳动保护,实现劳动力再生产的良睦循环等等。这些工作,就是人力资源管理的基本内容。人力资源管理工作做得不好,就不能充分发挥"人"的因素的积极作用,整个公司的效率就必然会受到不利的影响,从而导致公司在竞争中失利。如果公司充分重视人力资源管理工作,正确地激励员工,使员工能够充分发挥自己的积极性与潜能,就能给公司资源的利用带来倍增效应,甚至可以将不利因素转化为有利因素,使公司在市场竞争中立于不败之地。因此,现代公司必须在重视生产管理和销售管理的同时,充分重视人力资源管理的重要作用。

2. 公司人力资源管理的复杂性

人力资源管理的管理对象是"人",而生产管理、销售管理以及其他管理的管理对象则是"物"。与"物"相比较,"人"更具有独特的复杂性,从而使人力资源管理也具有特殊的复杂性。人的思想、观念、态度和行为受多种因素的影响,个体行为与群体行为不同,个体与个体之间也不同;此时与彼时不同,此处与彼处不同。同样的原因可能导致不同的结果,而同样的结果也可能出自不同的原因。人力资源管理的复杂性首先来自于人的社会性。人们常说,"人类是社会的动物",因此人力资源管理的社会属性表现得特别明显。公司员工并不是生活在真空之中。一名公司员工既是公司中特定的某一个人,又是公司和社会中具有广泛的社会联系及深刻的社会关系的一名社会成员。公司内部社会环境和外部社会环境中各种因素的作用和影响,必然会直接或间接地反映到公司的人力资源管理中来;而对某一名公司员工所采取的管理措施,又必然会在社会中引起相应的反响。这就使得公司的人力资源管理问题复杂化了。在人力资源管理中,需要了解有哪些社会环境因素可能会影响到员工的思想、态度和行为,需要了解社会思潮、文化风俗、生活标准、消费方式等各方面因素的动态变化对员工带来的影响,从而相应地采取和调整人力资源管理的手段、策略与措施。

人力资源管理的复杂性源于人类感情因素的影响。人们也常说"人类是感情的动物"。在公司的人力资源管理中,不能简单地把人看成是机器,而应当时刻牢记,每一个员工都是有思想、有感情的活生生的人。首先,在人力资源管理中必须尊重员工的人格与感情,而绝不能伤害员工的感情。如果伤害了员工的感情,员工就会与公司离心离德,也就不可能为公司利益而积极工作了,结果使公司的利益受到损害。而且,一旦人的感情受到伤害,就不易得到恢复。公司为此而付出的代价将是长期的。其次,在人力资源管理中应当积极地培养员工对公司的感情,加深员工与公司之间的感情联系。当员工对公司有了感情时,就会将公司看作是自己的公司,将公司的事业看作是自己的事业,从而为公司的利益而努力地工作。因此,公司的人力资源管理部门应当重视对员工的感情投资,增加公司的凝聚力。公司对员工的感情投资可以采用多种方式。但是归纳起来,无非是采用精神的方式与物质的方式这两大类,以收到"动之以情,晓之以理,诱之以利”的效果。公司的人力资源管理包括员工的聘用、培训、报酬、考核、晋升、奖惩等多方面,必然涉及到员工的切身利益。只要公司能够公正平等地对待员工,能够真正地关心员工的利益,员工与公司之间就有了感情的基础。然而值得注意的是,忽略员工的精神需要而片面关注员工的物质需要,“好施小惠,言不及义”,其效果往往适得其反。可见,人力资源管理的复杂性决定了人力资源管理方法的复杂性,也决定了这项工作任务的艰巨性。它涉及的范围广、问题多、影响因素复杂。就人力资源管理涉及的专业知识而言,它包括管理学、社会学、法学、经济学、工程学、心理学、医学等方面的内容。人力资源管理的任务,不但要将员工作为公司的生产力要素来合理组织和有效使用,而且要将他们作为公司的宝贵资源来充分开发与培养。

3. 公司人力资源管理的灵活性

作为活生生的人,员工的思想、感情、态度和行为总是变化的,具有一定的可塑性。因此,公司的人力资源管理也必然要具有灵活性。一方面,公司的人力资源管理应当随着员工情况的变化而变化,不断调整人力资源管理的方针、策略和手段,以适应新的情况。另一方面,公司的人力资源管理应当从“员工是具有个性的个体”这一观念出发,针对不同个人的情况,灵活地处理人力资源管理中遇到的问题,绝不能搞“一刀切”。当然,强调人力资源管理中的灵活性,并不意味着放弃原则性。不顾原则去片面地强调灵活性,人力资源管理就会失去应有的威信。公司的原则总是为公司的人服务,为公司的利益服务的。公司的人是活的,公司原则也应当是活的,或者说,应当具有一定的灵活性。

4. 公司人力资源管理的长远性

公司的人力资源管理是直接为公司的生产经营服务的,具有很强的现实性。没有合格的劳动力,机器就不能正常运转,生产经营就会陷于停顿。人力资源管理的一个容易被人忽视的特点,是它的长远性。人力资源管理的功能绝不是局限于维持公司目前的运行,而应当着重为公司的长远战略目标服务。“十年树木,百年树人”。相对来说,公司的产品生命周期通常是短暂的,而公司的人力资源开发与利用则是长期的。公司的人力资源管理,应当着眼于公司的长远战略目标,为公司的长期盈利能力提供人力资源保证。从公司的长远战略目标出发,人力资源管理部门在努力满足公司的日常经营管理对劳动力和专业技术人才、专业管理人才的需要的同时,还有两项十分重要的工作。首先,公司需要挖掘员工的潜能,提高劳动力的素质及其现实的工作能力,使公司在人力资源方面的投资得到充分的利用和回报;其次,公司需要为公司的长远发展进行战略性的人才准备,满足公司在不同发展阶段在各个方面、各个层次的人才需要。

二、公司人力资源管理的职能

人力资源管理是现代公司管理中最基本的管理。人力资源管理的职能就是对公司的人员进行恰当而有效的选择、考核和培养,其目的是为了以适当的人员去充实公司组织结构中所规定的各项职务。人力资源管理不仅是公司人力资源部门的业务,公司从上至下和各级管理层次都具有人力资源管理的职能。公司的董事会是通过选拔、培养和考核总经理来行使其人力资源管理职能的。厂长和事业经理在选拔、培养和考核他们的下级主管人员时,也是在行使人力资源管理职能。甚至公司基层的主管人员也具有相当程度的人力资源管理的职能。在各个不同的管理层次,人力资源管理的具体内容互不相同、各有复杂性和侧重点,但是其基本职能则是大体相同的,那就是有计划地培养和选拔人才以适应组织未来发展的需要。

在公司人力资源管理的实践中,人力资源管理不但涉及公司当前人力资源的合理使用,而且还要涉及公司未来职务空缺的补充问题,涉及公司未来对人力资源的需要。如果一家公司的人员不断流动,那么它现在培养和选拔的人员就不断处于变动之中,公司就始终存在着补充人员以充实未来空缺岗位的问题。这样,公司人力资源管理中关于未来组织机构的工作计划,就成为其首要的工作。由于组织工作的任务就是要建立一个有利于实现公司目标的内部工作环境,显而易见,组织工作计划必然取决于公司的总体计划。

在人力资源管理的组织计划与公司的总体计划的协调方面,组织工作计划或人员配备计划的计划期长短是一个经常引起探讨的问题。究竟以多长期限为宜,它取决于公司对人力资源部门的要求与计划所承担任务的性质,以及其具有的灵活程度。例如,如果一家公司像大多数公司通常所做的那样,希望主要从本公司内部培养出未来的公司主管人员,而不是在需要时从外部招聘,那么这家公司人力资源管理的组织计划就需要一个相当长的计划期,有时甚至可能长达数十年之久。如果公司认为可以在需要时随时从公司外部聘请所需要的人员,随时解雇那些不能适应自己岗位需要的人员,公司的人力资源管理组织工作计划就可能具有较大的灵活性,计划期就可能短一些。特别是在一些较大的公司里,公司内部的各种职位比较多,聘用的人员也比较多,人员流动更为频繁,人力资源管理就更具有灵活性。一旦公司有需要,公司就可以从自己丰富的人力资源中选拔调配合适的人充实急需人才的岗位。

归根结底,公司的人力资源管理方面的组织工作计划是受公司的总体计划制约,并为其服务的。一旦确定了公司的总体计划,就可以明确公司未来所需要的各种职务,也就可以在此基础上了解公司未来对人力资源的需求情况。这样,人力资源部门的职责就是储存和考核现有的和潜在的人力资源,并与未来需要的预测数相比较,以求得人力需求与供给的平衡。在一般的情况下,人员需求量与实际可供量之间总是存在着明显的缺口。考虑到人员流动、员工退休、离职、死亡等因素,公司发展变化越快,人员供求短缺的情况越严重。在正常情况下,几乎没有一个发展中的公司不会发生合格人员短缺问题。很少听说有哪一家公司可以宣称拥有足够数量的可以胜任的人员以满足未来的需要。可以肯定地说,凡是人员过剩的公司,过剩的都不是合格的人员。正是没有足够的合格人员推进公司的发展,才会出现人员的过剩。积极向上的公司总体计划,通常都会对人力资源管理方面的组织工作计划提出对未来的人力需求。

人力资源管理计划工作中接下来的一项重要内容,是根据未来对人力资源的需要安排人力供给。如上所述,公司的人力资源供给可以有公司内部和公司外部这两个不同的来源。内部来源是指在公司内部培养那些有潜力的现有人员，使其可以胜任公司未来的工作。外部来源是指从公司以外聘用合适的人才。如果确定在公司内部培养人才以满足公司未来的需要，而不是仓促提拔或从外部聘用，公司的人力资源管理计划工作中就必须包含有编制人才培养规划的内容。

公司人才培养规划的出发点当然是公司未来发展对人力资源的需要。但是也不应该忘记，培养规划也应当落实在公司现有人员状况的基础之上。通常，公司人力资源部门在制定培养规划时，总是假定培养对象具有相同的条件，都需要同样的培训，因而总是制定一种似乎能够满足每一个人需要的通用的培养规划。为了达到预计的培养效果，应当根据有关人员的具体情况和特点，有针对性地制定培养规划。这首先需要按照公司未来发展对人才规格的需求对有关人员进行认真的评估和考核，具体地分析有关人员的优势和缺点，然后逐个为他们编制培养规划，以发挥其长处，克服其缺点。

人力资源计划的落实常常是一个敏感而又复杂的问题。从公司最高管理层的高度来看，制定和实施其他系列的计划是一件相对较为明确的工作。在顺利的情况下，那些计划一旦形成，其实施常常是一个自动的过程，公司最高管理层只需在执行过程中做一些间歇性的监督工作就可以了。人力资源计划的落实有时是一个痛苦的过程。人们常常设想，公司的成员可以随着公司的发展而发展。但是在实际工作中，情况远非如此。为了实现使现职人员能够满足公司未来的需要和拥有能够适应公司未来职务的合格人员这一双重目标，公司最高管理层在公司人力资源计划的实施过程中常常不得不更换那些过去能够胜任职务，而现在已经不适应职务要求的忠心耿耿的公司成员。问题的原因之一是，公司职务总是与公司成员的经济待遇、社会地位和名誉等因素紧密联系在一起的。人们在长期共同工作中形成的感情因素也使得高级管理层很难作出不利于老同事、老部下的决定。

从理论上讲，公司各级管理人员都承担着人力资源管理的责任。然而许多公司管理人员在实践中总是有意无意地忽略这一项责任，在有关人力资源管理的决策与行动中往往表现出一种迟延推诿的倾向。越是高层管理人员，在实践中忽视人力资源管理职责重要性的现象就越普遍。为了弥补公司高层对人力资源管理的不重视，许多公司将人力资源管理中的大部分工作交给公司的人力资源部门来处理。业务繁忙的公司总经理们认为这是一个合理解决办法，甚至还可以用充分授权来作为这样做的借口。

公司人力资源管理是决定公司未来命运的重要工作。因此，承担人力资源管理责任最适合的人选既不是公司人力资源部门，也不是任何其他部门。它需要公司最高一级决策者的指导和参与。在一家对自己的前途负责的公司里，人力资源管理通常应当是公司董事长或总经理，以及其直接助手组成的公司内部决策班子所承担的职责。这个班子负责根据公司总体发展计划来制定公司的人力资源政策、授权有关职能部门实施政策以及落实公司人力资源政策所需要的恰当措施。公司人力资源政策的内容包括用人规划的制定、明确是以公司内部还是以公司外部作为公司人力资源的主要来源、确定公司人力资源管理中有关招聘、选拔、考核、晋升、工资、退休等具体工作的工作程序与规范等。

调查表明,现代公司最高一级管理阶层处理人力资源政策以及实施人力资源政策的工作范围与职责有越来越扩大的趋势。经理们认识到,有效地为公司组织机构进行人力资源安排是公司经营管理和发展取得成就的最好保证。许多总经理宣称他们通常差不多要把一半的时间用于人力资源管理的各项工作之上。他们不仅需要花很多时间与其下级打交道,而且要花时间用于检查公司所制定的人力资源政策和各项选拔、考评、培养制定及其执行情况。此外,他们还要对公司人力资源的有关情况进行专门的分析和研究,并且还要注意自身素质的不断提高。

第二节 公司人力资源管理的基本原则

一、公平竞争原则

在市场经济中,为了公司自身的利益,公司人力资源管理的一条重要原则就是公平竞争。没有公平,就没有一个良好的公司环境,就不可能吸引人才,鼓舞士气。没有竞争,就不可能选拔出优秀的人才。只有通过公平竞争,才能促进劳动力要素的合理流动,促进人力资源的合理配置,从而促进公司效率的提高。

1. 公平是竞争的条件

市场经济的一条基本原则,是要求商品的生产者和经营者在经济上具有独立的地位,要求在社会经济生活中与他人平等和自由活动的权利,要求商品的自愿让渡和等价交换。这就是人们常常所津津乐道的公平和平等原则。这条原则体现在公司的人力资源管理中,就是要求员工在公司中的机会均等,得到公司的平等对待,使员工的个性得到全面的和充分的发展。

就整个公司来看,员工个体之间的年龄、性别、体力、性格、教育、经验、能力、服务年限等各方面都存在着差异,因此,他们在公司的分工、工作岗位、贡献、报酬、待遇等方面也存在着差异,不可能人人一样。因此,就劳动报酬而言,所谓平等,不是平均,而是指公司员工的等量工作和等量贡献应该得到等量的报酬。公平合理的劳动报酬可以对员工产生积极的影响。从更深层次来看,公平应当是公司员工人格的平等。在公司内部,员工应当有进行选择的自由和得到平等的发展机会。没有这种平等,就没有员工的心情舒畅和高昂的士气。没有这种平等,也就不可能从公司员工中最广泛地发现和网罗优秀人才。唯有机会面前,人人平等,让大家都有选择和尝试的机会,才能不拘一格地选拔人才。如果不给公司的每一个员工以尝试的机会,公司也就失去了从员工中发现人才的机会。机会本身也是一个激励因素,当员工认识到自己面临着平等的机会时,通常就会勉励自己力争不要放过机会。他当然明白,如果是因为自己的主观原因而没有抓住机会,那他就没有权利怨天尤人了。因此,为了抓住机会他必然要奋力拼搏,不断提高自己的素质和能力,为机会来临时不至于失去机会而努力。

2. 竞争是市场经济的基本规则

在市场经济条件下,竞争是一种客观存在,是市场经济运行的基本规则。商品在市场的竞争具有极为丰富的表现形式。一般地,人们通常将商品的市场竞争形式分为价格竞争与非价格竞争。简单地讲,商品的价格竞争是指通过提高劳动生产率、降低生产经营成本,以求降低商品的价格来与市场上的同类商品竞争,达到扩大商品销售量、增加利润的目的。商品的非价格竞争是指在维持商品一定的市场价格不变的前提下,运用包括广告在内的市场信息等手段,通过向消费者提供较好的商品质量和服务,达到扩大销售、增加利润的目的。严格地讲,所谓非价格竞争实际上也是一种隐含的价格竞争,不过是与直接的价格竞争的表现形式有所区别罢了。公司中人才的竞争也表现在各个不同的方面。其中最主要的是员工在工作态度、工作能力、创造能力、工作贡献等方面的竞争。

一般来说,态度不是天生的,而是在后天环境中产生的。人的态度,总是针对着一定的情感成分,态度还具有持续性。个人的态度一旦形成,就不轻易改变,因而形成个人性格的一部分。如果员工喜欢自己所从事的工作,对公司抱积极态度,则较有可能表现出较高的工作效率。

人力资源最重要的指标,集中体现为员工个人的智力水平,即广义而言的能力。所谓能力,是指公司员工个人直接影响其工作完成情况与效果的个性心理特征。这种个性心理特征总是与员工所要完成的工作任务联系在一起的。因此,公司经理们也总是以员工的工作效果来考察一个员工的工作能力。能力是影响员工工作成果的最重要的主观条件。例如,从事某些工作需要具备一定的辨别力与观察力;还有的工作又需要有一定的记忆力与自制力。此外,如思维过程的敏捷性、记忆的精确性、思考的批判性、意志的果断性等,也都是员工完成工作所需要的一些不同的能力。能力的高低会影响一个人掌握工作或操作的速度、难易和巩固程度。能力水平高的人之所以能够取得较好的效果,是因为他的心理特征与工作的要求相符合。一些人之所以不能胜任某些工作,可能是由于他的能力发展水平过低,或者是各种能力的综合与工作的要求不相符合。实际上,员工完成一项工作任务绝不是仅凭某一种能力就可以胜任的,而是需要若干种能力共同发生作用。公司中的每个员工都有自己的一份特定的工作,并运用一定的特殊能力与一定的特殊工作方法进行操作。因此,公司对其员工的能力既有一般的要求,又有针对某一工作或个人的特殊要求。

一名优秀的公司员工,还应当具有一定的创造能力。一些人认为,在当前高科技术空前发展的情况下,只依靠电子计算机、自动化设备就能够提高公司的效率。他们忽略了人的能动作用,看不到在自动化的生产经营管理过程中发挥人的创造性的重要意义。更有一些短视的管理者,他们不能容忍具有独立见解和首创精神的员工,习惯于将人视为机器,只喜欢循规蹈矩的部下,总是一味地压制员工的创造性。

所谓创造能力,也就是适应变化、打破常规进行思维的能力。在现实经济生活中,每一家公司都面临着未来和变化的挑战,需要不断解决新的问题。没有创造能力,不进行创造性的思维,公司就不可能在瞬息万变的市场中生存和发展,就不可能把握自己的前途和未来。一家公司的创造能力,是其员工创造能力的综合。具有高度创造性的公司,能够及时适应市场的变化,不断向市场推出新的产品、新的服务以及新的经营管理方法,始终在市场上领先一步。

公司员工之间在能力上总是存在着差异。从公司的立场出发,当然需要选择能力较高的员工。但是,在择优选拔员工时,只考虑员工的能力还是不够的,还必须同时考虑员工对公司的工作贡献。如果员工之间存在竞争,也必须是从公司利益出发的竞争。

3. 公平竞争需要科学的标准和方法

公司通过公平竞争从员工中选拔人才,需要有一整套科学的人才标准和完善的选拔方法。没有一整套科学的标准和方法,就不可能保证竞争的公平,也不可能选拔出真正合格的人才。公司考核人才的标准可以有一系列的科学指标,用以对员工的能力进行定性与定量的分析。如审查员工的学历、经验和绩效,对员工进行心理测验、体能和运动能力测验、机械能力测验、艺术能力测验、社交能力测验、创造能力鉴别、气质个性鉴别等。在进行这一系列测验时,公司可以运用观察法、测验法等不同的方法。但是,公司人力资源管理部门绝不能用一套僵化的模式来看待自己的员工。在人才的选拔上,公司必须不拘一格,大胆选拔和使用实用的合格人才。

二、责任制原则

责任制是指通过一定的程序,按照工作岗位明确员工的职权范围及其相应的义务与工作标准,委派专人负责的一种管理制度。各在其位,各司其职,各谋其政,是公司人力资源管理责任制的中心内容。实际上责任制是分工协作发展的产物,是分工协作制度化的结果。随着公司的发展,公司内部专业分工越来越细。这样,公司内部各个单位、各个环节、各个员工之间的职责权限划分得越清楚,就越能充分地发挥各自的积极性,协调各方面的关系,取得较好的管理效果。承担责任本身就是调动积极性的一个重要手段。积极向上的公司员工总会谋求在公司里承担较多的责任。人才的竞争,既是公司员工对公司贡献的竞争,也是公司员工承担责任的竞争。只有多承担责任,才能多作贡献。较多的责任,意味着较强的能力、较高的职位、较多的报酬,更意味着公司对员工较多的信任。责任在身,有压力,不能掉以轻心。如果不能很好地承担责任,就意味着失职,就会给公司带来损失。

三、激励原则

激励是公司人力资源管理的核心问题。公司员工需要自我激励,也需要得到公司经理、同事、群体的激励。公司作为一个群体,公司主管也应当激励全体员工为了实现公司的既定目标而共同努力。

管理的职能是充分有效地利用公司的人力、物力和财力资源以实现公司的宗旨和目标。对人力资源进行管理是最重要的管理,这也就是人力资源管理的任务。在对人力资源的管理中,对员工的激励又是其关键和核心。公司经理能够精确地计算、预算和控制公司的财力和物力,而对于人力资源特别是对于员工的内在潜力,却无法进行精确地计算、预算和控制。

在市场竞争日益激烈、员工素质和要求日益提高的情况下,员工的激励问题在公司人力资源管理中越来越复杂,也越来越重要。首先,在国内外市场竞争日益激烈的情况下,为了生存和发展,就需要不断提高自己的竞争力。这样,从公司的内在资源出发,就必须尽可能地激励自己的员工,充分发挥员工的内在潜力。其次,公司员工的素质和绩效总是参差不齐的。人力资源管理的任务之一,就是通过各种不同的激励方法,使优秀的员工继续保持其积极行为,使表现一般或较差的员工逐步向积极主动方面转化,使全体员工都能保持高昂的士气,自觉地为实现公司的目标而奋斗。第三,随着公司员工素质的提高,员工需求的内容发生了巨大的变化,使得激励的手段也必须随之变化。过去对激励员工行之有效的东西,可能已经失去了激励的作用,而需要代之以新的东西。第四,作为激励的对象,员工的需要是多方面的。要满足员工多方面的需要,就必须采用不同的激励方法。例如,随着整个社会生活水平的提高,员工生活需要的重点逐渐从物质需要转向精神需要。因此,公司对员工的激励手段也要相应地改为以精神激励为主。最后,作为不同的个体,每一个公司员工的需要都是不同的。为了充分发挥每一个员工的潜力,公司管理者应当对不同的人采取适合其需求的激励因素和激励方法。

四、流动性与稳定性相结合原则

在市场经济条件下,公司的人力资源作为一种生产力要素,必然具有一定的流动性。没有这种流动性,劳动力要素的最佳配置就成了一句空话。公司人力资源的流动包含两个方面的内容。首先,是公司与公司外部之间的劳动力流动。其次,是公司员工在公司内部的流动。公司与公司外部之间的劳动力流动是人力资源流动的主要形式。从公司员工个人的角度来看,这种劳动力流动的积极意义在于可以通过流动实现员工的择业自由,保证员工有机会尽最大的可能发挥自己的才智和潜力。从公司的角度来看,这种流动的积极意义在于可以使公司通过流动从公司外部获得必需的人才,以满足公司发展的需要。从公司外部输入新鲜血液,可以防止观念和思想的僵化,为公司带来新思想、新技术,乃至新市场。这种劳动力流动还可以允许不适宜继续在公司工作的员工离开公司,以减少公司与员工之间可能发生的冲突。劳动力流动对公司也存在着不利影响。由于劳动力可以自由流动,某些优秀员工可能会以种种理由离开公司,从而造成公司在人力资源上的损失。员工在公司内部的流动则表现为工作轮换,即员工在不同工作岗位之间进行轮换。工作轮换使得员工的操作多样化,能够减少工作中的单调感。对员工来说,学习新工作、熟悉整个工作流程所带来的挑战感无疑也具有极大的激励作用。而且,员工进行工作轮换并不增加公司的开支,却可以使公司得到一支在技术上具有较大灵活性的员工队伍。

当然,公司员工的流动必须控制在一定的范围之内,并非流动率越高越好。从公司与公司外部之间的流动来看,如果公司的员工流动率过高,说明公司缺乏凝聚力。这将会影响员工队伍的士气和对工作的熟练程度,不利于公司生产率的提高。从公司内部的流动来看,过于频繁的工作轮换将减少员工对工作的责任心,给工作带来混乱,也不利于员工熟练地掌握和巩固操作技能。而且,总是有不少员工对工作轮换并不感兴趣,他们更愿意长期在一个固定的岗位上工作,成为自己工作中的"超级专家"。因此,必须适当地掌握员工流动性与稳定性的关系,使员工队伍既有一定的流动性,又保持相对的稳定性。

五、民主管理原则

现代公司人力资源管理的民主化,是管理科学化的基础。民主管理原则反映了公司员工要求参与管理的意识,是当代公司员工素质提高的结果。在现代公司管理中,人的因素越是重要,民主管理的原则就越是受到重视。

现代经营管理是集中指挥与民主管理的统一。公司是当代社会化大生产的主要组织形式。单独一个人进行生产经营活动,是自己指挥自己。在社会化大生产过程中,人们集中起来进行分工协作的共同劳动,就必然需要有一个权威性的指挥中心对人们的活动进行指挥和协调,使整个生产经营过程如同一架机器,按照统一的意志,以统一的步伐向着统一的目标运转。没有这种集中指挥,公司内部就不会有统一的意志,在公司的生产经营过程中就会出现混乱和内耗,最终会无法实现公司的目标。但是,不能简单地将人,尤其是现代人看作是机器。人是一种具有主观能动性的动物,每一个人都会在不同的程度上具有自己的独立意志,要求按照自己的意志行事。然而,在公司的生产经营活动等这一类集体生活中,员工要求按照自己的独立意志行事的内在需要必然会在一定的程度上与公司的统一指挥发生矛盾与冲突。如果这种矛盾与冲突得不到解决,势必会影响员工的士气和工作积极性,从而影响公司的整体效率。解决个人意志与集体意志之间的矛盾与冲突的方法,是将集中指挥与民主管理有机地结合起来。实际上,现代公司生产经营中的集中指挥与民主管理并不是互相排斥的。二者的正确结合,可以提高集中指挥的效能。一方面,加强民主管理可以使公司决策过程民主化,使公司的集中指挥在集思广益的基础上提高决策的科学性与正确性;另一方面,建立在民主管理基础上的集中指挥,可以使公司全体员工形成共识,减少员工对公司决策的异议和抵触情绪,更有利于公司决策的贯彻执行。

现代公司民主管理的形式有很多,如员工代表大会,管理委员会,员工股份制,质量管理小组,合理化建议活动,意见箱等。从公司人力资源管理的角度来看,这些民主管理的不同具体形式都是为了激发员工的参与意识,满足员工自主意识的需要,以调动员工的积极性。

1. 职工代表大会

职工代表大会通常是公司员工表达自己的意志、参与公司管理的最高形式,其对公司决策的影响力也最大。职工代表大会通常是决定与全体员工的根本利益有关、与公司的决策有关的问题。职工代表大会可以定期召开,也可以不定期召开。一般地,公司内的工会组织可能是职工代表大会的常设机构。在公司中,职工代表大会或工会组织则可能主要是代表公司员工与公司的管理当局谈判,以维护公司员工的利益,在许多情况下可能会出现一种对立的关系。

2. 管理委员会

在一些公司里为了保证公司员工能够真正参与公司管理,特别设立了管理委员会作为一种常设机构。管理委员会的成员主要是员工代表大会代表或工会代表。管理委员会委员们可以定期或不定期地参加公司董事会会议,也可以参与公司的日常管理,并随时向公司的管理当局提出自己的意见和建议。公司甚至接纳管理委员会的代表进入公司董事会。

3. 员工股份制

员工股份制即由公司员工控制公司的一部分或全部股份,使员工成为公司的股东。员工股份制最初是由一家濒临破产的美国公司施行的。由于公司员工担心公司破产之后失业,于是大家联合起来集资买下公司的全部股份。这样,每一位员工都成为了公司的主人,公司的命运与公司的每一位员工有了直接的利益关系,使得每一位员工都不得不关心公司的经营管理状况,为扭转公司的命运尽心尽力。结果,这家濒临破产的公司终于起死回生,重新发展起来。现在,公司员工拥有公司股份已经成为一种普遍现象。

4. 质量管理小组

质量管理小组活动是指在公司的生产经营过程中将员工组织起来,成立质量管理小组,由员工自己对上一道工序的产品及自己的产品进行质量控制。这种质量管理形式,避免了专职质量管理人员与操作工人之间的对立,强化了员工在工作中的自主意识和负责精神,调动了员工进行自我管理的积极性。由质量管理小组对自己的产品进行质量控制,在经济上的最大好处是员工不仅能够对产品进行事后的检验,而且能够促使员工对生产过程进行控制,改进工艺流程和操作方法,减少不合格产品的产生,降低消耗,提高生产的效率与质量。

5. 合理化建议活动

在公司员工中开展合理化建议活动,是调动员工积极性的一个重要手段。通过合理化建议活动,员工更关心自己的公司和自己的工作。如果员工提出的建议能够为公司管理当局所接受和重视,无疑会使提出建议的员工受到巨大的鼓励。在一般情况下,员工当然会关心自己提出建议是否会得到物质奖励,但他更为关心的是,自己提出建议这一行为本身是否为他人、为公司管理当局所承认。因此,公司从开展合理化建议活动中得到的好处也是双重的。一方面,合理化建议活动可以为公司带来可观的经济收益和物质财富;另一方面,合理化建议活动又为公司员工队伍素质的改善和士气的提高创造了条件。

第三节　公司人力资源管理过程

一、员工的招聘

招聘员工是公司人力资源管理中的一项重要工作。公司所招收的员工的质量,直接关系到公司未来的发展。因此,公司员工的招聘又是一项要求极高的工作。在正式开始招聘新员工之前,公司的人力资源部门必须确认是否有招聘的必要,即公司中是否真正出现了缺额。公司中缺额的产生可能有多种原因。可能是由于公司业务的扩大导致人手不足;也可能是公司中出现了正常或不正常的减员;或其他原因。即使是公司中真正出现了缺额,也不一定非得要立即招聘员工不可。人力资源部门可以与公司的其他部门协商,寻找别的解决办法。如:对公司的工作重新进行安排,使其更为合理化,不必增加员工就能完成工作任务;加班加点;采用新技术、新设备;调整工时;用兼职人员代替全日制人员填补缺额;增加工作定额等。如果真正确认有招聘的需要,公司人力资源部门的招聘工作可分为以下五个步骤。

1. 寻找员工的来源

包括做招聘广告,与有关就业管理和服务机构进行联系,与有关大专院校进行联系等。随着劳动力市场的发展,公司做招聘广告将会越来越普遍。公司人力资源部门在做招聘广告时,应当注意广告媒介的选择,力争以最低的广告费用达到最好的广告效果。这就是说,应当选择采用招聘对象最可能接触到的媒介。招聘员工的公司应当在广告中标明公司的名称、简明扼要地说明公司的情况、准确地描述工作的性质与特点,清楚地介绍公司对招聘对象的具体要求,以及实事求是地提供工资、其他福利条件和工作条件等情况。

2. 了解招聘对象

了解招聘对象的途径主要有:阅读招聘对象提供的自我介绍材料和推荐材料,查阅档案,面谈,口试和笔试等。

3. 对招聘对象进行筛选

根据工作的要求,可以为招聘设置一定的标准。如健康标准、道德品质标准、心理因素标准、教育程度标准、个性气质标准、知识结构标准、能力标准、年龄标准、性别标准、工作经验标准,等等。每项标准又可以包括一定的指标。

4. 签订招聘合同

招聘合同的签订必须遵守政府的有关法律和规定,平等公正地对待公司和员工双方的利益。一旦签约,双方必须严格执行招聘合同的各项条款,不得违约。

5. 对员工进行岗前培训,包括岗前教育培训与试用

无论新来的人是否拥有工作经验,公司都应当要求他们经过一定的岗前培训之后再上岗。即使是具有工作经验的人,由于他们不一定熟悉本公司的情况,适当的岗前培训对他们和公司都会有好处。同时,公司应当对新招聘的员工规定适当的试用期。如果在试用期内发现新招聘的人不符合公司的要求,公司有权解除招聘合同。

二、员工的教育培训

公司对员工进行培训的目的,是为了提高员工队伍的素质,以满足公司经营与发展对人力资源的需要。公司在员工培训方面的开支,是公司在人力资源方面上的直接投资,这种人力资源投资具有深远的战略意义。一方面,员工培训不是一件一劳永逸的工作。公司必须根据员

工的素质状况、公司的经营目标以及技术经济的不断发展,及时地、不断地对员工进行培训;另一方面,公司在员工培训方面的投资收益也是长期的。培训在收到立竿见影的效果的同时,也可使员工和公司终身受益。

公司人力资源部门在制定员工培训计划之前,应当确定公司的培训需要。为了确定公司的培训需要,在制定培训计划时可以提出四个问题:(1)公司的目标是什么?(2)为了实现公司的这些目标,应当完成哪些任务?(3)为了完成所分配的任务,每一个员工应当做哪些必要的工作?(4)为了从事这些必要的工作,员工在知识、技能或工作态度方面有哪些缺陷?回答上述问题,将有助于制定公司的培训计划。在上述四个问题中,第四个问题是关键性的问题。为了回答这个关键性的问题,公司人力资源部门必须与公司的生产经营部门相配合,对员工的劳动生产率进行调查研究。可以通过与公司的竞争对手相比较来发现问题,还可以通过公司内部员工之间的相互比较来发现问题。此外,还可以通过了解生产经营过程中的废品率、事故率、缺勤率、员工情绪、顾客意见等,来回答上述四个问题。

当然,有些问题不是通过培训就可以解决的。有时候,问题的根源并不在于员工缺乏培训,而可能是由于公司的设备过时或老化,或者是由于员工的报酬过低及其他的原因。所以,在发现这些问题之后,人力资源部门还应当与有关管理部门和员工进行深入的讨论,以确认培训的必要性。即使是员工真正需要培训,有时候也并不是一定非要进行培训不可。常常有这样的情况,与其费时费钱费力花很大的代价对现有员工进行培训,让他们掌握一种新的技能,不如干脆招聘一批拥有公司所需要技能的新员工来得合算。一般来说,上至公司的总经理,下至车间的操作工,每一个人都会需要一定的培训,这就是所谓的全员培训。但是,就公司从事直接生产员工的不同层次而言,对培训的需要也是不同的。从事直接生产操作的员工通常需要的是高度专业化的操作技能培训,使其能够安全、高效率地进行操作。包括行政管理人员和专业技术人员在内的专业人员的培训要求则复杂得多,他们不仅需要专业化的技术培训,还需要内容较为广泛的知识性培训。此外,有关部门、行业或学会对从事一定专业工作的人员的学术水平常常有一定的要求。因此,有时候公司还需要为他们提供提高学术水平的机会,如送往大专院校进行学习,以获得一定的学位或职称。总之,员工工作的需要决定其培训的需要。

一旦确定了公司员工的培训需要,还应当确定培训的形式与方法。根据培训的需要与可能,以及培训费用和预算的情况,公司可以采用以下方法进行员工培训:

1. 岗位培训

岗位培训的特点是干什么,学什么,同时也是学什么,干什么。这种形式的投资少,见效快。这主要通过以师带徒、互教互学、经验交流、技术讲座和表演、岗位练兵、操作竞赛等方式进行。

2. 业余学习

对公司来说,员工进行业余学习所花费的公司投资最少。不过如果员工的业余学习是采用自发的形式,则这种业余学习很可能会缺少计划性,不一定能够与公司的目标相一致。所以,有远见的公司总是积极引导和组织员工的业余学习,使之符合公司的利益。

3. 半脱产学习

公司可以为员工组织半脱产的培训班,也可以将员工送往有关的机构或培训中心进行半脱产学习。半脱产学习可以是短期的,也可以是时间略长的。

4. 脱产轮训

为了对员工进行一定的专题培训,公司可以组织员工进行脱产的短期轮训。由于脱产学习的时间不长,脱产员工的离岗对工作的影响较小,而培训的面则可以较宽。

5. 将员工送往大专院校或有关机构长期培训,或进行正式的学位学习

由于员工离岗时间较长,而且送去学习的员工大多是公司在某一方面的骨干,因此这种形式的培训对公司的日常业务影响较大,培训成本也较高,一般只能是适用于少数将对公司未来的发展起至关重要作用的员工。为了防止员工学成后跳槽使公司受到损失,公司人力资源部门可以在派员进行长期培训之前与其签订服务合同,明确各方的权利与义务。

三、员工的考核与评估

公司人力资源管理的一项日常工作,是运用管理的监督职能,对公司员工的工作成果进行考核与评估。通过考核与评估,公司不但有了对员工进行奖励与惩罚的依据,更可以借助于信息反馈,帮助员工改善自己的工作。

考核的依据通常应当是公司的计划指标,即考核公司计划指标的落实情况。如果员工未能如期完成计划指标,公司就需要根据有关的具体情况采取适当的措施。如果是计划指标与实际条件相脱节,公司计划部门就及时地调整计划指标;如果计划指标是可行的,而员工在工作中努力不够,公司就可以责令员工改进工作。公司计划指标的一个重要组成部分是公司规定的工作定额。因此,公司对员工的考核与评估可以将工作定额作为直接依据。所谓工作定额,是指一名公司员工在一定的时间内,在保证工作质量的前提下,以一定的劳动技术条件所应该达到的平均工作量标准。制定科学的工作定额标准是公司管理工作中的一项基础工作。首先,工作定额指标应当科学合理,具有一定的先进性。同时,这又应当是平均操作能力水平的员工经过一定的努力可以达到的指标。如果定额指标太高,使得大多数员工都不能完成定额,势必挫伤员工的积极性;如果定额指标过低,员工不必经过努力即可完成,定额指标也就起不到激励作用。其次,工作定额指标要保持一定的稳定性和严肃性。一方面,在科学合理的基础上制定工作定额指标之后,需要在相当的时期内保证定额的稳定性,使其成为一个有权威性的客观标准;另一方面,在执行工作定额标准时要客观公正,对员工一视同仁。第三,工作定额标准也要有一定的灵活性。一旦客观情况发生了变化,工作定额标准也需要随之加以调整,以适应变化了的情况,保持其科学合理性。

对员工工作的考核与评估可以采取不同的形式。常用的形式一是从上而下的考核与评

估,即由公司的各级主管部门逐层对各自的下级进行考核与评估;二是同级之间互相考核与评估;三是由员工进行自我考核与评估;四是从下而上的考核与评估。后两种考核与评估形式能够充分调动员工的参与意识和积极性,起到一种特殊的激励作用。因此,目前已经有越来越多的公司尝试采用这两种考核与评估形式。另外,也可以请公司以外的人员或机构对公司及公司的员工进行考核与评估。如邀请管理专家、咨询顾问公司、财务公司、会计师事务所、审计事务所等考核与评估公司及其员工的工作。

四、维持公司工作秩序

为了保证公司的正常运转,公司人力资源管理部门需要正确处理员工的意见与不满,执行公司的制度与纪律,进行必要的惩罚与奖励,以维持公司正常的工作秩序。

在公司的员工队伍中,难免会有员工产生不满情绪。员工不满情绪的产生可能有各种不同的原因。一般来说,当员工的个人目标与公司目标发生冲突时,员工就会对公司产生不满情绪。员工产生不满情绪的诱因有:员工认为自己所得的报酬太低;晋升太慢;受到上级或同事的不公正对待;公司福利不好;劳动条件恶劣;反映意见或提出的合理化建议得不到上级的重视;目前从事的工作不能充分发挥自己的潜能、实现自己的价值;工作太单调枯燥;人际关系不协调;加班太多;工时太长;工作太累;工具不好使;工作场所照明不足;公司管理机构官僚主义习气太重;员工餐厅伙食太糟糕;冷气或暖气供应不足;等等。这些诱因可以分为几种不同的情况:① 员工的抱怨理由是确实的;② 员工产生抱怨是因为员工对公司的要求过高,脱离了现实可能性;③ 员工对公司、上级或同事产生了误解。

如果说员工产生不满情绪的原因很多,那么员工产生不满情绪的后果却只有一个,那就是劳动生产率的下降。一旦员工对公司产生了不满情绪,员工就必然会通过一定的方式发泄自己的不满。如抱怨、消极怠工、损坏产品或工具、迟到早退、无故缺勤,等等。有的人甚至以各种借口跳槽离开公司。所有这些现象的发生都会给公司带来损失。所以,在处理公司里发生的违反纪律现象或劳动生产率下降现象之前,首先应当深入调查研究,找到员工产生不满情绪的真正原因,消除员工的不满。这需要认真倾听员工的意见和抱怨,允许员工畅所欲言。在了解员工的意见之后,应当对员工的误解作出澄清,以消除误会;对员工过高的要求作出合理的解释,以求得双方的相互理解和支持;对员工的正确意见则应当诚恳地接受并表示感谢,允诺在今后加以改进。如果公司方面能够以认真负责、公正平等的态度对待员工的抱怨和意见,在大多数情况下,员工的不满就可以消失在开诚布公的交流之中。

当有必要对员工违反公司纪律的现象采取纪律措施时,公司的有关部门绝不能心慈手软,一味姑息。否则,公司的制度就会如同虚设,公司的管理就会失去权威,使违反纪律的现象蔓延起来,达到不可收拾的程度。通常公司有权根据公司的规章制度对违反纪律的员工采取下列纪律措施:口头警告、书面警告、记过、调整工作岗位、降级、罚款、提前退休,直至除名。当员工的违纪行为同时触犯刑律时,应移交有关司法部门处理。对为公司作出贡献的员工,公司应当及时地给予奖励,以树立榜样,调动全体员工的积极性。常用的奖励手段有:口头表彰、书面表彰、晋职晋级、发给奖金和奖品、带薪休假等。

五、劳动保护和劳动保险

1. 劳动保护

公司员工是公司最宝贵的财产,公司进行劳动保护，就是保护自己的投资。所谓的劳动保护，就是改善员工劳动操作条件,减少或避免操作过程中发生的对员工的生理和心理的伤害。尽管有政府制定的劳动保护法规与条列，各个公司也制定了相应的规章与制度,但是劳动伤害的事件仍然时有发生。随着新技术 、新材料、新工艺的使用 ,也可能对员工带来新的伤害。而且这种新的伤害可能是已有的法规和制度所没有涉及到的。根据劳动保护法规的要求,公司应当采取一系列必要的措施对员工进行妥善的劳动保护。首先,公司有责任向员工提供安全地工作条件，生产设备、工艺与操作规程在设计时就应将安全置于头等重要的位置。如果生产过程中可能出现不安全的因素 ,则需要在设计中采取必要而可靠的安全保护措施,如防护装置 、逃生装置、救护装置等。第二,公司有责任使员工能够安全地操作。公司应当为员工制定必要的安全操作规程和制度，对员工进行安全教育和培训，并对员工是否严格地遵守安全操作规程进行经常的监督，消除事故的苗头和隐患。第三，公司应当有专人和专设机构负责劳动保护方面的工作。最后，万一发生了事故，公司应当尽快采取积极救护措施 ,努力使事故对员工的伤害和损失减小到最低程度。

2. 劳动保险

劳动保险就是对员工在暂时或永久丧失劳动能力时能得到一定的物质帮助的制度。公司对劳动保险的管理处于重要地位，它能够保证员工在丧失劳动能力的情况下仍然可以维持一定的生活水平。因此 ,劳动保险能够有利于解除员工的后顾之忧，使员工能够安心工作，不必为疾病和退休等问题担心。

第四节 公司人力资源管理方法

一、公司的人力资源政策

公司的政策是公司未来行动的方向。制定公司政策的目的,首先是为了明确公司的行动方向;其次,一旦公司将自己的未来行动以政策的方式明确下来,公司的行动就不会过于依赖某一个或某一些人,就不会在大问题上因人而异;第三,公司政策能够有助于保持公司行动的持续性和连续性;第四,公司政策有助于使公司内部各个部门在整体上协调一致起来。公司人力资源政策的主要目的是确定公司人力资源管理目标,由于不同公司的成立时间、规模、员工特征以及经营业务性质不同,其人力资源政策也各不相同。但是,不同公司的人力资源政策也有若干主要的共同点。首先,公司人力资源政策所遵循的原则。公司人力资源政策的基本原则主要包括公平、创新、团结、员工参与管理、安全,等等。其次,人员配备与发展。公司必须将合适的人选安置在合适的岗位上,并使其在公司得到发展的同时不断提高自己的技术与能力,在工作中不断得到晋升的机会。这包括如何确定公司中出现的空缺,如何寻找和选择接替人选,如何确定晋升,如何确定培训的需要与机会,以及如何对员工的表现进行评估,等等。第三,管理控制。公司的人力资源政策必须处理好公司与员工之间的雇佣关系,解决好工作中的有关劳动纪律的问题,如缺勤、怠工等。第四,就业条件。与员工个人签订就业合同的公司越来越多,这种合同中有关就业条件的问题涉及到员工的报酬、病假工资、保险计划、退休金、带薪假期,以及工作工时,等等。为了贯彻实施公司的人力资源政策,通常可以采取四个步骤。

1. 宣传公司的人力资源政策

如果要实施一项政策,首要的工作是必须让受到政策影响的人们知道它、了解它,并且接受它。仅仅向有关人员散发一份政策的文本是远远不够的。公司还需向有关人员解释,有时还得进行必要的培训。由于会影响到某些人的利益,公司人力资源政策的某些方面可能不为某些人所欢迎。在这种情况下,更需要对公司的人力资源政策进行必要的宣传解释工作。

2. 制定公司人力资源政策的工作程序

公司的人力资源工作总是离不开一定的工作程序。例如,为了将有关个人的信息存入计算机,人们至少得填写一些表格,为了有效地贯彻一项政策,有关的工作程序必须简单有效。

3. 对公司人力资源政策实施过程的监督

如果不对公司政策的实施进行监督,任何一项政策都会偏离原来预计的方向。一方面,无论一项政策是多么明确,总会有一些人忘记政策所规定的内容,还有些人甚至会有意回避政策的某些内容;另一方面,无论在制定政策时是多么的认真和小心,总会有一些事先估计不到的因素影响政策的执行。而且,情况总是在不断的变化,既定的政策不可能绝对正确地反映变化着的情况。如果能够及时地发现和解决这些问题,政策就能够得到充分的落实,增强政策的有效性。因此,对公司人力资源政策实施过程的监督有着不可忽视的重要意义。

4. 对公司人力资源政策的调整

对公司人力资源政策实施过程的监督并不能保证公司人力资源政策的正确性。为了保证公司人力资源政策的正确性,需要对其进行不断的调整、纠正。

二、公司的组织设计

从组织行为研究的角度来看,公司是由一系列的工作职位以一定的结构组合而成的组织体。一个公司应该具有一些什么样的工作职位,这些职位应该以什么样的结构进行组合,需要以公司的性质、任务与宗旨以及其所处的环境而定。例如,制造业公司的组织结构的特点是强调对上级的服从,明确的工作任务,以及强调专业化。而那些经常面临新问题和不可预见因素的工作,如市场营销工作,就需要经常重新明确工作任务,强调工作的灵活性和高度的自我约束。因此,在公司的人力资源管理中,公司的组织设计是一项极为重要的工作。

1. 工作分析

工作分析是指在确定公司的组织体制和确定实施人力资源政策之前,对公司内部各项工作或职务的性质、责任以及对员工的要求等加以分析和研究,以此作为实施人力资源政策的依据。由于公司及其工作或职位的性质与环境不同,工作分析的具体内容可以有很大的差别。通常,工作分析有以下具体内容:

(1) 确定工作职位的要素。如工作职位的名称、工作操作的步骤与方法、工作的物理环境,工作的社会环境、工作的报酬情况、工作的责任等。

(2) 制定工作规范。工作规范是对工作的说明,主要包括:对员工教育程度、生活与工作经验的要求等。工作规范强调的是从事某项工作的员工的能力。然而现实生活表明,很难找到十全十美的人来从事某项工作。

(3) 确定工作分析的方法。

① 观察法。对某一工作岗位的操作进行实际观察,是明确工作岗位及其职责的常用方法。观察法比较直观,简便易行,但是也存在着一些不易克服的缺点。例如,观察报告易受观察者主观态度的影响;被观察对象可能因为紧张或炫耀自己而在被观察时表现异常;大量的非体力劳动不宜进行观察;需要较长操作时间的工作不宜进行观察。

② 面谈法。面谈法可以克服观察法的某些缺点。操作者能够进行自我观察,监督自己的心理活动,并能够用简明扼要的语言陈述自己的工作感受,这是运用观察法无法观察到的事。但是,运用面谈法对分析人员的要求较高,必须受到过面谈的基本训练;分析人员应当与被研究的人员之间建立起和谐的关系及相互信任;被分析的对象必须实事求是,要防止被分析对象在面谈时有意或无意地对自己进行不真实的描述。

③ 在岗人员的书面报告。这一方法的优缺点与面谈法相似,但可以不需要分析人员的直接参加。

2. 确定组织结构

在不同的公司中,尽管各个工作职位之间的相互关系各不相同,但公司组织的设计者需要决定如何将这些不同工作职位联系在一起。确定公司组织结构的方式有四种:

(1) 按照职能将不同的工作组合在一起的组织结构。如将公司的销售人员组合在一起,形成一个组合,公共关系人员则形成另一个组合,等等。按照职能确定组织结构,可以使同一部门的人分享经验,加深相互间的了解,并互相帮助和支持。利用这种组织结构形式,有利于公司工作的专业化,促进工作经验的积累,因此是一种运用最为广泛的组织结构。它的缺点是容易使公司工作人员局限于本专业的工作,使不同职能部门之间的沟通出现问题。

(2) 按照业务地区的不同而设置公司组织结构。这种组织结构有利于各单位内部不同专业人员之间的交流,使公司员工更接近自己的顾客。其缺点是同一专业人员之间的交流范围有限,不利于积累专业经验。

(3) 以公司产品为中心设置组织机构。这种组织形式可以围绕同一产品将具有不同经验和专业技能的人组织在一起。

(4) 按照工作的时间分隔设置组织机构。随着工作的进展,逐步调整人员组合。一旦公司的组织结构建立起来,最重要的工作就是在公司内部不同部门之间进行协调,使整个公司成为一个有活力的整体。这种协调工作主要包括三个方面的内容。首先是通过建立制度进行协调。这意味着使公司的组织结构制度化,以明确公司内部的等级,把全体员工纳入一定的上下级关系之中,分享公司从最高层向最底层垂直分布的权力和责任。其次是通过计划进行协调。在明确授权的基础上,公司计划可以为每一位员工规定各自在未来的任务,使大家分工协作,为实现公司的整体目标而共同奋斗。最后是通过会议进行协调。公司各级负责人可以根据需要,在自己的职权范围内召集必要的会议,沟通信息,交换意见,协调行动。

3. 公司组织结构的不同形式

公司组织结构的形式是由公司内外部不同条件和环境因素共同作用所决定的。由于这些条件和因素的复杂性,公司组织结构的形式也是千差万别的,没有一种单一形式的组织结构,也没有一种称得上是最佳的组织结构形式。

(1) 家庭式组织结构。在这种公司里,由一个或几个人形成一个中心,由中心对公司在所有权、专业技术和经营管理上进行严格的控制。这种公司组织结构形式适合于那些规模不大,技术简单,或者专业技术在公司经营中占重要地位的公司,以及经营环境不确定或环境发展变化太快的公司。

(2) 行政机构式组织结构。那些拥有实力和专业技术的综合性公司常采用这种公司组织形式。它适用于在稳定的环境中经营的大型公司、具有综合技术和不同专业技术的公司。

(3) 矩阵式组织结构。那些行政机构式的综合性公司可以采用矩阵式结构,以加强公司内部各部门的责任,更好地对顾客的需要作出反应。

(4) 独立式组织结构。采用独立式组织结构的公司内部分为若干个独立的单位,公司对每一个单位提供必要的支持,而每个独立部门则分别从事自己的业务,相互之间很少协调。这适合于那些同时从事若干不同专业化业务,并且强调各单位及个人责任的公司。

三、公司的工作设计

为了充分利用公司的人力资源,需要正确地设计员工的工作。工作设计直接影响到公司员工的工作效率、工作成果及其考核。在进行工作设计时,需要考虑到公司所需员工的数量、操作任务、技术水平、能力高低,以及每个工作岗位的权责范围和控制幅度等因素。

1. 工作专业化

这是指对公司员工进行专业化分工,每一名员工都固定在一定的工作岗位上操作,一个人只承担整个工作操作流程中的一小块任务。员工工作专业化以后,可以将复杂的工作分解为许多简单的高度专业化的操作,对每一个人所要求掌握的操作技术标准下降了,可以在很大的程度上降低劳动力成本。员工由于从事较为简单的重复性操作,可以较容易地提高操作的熟练程度和工作流程的机械化与自动化程度,也有利于对员工的控制。但是,员工容易对长期重复单一的操作会产生厌烦和不满,导致员工士气和效率下降。而且员工终日在操作中接触的只是产品的一部分,不容易了解自己的工作对整个公司的意义,不利于培养员工的成就感和自豪感。

2. 工作轮换

这是指在一定的时期内使员工轮换工作岗位,在不同的工作岗位上进行操作。进行工作轮换可以为公司员工提供全面地观察和了解整个工作流程的机会,以及提供全面发展技术的机会,减少长期从事重复单一的操作带来的厌烦和不满。由于员工参与了整个工作流程的操作,亲眼见到了产品生产的全过程,对自己工作的意义就会有更为深刻的理解,从而产生成就感和自豪感,有利于提高员工的士气和工作效率。但工作轮换并不可能完全消除员工在工作中的重复单一感,员工在一定的时期内仍然不得不从事简单重复的操作,因此工作轮换只能在有限的程度上发挥作用。

3. 工作扩大化

这是指扩大员工的工作范围,使员工从事的操作多样化。进行工作扩大化后,员工通常仍然以原来从事的操作为主要操作,只是将其操作的范围扩大到原操作的前后工序,员工的工作性质并没有太大的变化。因此,工作扩大化是员工工作范围的横向增加。通过增加每一个员工所应掌握的操作的种类和扩大员工从事的操作工序的数量,可以减轻员工对原来从事的操作的单调感和厌烦情绪,从而提高员工的劳动生产率。从管理的高度来看,采用工作扩大化可能会增加公司在工具和培训方面的开支;从员工的角度来看,从事新的操作、掌握新技术可能产生激励作用,但是一旦熟悉新技能之后,这种激励作用就会消失。

4. 工作丰富化

这是纵向扩大员工的工作范围,增加员工在工作中的责任、自主权和信息反馈,即在一定的程度上使员工承担一部分管理方面的工作。例如,让员工参与工作计划的制定,由员工自行决定工作的速度和进展,由员工自己对工作的成果进行控制和考核,对产品质量进行自我监督,等等。工作丰富化能够为员工提供更多的激励和满足,从而提高员工的劳动生产率。然而,工作丰富化产生作用的一个条件是员工能够从工作丰富化中受到激励。实施证明,工作丰富化只是对一部分员工具有激励作用。

思考与练习

1. 简述公司人力资源管理的特点及基本职能。
2. 简述公司人力资源管理的各项基本原则。

3. 什么是组织设计，公司内部组织设计包括哪些内容？
4. 公司员工招聘工作基本步骤有哪些？
5. 公司员工教育培训的基本方法有哪些？

第十一章　公司的监督管理

【内容提要】

随着我国社会主义市场经济体制的建立，各种类型的公司不断涌现和发展壮大。公司在促进社会主义市场经济发展、繁荣城乡市场、扩大技术和物质交流、安排社会就业和增加国家税收等方面起到了重要作用。但由于我国法制不健全，在现实生活中公司出现了种种不正常现象，要求我们在总结经验的基础上，切实加强对公司的监督管理。本章介绍了公司的外部关系和公司的资产所有权管理机制，重点研究了公司的政府管理和公司的行业管理。

第一节　公司的外部关系

公司外部关系是指公司在它的经营活动中与外部环境中的要素所发生的关系。在整个社会经济大系统中，公司只是其中的一个很小的系统，或者说，只是其中的一个具有一定功能和组织结构的组成部分，而所有包围着公司的社会经济大系统，均为公司的外部环境。公司的产生、发展，无时无刻不受整个社会经济大系统或者说公司的外部环境的制约。它要从外部环境中获取自身生存、发展的各种生产要素，并经过内部转化，向社会输出有效的产品或劳务。只有这样，它的存在才有价值，才不至于被社会淘汰。公司在不断谋求自身的生存和发展的过程中，要与外部环境进行各种各样的联系和交流。公司外部关系的主要内容包括公司与政府的关系、公司与行业协会的关系、公司与市场的关系等三个方面的内容。

一、公司与政府的关系

政府作为国有财产的所有者和宏观经济的管理者，既要完成对财产的管理权，又要为微观经济的发展创造良好的外部环境，同时还要对微观经济进行宏观调控。公司与政府的关系主要就表现在这三个方面。

1. 监督、管理国有财产

对国有财产的监督、管理主要通过以下几种途径：

（1）考核公司财产保值、增值指标，对公司资产负债和损益情况进行审查和审计监督；

（2）根据国务院的有关规定，决定国家与公司之间财产收益的分配方式、比例或者定额；

（3）根据国务院的有关规定，决定、批准公司生产性建设项目；

（4）决定或者批准公司的资产经营形式和公司的设立、合并（不含兼并）、分立、终止、拍卖，批准公司提出的被兼并申请和破产申请；

（5）根据国务院有关规定，审批公司财产报损，冲减，核销及关键设备、成套设备或者重要建筑物的抵押或有偿转让，组织清算和收缴被撤销、解散公司的财产；

（6）依照法定条件和程序，决定或者批准公司管理者的任免（聘任、解聘）和奖惩；

（7）拟定公司财产管理法规，并对执行情况进行监督、检查；

（8）维护公司依法行使经营权，保障公司的生产经营活动不受干预，协助公司解决困难。

2. 创造良好的外部环境

政府为公司发展创造良好的外部宏观环境，具体包括以下几个方面。

（1）培育和完善市场体系，发挥市场调节作用。一是要打破地区、部门分割和封锁，建立和完善平等竞争、规则健全的全国统一市场；二是按照国民经济总体规划和布局，统筹规划、协调和建立生产资料市场、劳动力市场、金融市场、技术市场、信息市场和公司产权转让市场等，促进市场体系的发育和完善；三是发布市场信息，加强管理，制止违法经营和不正当竞争。

（2）建立和完善社会保障体系。政府部门要进一步加强社会保障制度的改革，使社会保障体系更加健全和完善。

（3）为公司提供社会服务。当前，我国大部分公司出现活力不强，效益不高，发展后劲不足的现象，虽然原因是多方面的，但其中公司负担过重是原因之一。这其中又往往是因公司被迫花过多精力办公共事业、公益事业所致。政府必须转换职能，为公司提供社会服务。

3. 对经济进行宏观调控

政府的目标是宏观经济效益的最大化。为了达到这个目标，政府在管理经济时，就利用它自己手中所掌握的各种协调手段，指导公司按照政府的长远发展规划安排经营活动，从而达到整个经济协调、稳定、持续的发展。政府主要是通过以下五个方面来调节经济活动：

（1）制定经济和社会发展战略、方针和产业政策，控制总量平衡，规划和调整产业布局；

（2）运用利率、税率、汇率等经济杠杆和价格政策，调控和引导公司行为；

（3）根据产业政策和规模经济要求，引导企业组织结构调整，实现资源合理配置；

（4）建立和完善适应商品经济发展的公司劳动人事制度、财务制度、成本制度、会计制度、收益分配制度和税收征管制度，制定考核公司的经济指标体系，逐步将公司职工的全部工资性收入纳入成本管理；

（5）推进技术进步，开展技术和业务培训，为公司决策和经营活动提供信息、咨询。

二、公司与行业协会等中间组织的关系

公司与行业协会的关系是公司与行业管理组织之间的关系。行业协会是一种由公司自发组织起来的为行业内的所有会员公司提供服务、指导，并进行行业管理的自发的民间组织。

1. 行业协会的性质与职能

行业协会和公司一样,是商品经济发展的必然产物,这是普遍规律。在我国,商品经济的发展是行业协会的启动力量,一些行业协会的兴起与市场发育和变化有很强的正相关性。但是,市场不是行业协会形成和发展的唯一成因。它与我国以"政企分开"为特征的体制改革及政府职能的转变有直接的关系,成为改革后沟通政府与公司之间联系并进行行业协调的非盈利性民间组织。

在商品经济社会里,社会分工高度发达,整个经济社会的各个行业都存在少数大企业与多数中小企业同时并存的局面,自由竞争成为维系市场发展的主要原则。在有如此众多的中小企业参与竞争的市场中,各个企业的产品规格、工业标准、技术规格各不相同,与现代化专业分工协作所要求的系列化、标准化、通用化相距甚远,这就要求有一个组织能统一管理行业的技术发展规划和商品的标准,协调行业内各企业之间的关系,为行业内的会员企业提供技术、工艺和管理等多方面的服务,同时适当地调控市场。实践证明,商品经济越发达,公司对建立行业协会的要求也越强烈,行业协会也越发达。

在我国,随着经济体制改革的不断深化,市场体系的不断建立,公司正逐步从政府的附属物转变成独立自主的商品生产者。一方面,政府逐步退出微观经济活动的舞台,主要从事宏观规划和宏观调控。那么,在政府与公司之间,客观上需要一个能将公司的意愿和要求以及整个行业的发展情况反映上来的组织。实践证明,这个组织依靠行政机关是不行的,它不但反应速度慢,而且信息不够准确。另一方面,过去计划经济条件下遗留下来的按部门和地区管理也存在许多缺陷,它把本来许多有着密切关系的公司割裂开来,行业的共同问题谁也管不了、管不好,给公司的正常发展造成了许多不必要的麻烦。这也要求有一个组织能够不受部门和地区的限制,站在行业的高度统一协调行业内的公司。行业协会以它特有的性质,不受条件束缚,在广泛的范围内与公司保持密切的联系,同时帮助政府掌握实际情况,制定产业政策,促进行业发展。

行业协会是由公司自愿参加而组成的,是为会员公司服务的非营利性组织,是行业内公司进行自我管理的组织,不是政府机构。它完全通过对公司提供生产、技术、工艺和管理等方面的建议、咨询等服务来取得活动经费,它对公司的调节和管理都是协商性的。因此,行业协会主要有以下几项职能:

(1)向政府提供有关本行业的发展情况,为国家制定行业发展规划、有关法规以及国民经济长远发展规划提供政策参考。

(2)向公司传达政府有关政策、法规;向政府反映企业意愿和要求。行业协会将民间对政府政策、法规、效率和做法的意见有代表性地反映出来,以评价和监督政府。行业协会的这种作用深得政府赞许。因此,在日本和美国,行业组织多受到政府政策的支持,但它们之间并没有任何行政上的关系。

(3)协助有关政府部门制定行业技术标准和产品质量标准,组织和协助公司贯彻实施,以实现行业技术和产品的标准化、系列化、通用化。在私有制条件下,这种作用受到限制,但在公有制条件下,这种作用还是很明显的。

(4) 统筹规划本行业的技术发展规划,在行业内协调生产、技术、工艺的专业化分工,协调本行业与其他行业的生产、技术、工艺的联系,促进本行业的技术进步。

(5) 建立经济技术信息沟通渠道,为会员公司提供经济统计资料以及公开刊物发表的与本行业有关的资料,为公司的生产活动提供决策依据。

(6) 组织成员公司与国外同行业进行学术和有关经验的交流和协作,为引进国外新技术和推广新技术提供服务。

(7) 为会员公司培训技术和管理人员,提高会员公司的技术和管理水平。一般来说,协会拥有各方面的专家,他们能为行业内人员的培训作出贡献。

(8) 协调会员公司的市场行为。行业协会可以通过多种形式来避免会员公司的内部竞争。这种行为在商品经济高度发达的西方尤为盛行。

(9) 为会员公司提供技术、管理和法律方面的咨询,组织有关专家开展公司诊断活动。

(10) 协调同行业的对外贸易,提高行业的竞争力。如果某个行业因国外厂商的倾销而出现了紧急情况,若要等到政府察觉之后再采取行动,通常已造成了巨大损失。这时,往往需要行业协会向政府提供进口产品的数量、价格、质量、本行业的开工率、设备利用率、就业人数、负债、利润等多方面的实证材料。实际上,世界经济贸易组织非常重视行业协会的意见。世界经济贸易组织认为,只有行业协会才有能力提供详细、充分、可靠的证据。

2. 公司与行业协会的关系

公司与行业协会是两类不同性质的组织。

(1) 公司是一个以盈利为目的的组织。公司及其法人代表必须对自己的经营活动负完全的法律责任。而行业协会则是以自己的服务换取活动经费,其首要目标不在于获取最大的盈利。

(2) 公司是经济实体,公司内部之间以资产为纽带,隶属关系明确。行业协会则是松散性的社会团体,它的指导和调节对会员没有强制约束力。

(3) 公司是行业协会的组成成员。公司必须承认行业协会的章程。

公司与行业协会的关系主要表现为:公司作为独立地从事一个或几个行业的商品生产和商品经营者,只要它承认所处行业的行业协会章程,按时交纳会费,积极参加各项活动,公司参加几个行业协会都不受限制。参加的行业协会越多,它就能更多地了解到政府的长远发展规划和当前的产业政策,了解该行业的发展现状和发展前景以及同行业其他公司的技术水平、管理水平和盈利水平,并能借此寻找自己的差距,更好地扬长避短,趋利避害。公司可以通过协会的技术网络,培训各种技术和管理人才。以协会为组织形式的技术网络的形成,为公司技术培训、推广、创新提供了非官方的高效率的形式,使科学技术能更好地转变为生产力。此外,在许多情况下,通过政府部门不能解决的问题,通过行业协会的协调,公司之间能解决相互间的矛盾,联合解决靠单个公司自身力量无法解决的难题。公司与行业协会之间的关系是政府部门替代不了的。

三、公司与市场的关系

公司与市场的关系是鱼和水的关系,公司必须不断地适应市场,受市场这支“看不见的手”控制。具体说来,公司与市场的关系就是公司与市场上的顾客以及公司与同行公司及其他相关公司之间的关系。

1. 市场类型

根据分类的标准不同,市场的划分也不同。根据市场上生产者之间的竞争程度和厂商的多寡将市场分为以下 4 种类型。

(1) 完全竞争市场。具有以下特征的市场为完全竞争市场:进人市场的为数众多的买者和卖者都是既定价格的接受者,而不是价格的决定者;所有卖者向市场提供的产品都是相同的,对买者来说没有差别;所有资源都可以自由地进入或退出市场;市场的参与者都具有完备的信息,充分了解市场。显然,这样理想的完全竞争市场实际上是不存在的,至少是罕见的,也许证券市场多少有点类似。

(2) 垄断竞争市场。垄断竞争市场又叫不完全竞争市场,是一种既带有垄断因素又有竞争因素的市场。其特点是一切产品都具有差别。市场上有很多厂商,他们对市场可以施加有限的影响,而市场价格的影响者,不能互相勾结,控制市场价格。厂商进出市场比较容易,同一产业内有两个或两个以上的产品集团,每个产品集团内又有许多厂商。市场的竞争最激烈,竞争方式有广告、推销、服务、价格等。在大城市的各种零售业、手工业、印刷业中,都普遍存在垄断竞争厂商。

(3) 寡头垄断市场。这种市场的特征是市场上的厂商只有少数几个,每个厂商在市场中都具有举足轻重的地位,对其产品价格具有相当的影响力。任一厂商进行定价时,必须把竞争者考虑在内,产品没有差别,彼此依存的程度很高或者产品有差别,彼此依存关系较低;由于规模、资金、信誉、市场、原料、专利等方面的因素,其他厂商很难与原有厂商匹敌,因此,其他厂商很难进出。在这类市场上,一般不采取价格竞争,而采取广告、推销、销后服务,突出各自产品的特色来竞争。

(4) 完全垄断市场。完全垄断市场具有以下几个特征:整个行业只有一个厂商,它提供整个行业的产销量,厂商与行业完全合二为一;产品没有良好的替代品,其需求的交叉弹性等于零,没有任何竞争威胁;厂商可以以各种手段决定价格,形成垄断价格,为了攫取最大的超额利润,往往实行差别价格。完全垄断市场只在公共事业和某些特殊地区有近似的情况。

此外,还可根据市场供求情况,将市场分为卖方市场、买方市场、供求基本平衡市场。在卖方市场情况下,需求远远大于供给,产品供不应求,生产者处于主动地位,用料单位则大量储存原材料,而成品库存极少。但买方市场则正好相反,需求不足,顾客掌握主动权,公司原材料库存很少,而产品库存较多。在商品经济条件下,这两种情况都不会维持太久,更多的情况是供求基本平衡。

对于每一个从事商品生产和商品经营的厂商来说,它必须不断地研究市场,研究自己的产品在市场上所占的份额,并根据自己产品的特色制定不同的市场竞争方案和措施,以扩大市场占有率。

2. 公司与顾客的关系

公司与市场的关系最终体现在公司与顾客的关系上。公司是独立的盈利性经济实体,它从市场上购买劳动力、生产资料之后,经过生产过程制造出产品,产品必须销出去,生产过程才能继续。也就是说,公司的产品必须得到顾客的承认,公司的经济活动才能有社会存在的价值。顾客的承认与否,决定着公司的命运。

公司要处理好与顾客的关系,需要完成以下几个环节的工作。首先,公司要进行市场调查,掌握顾客需求方面的信息;其次要根据调查取得的信息结合本公司的特点,制定经营战略;然后要制定出周密的产品销售战略;最后还要提供良好的售后服务。

(1) 市场调查。商场如战场。在市场经济下,公司要想在竞争中取胜,就必须向顾客提供品质优良、品种适销对路的产品或劳务。为此,公司首先必须深入市场,了解顾客的需求,以掌握准确的市场信息。

对于生产生产资料的公司来说,它必须随时了解国家的政治经济政策和方针,尤其要了解国家当前的产业政策。一般来说,随着国家宏观经济政策的变动,基建规模、基建项目都要有所变动,特别是遇到调整国民经济的情况,往往一大批基建工程要下马,随之而来的便是大批订货的取消。因此,公司必须时刻收集有关宏观经济政策,预测国民经济的走向。对于外向型比重较大的企业,还要随时收集国际政治、经济、军事等多方面的情况,以便抓住一切有利时机。

随着市场经济的发展和科学技术的进步,市场调查的方式也越来越多,可选择开调查会、现场调查、专家咨询、电话询问、信息调查、访问面谈等方式。

(2) 制定经营战略。公司通过市场调查掌握大量信息之后,根据本身的特点,制定出一个能充分发挥自身的长处,避开自己不足的经营战略,如果做不到这一点,经营战略就是失败的。制定经营战略的原则是避免在同一个战场上,做与竞争对手相同的事情。

公司要根据具体情况选择适合本公司的经营战略时,一般要考虑的因素有市场需求的现状与发展趋势,同行的竞争情况,原材料、能源、零部件、机器设备等的供应条件,公司生产、技术、工艺、销售及财力上的特点等。

(3) 销售。这是实现商品"惊险的跳跃"的重要一环,如果跳跃不成功,摔坏的不是商品,而一定是商品生产者。因此,公司必须搞好销售工作。公司要根据产品特点采取不同的销售方式。如对处于上升时期的产品,可以用广告、推销等方式提高产品在用户中的知名度,以扩大销售。对处于衰退期、成熟期的产品则不必花大量经费去做广告。此外,对于生产资料和生活资料,其销售方式也有所不同。

对生活资料来说,由于其市场广阔而分散,流动性大,替代性较强,而且受个人爱好的影响,因此其销售方式则更要灵活多样,如互补的商品可以联合销售,而相互替代的商品就不能一起销售。这就要求公司必须认真研究消费品市场,将其进行分类,以便根据自己所生产和经营产品的特点和消费者的购买习惯,采取适当的营销策略。

(4) 售后服务。顾客对产品的选择,考虑的是在保证必要功能的前提下,寿命周期成本最低,因此,公司售出产品并不是销售的结束,而是销售进入一个新的阶段,不论是生产资料还是生活资料,都存在这个问题。就生产资料来说,一些高、精、尖的机械设备、仪器仪表、测量设备,一般厂家都没有能力进行维修,有的甚至完全靠生产厂家来维修。这时,谁的售后服务搞得好,顾客自然就选谁的产品。生活资料也是这样,据中国消费者协会的调查,就高档耐用消费品而言,如果一家厂商的价格较低、不上门维修,而另一家厂商的价格稍高、但上门维修,95.4%的人将选购后者。

从某种意义上说,售后服务也是厂商不断提高产品质量和性能的过程。因为用户在使用过程中将发现公司产品的不足,有的用户还能提出改进的建议。所以,及时收集顾客对产品的意见,对于公司产品的升级换代和新产品的开发是非常有意义的。这也是许多公司成功的经验之谈。因此,公司应建立广泛的维修服务网点,使顾客无论在什么地方都可以得到公司的售后服务。

此外,公司与供货公司、与同行业的其他公司也有密切关系。对于供货公司来说,大宗原材料、燃料的采购一般比较集中而稳定,而协作时必须注意协作公司的质量、价格和交货期。与同行业的其他公司则是一种完全的竞争关系,在市场经济条件下更是一种你死我活的关系,但也不排除联合与协作的关系。

第二节 公司的资产所有权管理

现代公司组织是适应市场经济要求和社会化大生产需要而形成的。人类利用公司制度,极大地促进了社会生产力的发展。股份公司是指全部注册资本由全体股东共同投资以股份形式构成的企业。股东以在股份公司中所拥有的股份参与管理、享受权益、承担风险。我国的股份公司主要有股份有限公司和有限责任公司两种形式。股份公司除必须接受政府的监督管理外,还要接受所有者(股东)对公司事务的内部决策管理。

一、所有者对有限责任公司的管理

有限责任公司是指由两个以上股东共同出资,每个股东以其所认缴的出资额对公司承担有限责任,公司以其全部资产对其债务承担责任。有限责任公司可以设立股东会,也可以不设立股东会。设立股东会的,股东会由全体股东组成,是公司权力机构;不设立股东会的,可以设立董事会,由董事会履行公司权力机构的职权。

1. 股东会的职权

股东会作为有限责任公司的最高权力机构,有权决定公司的一切重大事项,通常包括:

(1) 制定和修改公司章程。公司章程应由全体出资者在自愿协商的基础上共同签订,直接代表着全体股东的共同意志,内容包括公司的名称和住所,公司宗旨和经营范围、注册资本、股东姓名(名称)及住所、股东的权利和义务、出资方式和数额、转让出资的条件等。

(2) 选举和罢免董事及监事,决定其报酬的支付方法。

(3) 审议批准董事会及监事会的报告。

(4) 审议批准公司年度财务预算方案、决算方案和投资方案。

(5) 审议批准公司的利润分配或者亏损弥补方案。根据有关规定,公司在分配税后利润时,应当提取利润的10%列入公司法定公积金,并提取利润的5%~10%列入公司的法定公益金;在按规定提取法定公积金后,公司可以提取任意公积金;公司在弥补亏损和提取法定公积金、法定公益金前,不得分配利润;公司的可分配利润按照股东的出资比例分配。

(6) 对公司增加或者减少注册资本作出决议。

(7) 对股东转让出资作出决议。公司股东向股东以外的人转让其出资时,除另有规定外,必须经全体股东过半数同意;不同意转让的股东应当购买该转让的出资;全体股东同意转让的,同等条件下,其他股东享有优先购买权。

(8) 对公司合并、分立、变更公司形式、解散和清算等重大事项作出决议。公司合并可以采取吸收合并和新设合并两种形式,公司分立可以采取新设分立和派生分立两种形式,有限责任公司可以依法变更为股份有限公司,公司解散时,应依法进行清算,这些行为都直接涉及所有者权益,应由股东会作出决议。

2. 股东会的召集程序

股东会是股东行使其决策权的机关,但并非常设机关。股东会的首次会议由出资最多的股东召集和主持,通过公司章程,产生公司领导机构以及决定其他重大事项。股东会会议可分为定期会议和临时会议。定期会议应按照公司章程的规定按时召开,临时会议可以由代表1/4以上有表决权的股东、1/3以上董事或由监事提议召开。股东会由董事会召集,董事长主持。召集股东会,应于会期15日以前通知全体股东。股东会应对所议事项作会议记录,记载所议事项及结果,并由出席会议的股东签名。

股东都应出席股东会。如本人不能亲自出席,可以委托代理人出席,代行表决权,但应出具委托书,载明授权范围。股东按照出资比例行使表决权。股东会的决议必须达到法定多数才能形成。对修改公司章程,增加或减少注册资本,公司分立、合并或变更公司形式,解散公司等重大事项的决议,必须经代表2/3以上有表决权股东的通过;对其他事项的决议程序,由公司章程规定。

二、所有者对股份有限公司的管理

股份有限公司是指全部注册资本由等额股份构成并通过发行股票筹集资本的企业法人。公司作为独立法人,必须形成一种独立于众多股东个体意志和利益之上的独立意志,以自己的名义独立开展业务活动。这就要求公司组成有效的机构,既要切实保障股东权益的实现,又要使公司能够适应瞬息万变的经济生活。股份有限公司设立股东大会,所有者通过股东大会实施对公司的监督管理。

1. 股东大会的性质和地位

股东大会是公司的最高权力机构,公司的一切重大事项都必须由股东大会作出决议。董事会、监事会、经理机构等虽也执掌着公司的管理权,但都隶属或服从于股东大会。虽然公司在法律上完全独立,但公司本身是股东出资组成的经济组织,股东仍是实质上的所有者。

2. 股东大会的种类

股东大会分年会和临时会。股东年会每年召开一次,应于每一会计年度终结后 6 个月内召开。临时股东大会是指根据需要而临时召集的不定期的全体股东会议。这里所谓的需要,是指以下情形之一:董事人数不足法定人数或公司章程所定人数 2/3 时;公司累计未弥补的亏损达实收股本总额 1/3 时;代表公司股份 10% 以上的股东请求时;董事会或监事会认为必要时。

3. 股东大会的职权

股东大会的职权主要包括以下两点。

(1)听取报告。即听取审议和批准董事会、监事会的报告以及公司年度预算、决算报告。

(2)作出决议。应由股东大会决议的事项是由法律和公司章程予以规定的,一般包括:审议、批准公司的利润分配或者亏损弥补方案;公司增加或减少资本;发行公司债券;公司合并分立、解散和清算;选举或罢免董事和监事,决定其报酬和支付方式;修改公司章程等。

4. 股东大会的召集

股东大会由董事会负责召集,董事长主持会议。召开股东大会,应将会议审议的事项于 30 日以前通知股东,临时股东大会不得对通知中未列明的事项作出决议。对于无记名股票的股东,采取公告的方式通知,对于记名股票的股东,除公告外,还应专函通知。

5. 股东大会的决议

股东大会的决议分为普通决议和特别决议。普通决议,指适用于公司普通决议事项,以简单多数即可通过的决议,应由出席会议的持半数以上表决权的股东同意;特别决议,应由出席会议持 2/3 以上表决权的股东同意即可通过。

第三节 公司的政府管理

在公司管理体系中,政府对公司的管理居于十分重要的地位。随着社会主义市场经济新体制的逐步建立,政府转变职能,原有的管理模式也相应发生了变化,政府行政管理部门应按照"规划、协调、服务、监督"的原则对公司进行管理。

一、政府对公司的登记注册管理

在我国,依据有关法律、法规的规定,工商行政管理机关是公司及其他法人的登记主管机关。各级登记主管机关在上级登记主管机关的领导下,依法履行职责,其主要职责是贯彻执行国家公司登记的各项法律、法规和政策,依法进行等级管理,确认公司法人资格及合法经营权,保护公司的合法权益,取缔非法经营,维护社会经济秩序。

1. 工商行政管理机关的任务

工商行政管理机关的具体任务有以下几条:

(1) 办理公司开业、变更、注销登记,确认公司的法人资格;

(2) 保护公司合法权益,维护企业的名称权、财产权、经营权;

(3) 监督管理公司遵守《中华人民共和国企业法人登记管理条例》及国家有关法律、法规和政策,查处违反《条例》的行为;

(4) 建立公司登记档案和登记统计制度;

(5) 根据社会需要,向公众提供企业登记资料和有关法律、法规和政策咨询服务。

2. 登记管辖

在我国,登记主管机关依法独立行使管理权,实行分级登记管理、归属地登记管理、核转登记管理、委托登记管理、指定登记管理的管辖原则,外商投资公司实行国家工商行政管理局登记管理和授权登记管理原则,并且上级登记主管机关有权纠正下级登记主管机关不符合国家法律、法规和政策的决定。

(1) 国家工商行政管理局的主要任务是根据国家有关方针、政策和公司登记管理的法律、法规,指导和组织全国的公司登记管理工作,起草和实施有关公司的法规、条例,并对某此公司的开业、变更、注销事宜直接进行登记管理。具体负责以下三类公司的登记管理:国务院批准设立的或者行业归口管理部门审查同意由国务院各部门以及科技性社会团体设立的全国性公司;国务院批准设立的或者经国务院授权部门审查同意设立的大型企业集团;国务院授权部门审查同意由国务院各部门设立的经营进出口业务、劳务输出业务或者对外承包工程的公司。

(2) 省、自治区、直辖市工商行政管理局归口管辖以下公司的登记管理:省、自治区、直辖市人民政府审批设的或者经政府授权部门审查同意由政府各部门以及科技性社会团体设立的公司;省、自治区、直辖市人民政府批准设立的或者政府授权部门审查同意设立的集团公司;

省、自治区、直辖市人民政府授权部门审查同意由政府各部门设立的经营进出口业务、劳务输出业务或者对外承包工程的公司；国家工商行政管理局根据有关规定核转的公司或分支机构。

(3) 市、县、区工商行政管理局归口管辖除国家工商行政管理局和省、自治区、直辖市工商行政管理局登记管理以外的公司的登记管理以及上级登记主管机关、原登记主管机关核转到工商行政管理局所在地的公司或公司的分支机构的登记管理。

3. 公司登记的条件

登记条件是指申请进行法人登记或营业登记的经营单位所应具备的各项法定条件。

申请法人登记的公司，必须是同时具备能够独立从事经营活动、拥有自己独立的财产和独立承担民事责任三个基本条件。只有三个条件同时具备，公司方可申请登记。

申请公司登记，一般应具备以下条件：

(1) 有符合规定的名称和章程。

(2) 有国家授予公司经营管理的财产或公司自身所有的财产，并能以财产独立承担民事责任。

(3) 有与生产经营规模相适应的管理机构、财务核算机构、劳动组织以及法律或者章程规定必须建立的其他机构。

(4) 有必要的与生产经营相适应的经营场所和设施。

(5) 有与生产经营规模相适应的从业人员。

(6) 有健全的财会制度，能够实行独立核算，自负盈亏，独立编制资产负债表。

(7) 有符合规定数额并与经营范围相适应的注册资金。有限责任公司的注册资本不得少于下列最低限额，其中生产性公司的注册资金不得少于50万元，以批发业务为主的商业性公司的注册资金不得少于50万元，以零售业务为主的商业性公司的注册资金不得少于30万元，咨询服务性公司的注册资金不得少于10万元，国家对公司注册资金数额有专项规定的，按规定执行。

(8) 有符合国家法律、法规和政策规定的经营范围。

(9) 符合法律、法规规定的其他条件。

此外，设立乡村集体所有制的公司还应具备“产品和提供的服务为社会所需要，并符合国家法律、法规和政策规定”“有必要的劳动卫生、安全条件和环境保护措施”“符合当地乡村建设规划，合理利用土地”等条件。

4. 法规的贯彻实施，以及登记主管机关行使职权、履行职责而规定的进行公司登记管理应遵循的方法、步骤和原则，它包括登记注册程序和监督管理程序。

登记注册程序又包括三个具体程序：一是政府或政府授权部门对公司的设立审批程序；二是公司申请登记注册程序；三是登记审批程序。监督管理程序是指登记主管机关履行监督管理职责，对公司进行监督检查，查处违法违章公司所应遵循的程序，包括监督管理一般程序和监督管理特定程序。

登记管理程序是企业法人登记管理制度的重要组成部分和重要内容，是企业法人登记管理制度的基本保障。只有严格按照法定程序办事,才能保证法律、法规的贯彻执行,有效地维护法律、法规的严肃性、权威性、公开性。同时,这些程序也是公司取得法人资格、合法经营权所必须履行的法律手续,也是登记主管机关做好核准登记的基本依据。

二、政府对公司的工商监督管理

1. 监督管理与登记注册管理的关系

监督管理与登记注册管理是相辅相成,有机联系的。

(1) 登记注册是监督管理的基础和前提,没有登记,监督管理就没有对象和内容。

(2) 登记注册是个程序,监督管理是维护这个程序的手段。登记程序为实施企业法人制度而设,监督管理为保障登记程序而设,两者相辅相成,共同组成了登记管理制度。

(3) 登记为监督管理指出了方向,确定了内容;监督管理为登记程序合理、科学的制定和修改提供素材和依据。

(4) 监督管理是登记注册的延伸和保障。没有监督管理,公司注册后,就会失控,登记本身就没有任何意义。

2. 监督管理的原则和内容

工商行政管理机关对公司进行监督管理应坚持以下原则:

(1) 管辖原则。包括地域管辖、级别管辖、协商与指定相结合管辖以及上级登记主管机关有权纠正下级机关不适当的处罚的原则。

(2) 管理与服务相结合的原则。即要坚持寓服务于管理之中,搞好监督管理是为更好地为公司服务的原则。

(3) 教育与处罚相结合的原则。在实施监督管理时应以教育为主,处罚为辅,教育和处罚都是一种手段,其目的都是为了使公司依法经营、合法经营。

(4) 查处违法活动与保护合法经营相结合的原则。监督管理要坚决查处违法经营活动,从而达到保护合法经营的目的。

(5) 登记注册与监督管理相结合的原则。

(6) 登记主管机关监督检查与公司自我约束相结合的原则。

3. 监督管理的主要方式和方法

加强公司监督管理工作,应掌握如下方式、方法:

(1) 加强宣传工作是搞好监督管理的首要前提。通过经常化、制度化的宣传教育,可以提高公司遵纪守法的自觉性,减少或防止违章违法案件的发生。

(2) 实行年检制度是监督管理定期化、制度化的重要方面。通过年度检查可以及时发现公司中存在的问题以及登记管理工作中的疏漏,全面了解各行各业公司发展变化情况,为重点检查打下基础。

(3) 经常性的查证验照是监督检查公司的基本形式。

(4) 加强有关部门配合协作。工商行政管理机关应主动与公司主管、归口行业管理部门以及计划、审计、财政、税务部门加强联系、协调,共同搞好对公司的监督管理。

(5) 建立公司联络员制度是促使公司自觉遵纪守法的好方法。这种方法既可以在一定程度上弥补工商人员不足的问题,沟通公司与工商部门的联系,又提高了登记审核的工作效率,促进了工商行政管理工作的发展。

(6) 不定期地对国家实行宏观控制的或者问题较多的行业的公司进行抽查;

(7) 对新建公司定期回访复查。

4. 公司违法经营的处罚

处罚是保证监督管理工作顺利进行的有效措施。工商行政管理机关作为国家行政管理机关,对公司违反登记管理法规的行为有一定的行政处罚权。对公司的行政处罚主要有警告、罚款、没收非法所得、责令停业整顿、扣缴、吊销营业执照6种。

对有下列行为的公司,工商行政管理机关可作出如下处罚,可以单处,也可以并处:

(1) 未经核准登记擅自开业从事经营活动或者超出经营期限从事经营活动的责令终止经营活动,没收非法所得,处以2万元以下罚款。

(2) 申请登记时隐瞒真实情况、弄虚作假的,除责令提供真实情况外,视其具体情节,予以警告、没收非法所得,处以1万元以下罚款。经审查不符合法人条件的,吊销执照。伪造证件骗取执照的,没收非法所得,处以2万元以下罚款,吊销执照。

(3) 擅自改变名称、经济性质或者公司类别、法定代表人以及外商投资公司的董事长、副董事长、总经理、副总经理、注册资金、增设或者撤销分支机构,不按规定办理变更登记的,予以警告,没收非法所得,处以1万元以下罚款,并限期办理变更登记。擅自改变住所、地址、经营场所、隶属关系的,予以警告,处以5 000元以下罚款,并限期办理变更登记。

(4) 超出核准登记的经营范围和经营方式从事经营活动的,视其情节轻重,予以警告,没收非法所得,处以2万元以下罚款。同时违反国家其他有关规定,从事非法经营的,责令停业整顿,没收非法所得,处以非法所得额2倍以下罚款,情节严重的吊销执照。

(5) 侵犯企业法人名称专用权的,责令停止侵权行为,赔偿受损害方经济损失,处以5 000元以下罚款,情节严重的,吊销执照。

(6) 伪造、涂改、出租、出借、转让、出卖执照的,分别视情况没收非法所得,处以3万元以下罚款,情节严重的,吊销执照。擅自复印执照的,收缴复印件,处以2 000元以下罚款。不按规定悬挂营业执照的,予以警告,处以2 000元以下罚款。

(7) 抽逃、转移资金,隐匿财产,逃避债务的,责令补足抽逃的资金,追回隐匿的财产,并处以1万元以下罚款。

(8) 不按规定申请办理注销登记的,责令限期办理注销登记。拒不办理的,处以3 000元以下罚款,并可追究企业主管部门的责任。

(9) 不按规定填报年检报告书、提交资金平衡表或者资产负债表的,责令限期补办,逾期不办的，处以5 000元以下罚款，扣缴执照。

（10）拒绝监督检查、在接受监督检查过程中弄虚作假的，除责令其接受监督检查和提供真实情况外，予以警告，处以1万元以下的罚款，扣缴执照，情节严重的，吊销执照。

（11）对提供虚假文件、证件的单位和个人，除责令其赔偿因出具虚假文件、证件给他人造成的损失外，处以5 000元以下的罚款。

工商行政管理机关在查处公司违法活动时，对构成犯罪的有关人员，交由司法机关处理。

三、政府对公司的税务登记管理

公司办理税务登记是依法履行义务，也是税务机关对纳税人实施管理，掌握税源情况的基本手段。

1. 税务登记的申请和办理

税收征管法明确规定："公司在外地设立的分支机构和从事生产、经营的场所，个体工商户和从事生产、经营的事业单位自领取营业执照之日起30日内，持有关证件，向税务机关申报办理税务登记。税务机关审核后发给税务登记证件。"

如果从事生产经营的纳税人到外县（市）从事经营活动的，必须持有所在地税务机关填发的外出经营活动税收管理证明，向营业地税务机关报验登记，接受税务管理。

从事生产、经营的纳税人应当在规定的时间内向税务机关提出办理税务登记的书面申请，如实填写税务登记表。税务登记表的主要内容包括：①单位名称、法定代表人或者业主姓名、居民身份证、护照或者其他合法证件的号码；②住所、经营地点；③经济性质或者企业形式、核算方式；④生产经营范围、经营方式；⑤注册资金（资本）、投资总额、开户银行及账号；⑥生产经营期限、从业人数、营业执照号码；⑦财务负责人、办税人员；⑧记账本位币、结算方式、会计年度；⑨其他有关事项。纳税人是分支机构的，还应当登记总机构名称、地址、法定代表人、主要业务范围、财务负责人。

纳税人向税务机关填报登记表时，应当根据不同情况相应提供以下有关证件、资料：①营业执照；②有关合同、章程、协议书；③银行账号证明；④税务机关要求提供的其他有关证件、资料。

对纳税人填报的税务登记表、提供的证件和资料，税务机关应当自收到之日起30日内核审完毕。符合规定的，予以登记，并核发税务登记证件。

2. 税务登记变更和注销登记

（1）变更登记。税务登记内容发生变化时，纳税人需要在公司登记主管机关办理注册登记的，应当自办理公司变更登记之日起30日内向原税务登记机关申报办理变更税务登记；按照规定纳税人不需在公司登记主管机关办理注册登记的，应当自有关机关批准或者宣布变更之日起30日内，向原税务登记机关申报办理变更税务登记。

（2）注销登记。纳税人发生解散、破产、撤销以及其他情形，依法终止纳税义务的，应当在申报办理企业注销登记前，向原税务登记机关申报办理税务注销登记；按照规定不需在公司登记主管机关注册登记的，应当自有关机关批准或者宣告终止之日起 5 日内向原税务登记机关申报办理税务注销登记。

纳税人因迁移经营地点、住所而涉及改变税务登记机关的，应当在申报办理公司变更、注销登记前或情形改变之前，向原税务登记机关申报办理税务注销登记，并向迁达地税务机关申请办理税务登记。

纳税人被工商行政管理机关吊销营业执照的，应当自营业执照被吊销之日起 5 日内，向原税务登记机关申报办理税务注销登记。

纳税人在办理税务注销登记前，应当向税务机关结清应缴的税款、滞纳金、罚款、缴销发票和其他税务证件。

3. 税务登记证件的用途

除按照规定不需发给税务登记证件的以外，纳税人办理下列事项时必须持税务登记证件：① 申请减税、免税、退税；② 领、购发票；③ 办理外出经营活动税收管理证明；④ 办理其他有关税务事项。

税务登记证件只限于本公司使用，不得转借、涂改、损毁、买卖或者伪造。并按税务机关的规定期限，办理验证或者更换手续。

4. 违章处罚

不按期办理税务登记、变更、或注销税务登记的，将处以2 000元以下或2 000元以上10 000元以下的罚款。

四、政府对公司的宏观管理

现代公司制度是适应市场经济要求和社会化大生产要求的企业组织形式。根据国家产业政策和以公有制为主体，允许和鼓励其他经济成分适当发展的方针，国家按照不同产业领域和不同经济类型，对股份公司的组建和试点进行分类指导，实行不同的股权结构。对涉及国家安全、国际尖端技术、具有战略意义的稀有金属开采等行业，以及必须由国家专卖的公司或行业，暂不进行股份制改造。对能源、交通、通信等垄断性较强的行业可以进行股份制改造（公有资产股份必须在这些行业的企业中达到控股地位）；对国家产业政策允许和鼓励发展的竞争性较强的行业，尤其是资金技术密集型或规模经济要求高的行业鼓励进行股份制改造。

凡采取联合投资新建项目和国有企业改、扩建项目，经有关部门批准后可以设立股份公司；国有企业批准可进行股份制改造，对其中承担国家指令性计划任务的国有企业和实行计划单列的企业集团进行股份制改组时，须做好指令性计划的衔接工作。

股份公司的生产经营活动，在国民经济计划指导和有关法规的约束下，由公司根据市场需要自主决策，国家主要通过制定、实施宏观政策和指导性计划对其进行必要的宏观调控；对原承担指令性计划任务的企业实行股份制改组后，国家逐步采取国家订货方式来改造和取代指令性计划,股份公司有义务优先保证完成国家订货任务;在国家产业政策和行业规则指导下,股份公司进行固定资产投资活动,凡不需要国家提供资金,又不需要国家平衡条件的项目,国家不再审批,由公司自主决策,自行承担投资责任。

国家主要通过专业投资公司以参股、控股的方式进行国有资产股份投资,并由专业投资公司组织国有资产股份利益的回收,并将其继续用于国家重点投资;国家要加强股份公司股票的发行和上市股票的规模和结构的管理,做到统一规划,综合平衡。

五、政府对公司的劳动工资管理

为适应市场经济和股份公司的要求,原有的劳动工资制度必须改革。在国家宏观指导和调控下,公司可根据实际情况自主制定人和工资分配制度,报劳动部门备案。

股份公司在坚持工资总额增长幅度低于公司经济效益增长幅度,职工平均实际收入增长幅度低于本公司劳动生产率增长幅度的前提下,可自主决定年度工资总额;股份公司的工资总额基数由公司提出,报劳动部门核定;公司工资总额的执行情况,要接受劳动部门及有关部门的监督。

股份公司按照国家的政策法规,可自主决定机构设置和招工的条件、方式、数量与时间;有权决定用工形式,可以实行合同化管理或全员劳动合同制;公司与职工可以签订有固定期限、无固定期限或以完成一项任务为期限的劳动合同,公司和职工按照劳动合同的规定,享受权利,承担义务;公司与职工发生劳动争议,按照国家有关劳动争议的处理规定办理。

公司可根据经济效益和经营特点,实行灵活多样的内部分配形式,合理确定各类职工的工资收入。代表国有股权的兼职董事、监事,其工资福利等待遇,由原派出单位负责支付,不能从公司取得股利。股份公司应按照国家和地方政府的有关规定,参加社会保险费,并实行公司和职工个人共同缴纳养老保险费的制度。

六、政府对公司的土地资产管理

随着经济制度改革的深入发展,我国土地使用制度将逐步由过去的划拨供应方式转变为有偿供应的资产化管理方式。凡改组或新设股份公司时,涉及的国有土地使用权必须作价入股;土地使用权的价格由县级以上人民政府土地管理部门组织评估,报县级以上人民政府审核批准后,作为核定的土地资产金额。改组或新设的股份公司,凭负责审批、组建股份公司主管部门的批准文件,向当地人民政府土地管理部门申请登记或变更土地登记。通过出让方式取得国有土地使用权的土地资产与股东单位其他资产一并入股,土地使用权由改组或新设后的股份公司持有。以划拨方式取得国有土地使用权的股份公司,在补办土地使用权出让手续、补交出让金、进行土地登记后,土地使用权由股份公司持有。

使用集体所有土地的股份公司,须持负责审批组建股份公司的主管部门批准文件,向县级以上人民政府土地管理部门提出申请,经批准后按国家建设征用土地的规定由国家征用,依法出让给股份公司,或由国家作为土地资产入股。原集体土地所有者可用获得的征地补偿、安置费向该公司投资入股。

第四节 公司的行业管理

随着社会的发展,每个部门、行业的生产和管理的专业性越来越强,客观上要求采用一定的组织形式以建立公司之间的稳定联系。而同一行业由于生产经营技术等多方面具有许多共同性,其相互联系的效果更为明显。另外,公司组织机构的配置和调整、经营战略的选择、市场情况的收集和分析、法律事务和职工的培训等,对某个公司来说,不仅是一项沉重的负担,而且也难以承受。因此,行业管理已成为世界各国普遍采用的一种公司管理形式。现阶段我国各专业主管部门对公司的行业管理职能主要包括以下几个方面。

一、在国家中长期总体规划指导下,制定行业规划

行业规划是国家总体规划的实施计划,是联系和协调宏观经济与微观经济的基本桥梁。行业发展规划是对全行业的生产经营活动以及技术和市场在总体发展方向上作出的预测和指导,具体包括:

(1) 行业发展战略目标。从国民经济发展的战略目标出发,以提高经济效益为中心,根据本行业在国民经济中的地位、作用,研究、借鉴国外本行业的发展状况,制定出本行业的战略目标。

(2) 行业发展重点规划和骨干项目规划。实现行业发展战略目标,不仅要依靠现有公司的革新和改造,而且要选择一批骨干项目,将重点项目的建设纳入本行业规划统筹安排之中。

(3) 行业技术进步规划。科学技术是第一生产力,对经济发展的影响和作用十分重要。应在调查研究的基础上,对规划期内本行业技术发展的总方向、总水平作出具体规定,并制定稳妥的技术措施。

(4) 行业的调整改组、组织结构合理化规划。行业内部的产品、技术、规模、组织方面结构的合理化是行业优化组合的必然要求。根据经济发展的要求,适时调整上述各方面的构成,是行业规划的重要组成部分。

二、制定行业的经济、技术政策

在国家方针、政策的指导下,制定本行业的经济、技术政策和技术标准。专业主管部门应根据本行业的经济技术特点和行业发展方向,提出主要产品的生产批量、公司经营规模和行业的主要投资方向,引导公司合理地确定和选择产品品种和生产规模,正确地作出投资决策。同时,主管部门还应根据国内外科学技术发展及其利用状况,制定行业准备政策、更新改造政策、技术引进政策和产品的技术标准,不断改进和完善行业技术装备,提高生产能力,避免重复建

设性和盲目引进，促进产品质量的提高和出口创汇能力的增强。

三、建立行业科技发展中心，推进行业技术的提高

行业是以劳动分工为基础的生产同类产品的公司的集合，这些因产品用途相同、使用原材料相同、工艺过程性质相同而集合起来的公司群构成一个行业，在行业内部存在着诸多技术上相同或相似的特征。主管部门从行业特点出发，集中科技力量，对新兴技术和重大科技项目进行联合攻关，既有利于提高科技开发能力和工作效率，又可减轻公司的负担。因此，组建行业技术开发中心和科学研究中心，必将有利于指导行业的产品、技术开发，新材料、新工艺的运用，新技术的推广和先进技术的引进、消化吸收和转移，从而促进本行业的发展和科技水平的提高。

四、建立和完善信息系统，为公司提供信息服务

信息是经济管理必不可少的要素之一，在当今国际国内市场瞬息万变，科学技术和新产品开发突飞猛进的信息时代，经济信息对于公司经营的正确决策具有十分重要的意义。掌握了信息就掌握了市场的主动权。但公司因受其经济活动范围及本身主观能力的限制，很难及时、全面、准确地获取各种信息。这就需要主管部门从行业管理角度出发，建立信息机构和国际国内的信息网络，把信息及时迅速地提供给公司主管部门。提供的信息主要包括市场经济信息、技术信息和社会政治信息。

五、帮助公司培训员工

生产能力的发展对公司素质提出了越来越高的要求，而职工素质是公司素质的基础。专业主管部门可以通过举办各种形式的培训，不断地提高职工的文化素质和专业技术水平。

六、制定行业管理规则

根据国家政策和法律的要求，专业主管部门结合行业的特点，制定行业的有关条例和制度，作为本行业所属公司共同遵守的基本准则，规范公司行为，保护公司的各项合法权益，维护本行业的共同利益，并检查监督行业规划、条例和制度的执行情况。

思考与练习

1. 简述公司的外部关系的含义、类型及主要内容。
2. 试述政府对公司登记一般应具备的条件。
3. 试述国家工商行政管理局对公司违法经营的处罚种类及处罚条件。
4. 简述纳税人向纳税机关填报登记时应提供的有关政件、资料。
5. 试述现阶段我国各专业主管部门对公司的行业管理职能。

参考文献

[1] 徐茂魁. 现代公司制度概论[M]. 北京:中国人民大学出版社, 2006.

[2] 高程德. 公司组织与管理[M]. 北京:北京大学出版社,2007.

[3] 郎咸平. 公司的秘密[M]. 北京:东方出版社,2009.

[4] 李炜. 跨国公司经营与管理[M]. 四川西南财经大学出版社,2010.

[5] 甘培忠. 企业与公司法学[M]. 5 版. 北京:北京大学出版社,2007.

[6] 董伍伦. 现代公司管理[M]. 北京:经济科学出版社,2006.

[7] 魏巧琴. 保险公司经营管理[M]. 上海:上海财经大学出版社,2002.

[8] 孙铁. 企业经营管理[M]. 北京:电子工业出版社,2009.

[9] 迈克尔·哈默 詹姆斯·钱皮. 改革公司[M]. 上海:上海译文出版社,2003.

[10] 杨善林,李兴国,何建民. 信息管理学[M]. 北京:高等教育出版社,2004.

[11] 蒋景楠,刘龙官. 现代企业管理[M]. 上海:上海理工大学出版社,2003.

[12] 顾功耘. 经济法教程[M]. 上海:上海人民出版社,2006.

[13] 赵旭东. 企业与公司法纵论》[M]. 江苏:法律出版社,2006.

[14] 赵署明. 跨国公司人力资源管理[M]. 江苏:南京大学出版社,2005.

[15] 闫长乐. 公司治理[M]. 人民邮电出版社,2008

[16] 芦现祥. 新制度经济学[M]. 北京:北京大学出版社,2007.